U0856644

移动图书信息服务的读者隐私保护研究

Research on the Protection of Reader Privacy for Mobile Book Information Services

吴宗大　谢坚　著

中国社会科学出版社

图书在版编目（CIP）数据

移动图书信息服务的读者隐私保护研究/吴宗大等著．
—北京：中国社会科学出版社，2023.4
ISBN 978-7-5227-1658-9

Ⅰ.①移… Ⅱ.①吴… Ⅲ.①数字图书馆—信息管理—读者工作—权益保护—研究 Ⅳ.①G250.76

中国国家版本馆 CIP 数据核字（2023）第 048619 号

出 版 人 赵剑英
责任编辑 程春雨
责任校对 夏慧萍
责任印制 王 超

出　　版 中国社会科学出版社
社　　址 北京鼓楼西大街甲 158 号
邮　　编 100720
网　　址 http://www.csspw.cn
发 行 部 010-84083685
门 市 部 010-84029450
经　　销 新华书店及其他书店

印　　刷 北京君升印刷有限公司
装　　订 廊坊市广阳区广增装订厂
版　　次 2023 年 4 月第 1 版
印　　次 2023 年 4 月第 1 次印刷

开　　本 710×1000 1/16
印　　张 16
插　　页 2
字　　数 271 千字
定　　价 86.00 元

凡购买中国社会科学出版社图书，如有质量问题请与本社营销中心联系调换
电话：010-84083683

国家社科基金后期资助项目

出 版 说 明

后期资助项目是国家社科基金设立的一类重要项目，旨在鼓励广大社科研究者潜心治学，支持基础研究多出优秀成果。它是经过严格评审，从接近完成的科研成果中遴选立项的。为扩大后期资助项目的影响，更好地推动学术发展，促进成果转化，全国哲学社会科学工作办公室按照“统一设计、统一标识、统一版式、形成系列”的总体要求，组织出版国家社科基金后期资助项目成果。

全国哲学社会科学工作办公室

推荐序

随着数字时代的来临，移动图书信息服务平台的读者隐私安全问题已成为图书情报、信息管理、信息系统等多学科亟待解决的交叉共性前沿问题，研究解决该问题具有十分重要的学术价值和现实意义。本书针对移动图书信息服务平台的读者隐私保护问题，从技术方法角度构建了一套系统完整的模型策略，为该问题的解决提供了除政策法规之外的新思路和新方法。首先，本书深入分析了新兴网络环境下移动图书信息服务平台的读者资料隐私保护需求和服务隐私保护需求。然后，以此为依据，构建了一套完整的读者隐私保护理论模型和实施策略，并通过理论分析结合实验评估，定性、定量地评价了这些策略的可行性和有效性。结果表明，构建的模型策略能在不损害已有移动图书信息服务平台可用性的前提下，有效改善读者资料数据隐私和读者服务隐私在不可信服务器端的安全性，为搭建隐私安全的移动图书信息服务平台提供参考。

研究过程中，作者运用了定性分析和定量分析相结合的研究手段，理论分析和实验实证相结合的研究方法。在模型理论的定性研究基础上，通过理论分析和实证定量评估构建的相关模型和设计的相关算法的可行性和有效性，取得良好的研究效果。当前，科学的发展已经进入了综合交叉的时代，自然科学和社会科学也正在由长期以来的互相分离，日渐趋向高度综合。本书的研究工作涉及信息系统、信息管理、图书情报等相关学科领域，它既不是纯社会科学研究，也不是纯自然科学研究，而是具有浓厚的跨学科特性。本书的研究对象来自社会科学的图书情报领域，而研究方法则更多来自自然科学的信息技术领域，作者通过这种跨文理学科间的交叉融合研究，有效地促进了相关学科的知识融通发展，拓展了交叉学科前沿研究。

该书作者近年来一直从事数字图书馆、信息检索、隐私保护等相关领域的研究工作，出版了多部相关专著，取得了较好的研究成果，引起同行一定的关注。本书系作者近期代表成果之一，期待数字时代信息管理中的用户隐私问题能够引起更多业内学者的关注，产生更多优秀的研究成果。

苏新宁

2022 年 8 月 1 日

前　言

移动图书信息服务平台使得读者摆脱了时间、地点和 IP 地址的限制，可以随时随地通过智能移动终端设备享受到图书馆提供的各项移动图书信息服务，已成为人们获取图书知识信息的重要渠道。然而，随着云计算等新兴网络技术的迅速发展与应用，移动图书信息服务平台的后台服务器端正变得越来越“不可信”，已成为引发读者隐私泄露的主要根源。读者通过移动图书信息服务平台发布了大量的个人数据，包括读者资料数据（如身份证号、单位地址、联系方式等）和读者服务数据（读者提交的各类移动图书信息服务请求数据）。这些读者数据敏感而机密，富有经济社会价值，它们被移动图书信息服务平台不可信服务器端大量收集，势必对读者隐私安全构成严重威胁。随着人们隐私权意识的不断增强，读者隐私安全问题已成为制约移动图书信息服务平台在新兴网络环境中持续健康发展的主要障碍。移动图书信息服务平台的读者隐私安全问题，已成为图书情报、信息管理、信息系统等多学科亟待解决的交叉共性前沿问题，具有十分重要的学术价值和现实意义。

然而，现有的网络用户隐私保护方法策略并不是针对移动图书信息服务平台而提出，在可用性、准确性、高效性、安全性等方面，仍无法满足移动图书信息服务平台读者隐私保护的实际应用需求。为此，本书针对服务器端不可信的移动图书信息服务平台，研究构建了一套完整系统的读者隐私保护模型和实施策略，在不损害已有移动图书信息服务平台可用性的基本前提下，有效改善了读者资料数据隐私和读者服务隐私在不可信服务器端的安全性，为搭建隐私安全的移动图书信息服务平台提供了理论和技术基础。本书的研究工作重点关注现有方法尚未解决好的问题，其构建的读者资料和读者服务隐私保护方法能有效地满足五个“不改变”和一个“改善”目标，即在“不改变”移动图书信息服务现有平台架构、“不改变”移动图书信息服务读者的使用习惯、“不改变”现有移动图书信息服务算法、“不改变”移动图书信息服务准确性、“不改变”移动图书信息服务高效性的前提下，有效“改善”各类读者资料和读者服务隐私在移动图书信息服务平台不可信服务器端的安全性。研究过程采用定性分析和定量分析相结合的研究手段、理论分析和实验模拟相结合的研究方法，在模型理论的定性研究基础上，通过理论分析和实验验证评估研究构建的相关模型和实现算法的可行性和有效性，以实现设定的预期目标，取得了良好的实际效果。具体来说，本书包括九个章节，主要开展了五个方面的研究工作（分别对应第三章至第七章）。

第三章研究构建了基于标识替换的读者服务隐私保护策略。其基本思路是，通过引入可信第三方中间服务器，以其他虚假读者标识替换移动图书信息服务请求关联的读者标识，打破读者与其服务请求间的天然联系，以实现对读者服务隐私的保护。首先，给出基于标识替换的读者服务隐私保护基本框架。其次，定义基于标识替换的读者服务隐私保护模型，以形式化描述中间服务器读者标识替换过程应满足的隐私约束和代价约束，并给出隐私模型的实现算法。理论分析和实验评估验证了策略的可行性和有效性，它能在不牺牲移动图书信息服务可用性的基本前提下，有效改善读者服务隐私在不可信服务器端的安全性。该项工作虽然是针对读者服务隐私保护而提出，但它对读者资料隐私保护同样具有一定的适用性。然而，该项工作所构建的基于标识替换的读者隐私保护策略建立在第三方服务器上，容易导致隐私瓶颈和性能瓶颈，严重限制了它在现代移动图书信息服务平台中的实际可用性。

第四章研究构建了基于标识加密的读者借阅隐私保护策略。该项工作以移动读者的图书借阅服务为切入点，构建了基于标识加密的读者借阅隐私保护方案。其基本思路是，在移动图书信息服务平台可信客户端，将每条图书借阅记录关联的读者标识严格加密后，再提交给不可信服务器端数据库进行存储，使得攻击者难以获知借阅记录关联的具体读者，从而确保读者借阅隐私的安全性。此外，还设计实现了借阅记录查询方案，以确保定义在读者标识密文数据上的各类数据库查询操作的有效性和高效性。最后，理论分析和实验评估验证了策略的可行性和有效性，能在确保读者借阅隐私在不可信服务器端安全的前提下，确保读者借阅记录相关查询操作的有效性和高效性。该项工作提出的标识加密策略，对整个移动图书信息服务平台的读者数据资料隐私保护同样具有高度适用性，可推广到读者资料隐私保护的全体场景。

第五章研究构建了基于区域扩展的读者位置隐私保护策略。第四章的研究工作仅关注读者资料隐私，而不关注读者服务隐私。位置服务是移动图书信息服务的重要基础支撑。该项工作通过构造“扩展区域”，以掩盖保护位置服务请求蕴含的读者位置区域，从而改善读者位置隐私的安全性。首先，给出基于区域扩展的读者位置隐私保护基本框架。其次，定义基于区域扩展的读者位置隐私保护模型，形式化描述客户端为读者位置区域构造生成的扩展区域应满足的高效性约束和安全性约束，并给出隐私模型的具体实现算法。最后，理论分析和实验评估验证了读者位置隐私保护策略的有效性。然而，区域扩展策略难以应用于其他类型的移动图书信息服务请求数据，即难以应用于保护其他类型的读者服务隐私（如图书推荐隐私、图书检索隐私等），限制了区域扩展策略在移动图书信息服务平台读者服务隐私保护中的普适性。

第六章研究构建了基于哑元构造的读者服务隐私保护策略。第五章构建的策略仅关注读者位置隐私，难以应用于保护其他类型的读者服务隐私。该项工作不以某种具体的移动图书信息服务为研究对象，而是构建了基于哑元构造的读者隐私保护统一模型和策略。首先，给出基于哑元构造的读者服务隐私保护基本框架，其基本思路是，在可信客户端为读者请求构造一组“真假难辨”的哑元请求，“以假乱真”混淆保护读者服务隐私（包括图书偏好隐私和位置偏好隐私）。其次，定义基于哑元构造的读者服务隐私保护模型，通过引入图书信息熵和位置信息熵等概念，以度量哑元请求对读者请求的混淆效果；通过引入图书距离和位置距离等概念，以度量哑元请求对图书偏好隐私和位置偏好隐私的模糊效果。最后，给出隐私模型的具体实现算法，并通过理论分析和实验评估验证了策略的有效性，即能很好适应移动图书信息服务平台的实际应用需求。

第七章研究构建了基于哑元构造的图书推荐隐私保护策略。图书推荐服务不同于其他一般化移动图书信息服务，其隐私问题难以直接用第六章构建的策略加以解决。以基于内容的推荐算法作为切入点，构建基于哑元构造的读者图书推荐隐私保护策略，其基本思路如下。首先，定义基于哑元构造的图书推荐隐私保护模型，形式化描述客户端生成的哑元配置文件应满足的约束条件（与读者配置文件特征相似，但与读者敏感图书主题语义无关）。其次，借助图书分类目录，给出隐私模型的具体实现算法。最后，理论分析和实验评估验证了策略的有效性，即能在不损害图书推荐服务实用性和准确性的前提下，有效改善读者偏好隐私在不可信服务器端的安全性。

此外，本书第一章回顾了研究背景和相关成果。第二章深入分析了新兴网络环境下移动图书信息服务平台的读者资料隐私保护需求和读者服务隐私保护需求，并据此分析评价了现有方法存在的问题，确定预期研究目标，为全书的研究工作提供参照依据。第八章基于全书的研究成果，探讨了读者隐私安全的移动图书信息服务平台设计方案。第九章总结评价了全书的研究工作，并展望了未来的研究工作。

本书的研究工作既是图书情报学理论与隐私保护理论相融合的一种交叉性综合研究，也是隐私保护技术应用于图书情报领域的一种创新性探索研究，其研究构建的读者资料隐私和读者服务隐私保护策略，能实现与已有移动图书信息服务平台的有效衔接，从而为在新兴网络环境下搭建安全有效的移动图书信息服务提供理论和技术基础。该研究成果有利于消除读者隐私顾虑，提升移动图书信息服务的读者黏着力，以促进移动图书信息服务在新兴网络环境下的持续健康发展，对构建新兴网络时代下读者隐私安全的移动图书信息服务环境具有积极意义。

本书的研究工作涉及信息系统、信息管理、图书情报等相关学科，其主旨是，针对来自图书情报领域的移动图书信息服务平台的读者隐私保护问题，从技术方法角度构建一套完整的理论模型和实现策略，为该问题的解决提供除政策法规之外的新思路和新方法。本书研究工作既不是纯社会科学研究，也不是纯自然科学研究，其跨学科特性决定了本书读者的多样化。本书的读者主要为来自信息技术、信息管理领域的相关学者，以及来自图书情报领域的社科学者。具体来说，本书可帮助信息系统、信息管理领域拥有工程技术背景的相关学者了解图书情报等社科领域的相关研究，也可帮助来自图书情报领域的社科学者了解工程技术领域研究解决社会问题的一般化思路方法。对于拥有工程技术背景的读者来说，他们应能很容易地理解本书提出的隐私模型和策略。为了方便社科领域读者的阅读理解，本书核心章节对涉及的数学公式和数学符号进行较为详细的解释与说明，并在“系统框架”小节通过例图例子，展示了本章研究构建的模型策略的主要思路，期待读者能从本书获益。

此外，本书研究得到了国家社会科学基金“面向个性化信息检索的用户偏好隐私保护语义模型研究”（19BTQ056）和“面向移动图书信息服务平台的读者隐私保护模型策略”（21FTQB019）、教育部人文社科规划基金“基于特征扰乱的信息服务隐私保护策略研究”（21YJA870011）、浙江省自然科学基金杰出青年科学基金“面向个性化信息服务的用户隐私保护语义混淆方法研究”（LR23F020001）等项目的经费资助。

目　　录

第一章　绪论 …… 1

第一节　研究背景与研究意义 …… 1

第二节　移动图书信息服务 …… 4

第三节　隐私保护法规政策 …… 9

第四节　隐私保护方法策略 …… 16

第五节　研究内容 …… 26

第六节　组织结构 …… 29

第二章　移动读者隐私保护的基本需求 …… 33

第一节　问题引入 …… 33

第二节　读者资料隐私保护需求 …… 36

第三节　读者服务隐私保护需求 …… 40

第四节　现有方法评价与问题分析 …… 44

第五节　移动读者隐私保护目标 …… 49

第六节　本章小结 …… 52

第三章　基于标识替换的读者隐私保护 …… 54

第一节　问题引入 …… 54

第二节 基于标识替换的隐私保护框架 …… 58
第三节 基于标识替换的隐私保护策略 …… 64
第四节 实验评估 …… 70
第五节 分析评价 …… 76
第六节 本章小结 …… 82

第四章 基于标识加密的读者借阅隐私保护 …… 84
第一节 问题引入 …… 84
第二节 基于标识加密的隐私保护框架 …… 88
第三节 基于标识加密的隐私保护策略 …… 91
第四节 实验评估 …… 103
第五节 分析评价 …… 107
第六节 本章小结 …… 111

第五章 基于区域扩展的读者位置隐私保护 …… 113
第一节 问题引入 …… 114
第二节 基于区域扩展的位置隐私保护框架 …… 117
第三节 基于区域扩展的位置隐私保护策略 …… 122
第四节 实验评估 …… 132
第五节 分析评价 …… 138
第六节 本章小结 …… 141

第六章 基于哑元构造的读者服务隐私保护 …… 143
第一节 问题引入 …… 143

第二节　基于哑元构造的服务隐私保护框架 …………………………… 147
第三节　基于哑元构造的服务隐私保护策略 …………………………… 151
第四节　实验评估 …………………………………………………………… 161
第五节　分析评价 …………………………………………………………… 167
第六节　本章小结 …………………………………………………………… 170

第七章　基于哑元构造的图书推荐隐私保护 ………………………… 172
第一节　问题引入 …………………………………………………………… 173
第二节　基于哑元构造的推荐隐私保护框架 …………………………… 176
第三节　基于哑元构造的推荐隐私保护策略 …………………………… 180
第四节　实验评估 …………………………………………………………… 186
第五节　分析评价 …………………………………………………………… 190
第六节　本章小结 …………………………………………………………… 191

第八章　隐私安全的移动图书信息平台设计 ………………………… 193
第一节　问题引入 …………………………………………………………… 193
第二节　设计目标 …………………………………………………………… 194
第三节　系统框架 …………………………………………………………… 196
第四节　系统设计 …………………………………………………………… 204
第五节　系统实现 …………………………………………………………… 209
第六节　本章小结 …………………………………………………………… 216

第九章　结语 ……………………………………………………………… 217
第一节　背景重述 …………………………………………………………… 217

第二节 工作回顾 …… 219
第三节 工作评价 …… 222
第四节 工作特色 …… 226
第五节 工作展望 …… 228

参考文献 …… 230

第一章　绪论

本章分析了全书的研究背景、研究意义、研究对象和研究内容，以及全书的组织结构。第一节介绍了新兴网络环境下移动图书信息服务平台用户隐私保护研究的背景和意义；第二节介绍了新兴网络环境下移动图书信息平台的基本架构，及其面临的读者隐私安全问题。第三节和第四节分别从社会科学和自然科学两个不同角度，回顾分析了国内外相关研究的现状（包括读者隐私法规政策现状、读者平台安全策略现状、读者隐私保护技术现状、用户隐私保护技术现状等），并对现有研究存在的问题进行了总结和分析。结合前面小节给出的现有研究分析，第五节明确了本书的研究对象、研究目标、研究内容等。最后，第六节阐述了本书各个章节的基本组织结构。此外，本章的一部分相关内容以综述形式已正式发表于图书情报领域国际期刊 *Library Hi Tech*（SSCI 二区）①；本章的其他部分相关内容以综述形式，已正式发表于图书情报领域中文核心期刊《国家图书馆学刊》②。

第一节　研究背景与研究意义

一　研究背景

移动图书信息服务平台使得读者摆脱了时间、地点和 IP 地址的

① Zongda Wu, Shigen Shen, Huxiong Li, et al., "A Comprehensive Study to the Protection of Digital Library Readers Privacy Under an Untrusted Network Environment", *Library Hi Tech*, 2021.

② 吴宗大、刘曦洋、赵又霖：《数字图书馆用户行为隐私保护研究综述》，《国家图书馆学刊》2020 年第 1 期。

限制①，可以随时随地通过智能手机、平板电脑等移动终端设备享受到图书馆提供的各项图书信息服务。并且，它还能根据读者的个人兴趣偏好和地理位置为读者提供满足其个性化需求的移动图书信息服务。② 随着智能手机等移动终端设备的广泛普及，移动图书信息服务平台逐渐成为移动图书馆的重要形式，已成为人们获取图书信息知识的重要渠道③，是人们日常生活的重要组成部分④，也是国家信息基础建设的核心内容和重要工程。⑤ 然而，随着云计算和大数据等新兴网络技术的迅速发展与应用，网络信息服务平台的服务器端正变得越来越“不可信”，它已成为引发网络用户隐私泄露的主要根源⑥，其原因主要包括以下两个方面。一是服务器被广泛地部署到云端（从而脱离数据拥有者的本地控制），使得网络信息服务系统原来所部署的数据安全策略（如身份认证、访问控制等）不再有效。数据库管理员或侵入服务器的黑客均可以毫无阻碍地访问服务器端收集的用户敏感数据。二是网络信息系统服务器端汇聚了海量具有高商业经济价值的用户数据，已成为黑客的首要网络攻击目标。此外，在利益或其他因素驱动下，网络信息系统内部合法用户恶意窃取敏感数据的可能性也普遍存在。腾讯安全联合实验室发布的《2019 年度互联网安全年度报告》显示：“2019 年在中国，约有八成的网民遭遇到不同程度上的个人隐私泄露，造成的直接经济损失超过了 350 亿元人民币，而其中 95% 以上的隐私泄露事件由网络服务器端所

① 苏新宁：《新时代图书馆使命与未来图书馆学教育之思考》，《中国图书馆学报》2020 年第 1 期；张玥、余姝、朱庆华：《基于移动视觉搜索的图书馆文旅融合发展策略研究》，《图书与情报》2021 年第 2 期；张坤、查先进：《我国智慧图书馆的发展沿革及构建策略研究》，《国家图书馆学刊》2021 年第 2 期。

② 旭荣花、郝喜凤：《移动图书信息服务平台场景化服务模式及其应用》，《图书馆》2021 年第 1 期；王圣元、陈万明、陆康：《高校智慧图书馆 4.0：基于工业 4.0 和 Web 4.0 的未来图书馆研究》，《图书馆理论与实践》2021 年第 1 期。

③ 赵文军、刘耀、李超良：《高校图书馆移动阅读服务需求分类及满意度提升研究》，《图书情报工作》2019 年第 24 期。

④ 居迎春：《移动阅读环境下公共图书馆的服务转型与升级策略》，《情报科学》2020 年第1 期。

⑤ 李宁、李卫东：《移动阅读 APP 用户个人信息安全研究——基于 10 款移动阅读 APP 的调查分析》，《图书馆学研究》2019 年第 21 期。

⑥ 谢珍、陆溯：《智慧图书馆视域下用户数据应用与隐私保护平衡研究》，《国家图书馆学刊》2020 年第 2 期；刘俊旭、孟小峰：《机器学习的隐私保护研究综述》，《计算机研究与发展》2020 年第2 期。

造成。”

读者通过移动图书信息服务平台发布的移动图书信息服务请求数据，背后蕴含大量的读者敏感隐私信息①（如读者资料、读者喜好、读者行踪、社会关系等）。这些极富商业经济价值的读者隐私数据，被移动图书信息服务平台后台服务器端大量收集，势必对读者隐私安全构成严重威胁。② 随着人们隐私维权意识的不断觉醒和增强，读者隐私安全问题必将成为制约现代图书信息服务平台在新兴网络环境下持续健康发展的主要障碍之一。③ 现代图书信息服务平台上的读者隐私安全问题，已成为现代图书情报学科和信息管理学科亟待解决的前沿科学问题，引起学术界的广泛关注。④

二　研究意义

随着数字图书信息服务平台的迅速发展，以及云计算、大数据、移动计算等新兴网络技术的迅速普及，读者隐私权正受到越来越严重的威胁和挑战。读者隐私权系图书馆的核心价值之一，对其加以有效保护已成为图书馆界的基本共识。⑤ 尤其是党的十八届三中全会发布《中共中央关于全面深化改革若干重大问题的决定》，决定设立国家安全委员会，并将网络信息安全作为国家安全战略的重要组成部分，从而将网络信息安全提升至国家战略的层面。在这样的大时代背景下，如何在云计算等不

① 易红、任竞：《图书馆大数据服务环境下用户隐私泄露容忍度的实证研究》，《图书馆论坛》2016 年第 4 期。

② 彭华杰：《大数据时代图书馆读者的隐私危机与隐私保护》，《图书馆工作与研究》2014 年第 1 期；马晓亭、陈臣：《基于大数据生命周期理论的读者隐私风险管理与保护框架构建》，《图书馆》2016 年第 3 期。

③ 宛玲、霍艳花、马守军：《英国大学图书馆网站个人信息保护政策文本分析及启示》，《图书情报工作》2018 年第 12 期；Da Cao，Xiangnan He，Liqiang Nie，et al.，“Cross－Platform App Recommendation by Jointly Modeling Ratings and Texts”，*ACM Transactions on Information Systems*，Vol. 35，No. 4，2017.

④ Haoran Xie，Xiaodong Li，Tao Wang，et al.，“Personalized Search for Social Media via Dominating Verbal Contex”，*Neurocomputing*，Vol. 172，2017；李仁超：《面向图书搜索服务的用户敏感主题保护方法》，硕士学位论文，温州大学，2020 年。

⑤ 宋文秀：《数字时代图书馆读者个人隐私保护现状与策略探析》，《图书馆工作与研究》2019 第 3 期；朱友好：《人工智能时代读者个人信息保护模式的选择》，《图书馆学研究》2020 年第 22 期；吴宗大、刘曦洋、赵又霖：《数字图书馆用户行为隐私保护研究综述》，《国家图书馆学刊》2020 年第 1 期。

可信新兴网络环境中，确保移动图书信息服务平台读者隐私信息安全已成为当前图书馆学和情报学研究亟待解决的新课题，具有十分重要的现实意义和研究价值。

本书研究工作不是社会科学纯文研究，也不是自然科学纯理研究，它是图书馆学理论与用户隐私保护理论相融合的一种交叉性文理综合研究，也是用户隐私保护技术应用于移动图书信息服务平台的一种创新性文理探索研究。相较于已有研究，本研究工作独到的学术价值和应用价值如下。针对移动图书信息平台的各类图书信息服务，构建了一套全新的读者资料隐私保护模型策略和读者服务隐私保护模型策略，它们能有效突破已有用户隐私保护方法在新兴网络环境下移动图书信息服务平台中的应用局限，在“不改变”现有移动图书信息服务平台架构、“不改变”客户端外部读者的使用习惯、“不改变”现有移动图书信息服务算法、“不改变”移动图书信息服务准确性、“不改变”移动图书信息服务高效性的基本前提下，有效“改善”读者资料隐私和读者服务隐私在不可信服务器端的安全性，从而为搭建起安全有效的移动图书信息服务平台奠定理论和技术基础，进而推动移动图书信息服务平台在新兴网络时代的可持续健康发展与应用。

最后，还需要指出的是，本书的研究对象虽然是移动图书信息服务平台这一特定类型的网络信息服务平台，但本书的研究成果对改善新兴网络环境下移动网络信息服务平台的用户隐私安全问题，同样具有重要的参考借鉴价值。

第二节　移动图书信息服务

一　平台架构

新兴网络环境下的移动图书信息服务平台是以无线通信网络为支撑，以云计算技术为保障，以共享的可扩展数字图书信息资源平台为基础，以适应移动终端一站式图书信息服务应用为核心，通过智能手机等手持移动终端设备为移动读者提供数字图书信息资源相关的，满足其个性化需求的检索服务、阅读服务、浏览服务、借阅服务、推荐服务、位置服务等，帮助移动读者建立随时随地获得全面移动图书信息服务的现代图书信息服务平台。① 随着信息技术的发展和数字时代的来临，移动图书信息服务平台的内涵和形式仍在持续扩展。新兴网络环境下移动图书信息服务平台的总体框架，如图 1.1 所示，它主要由服务器端、客户端以及移动读者（移动图书信息服务平台的读者）组成。可看出，根据读者的个人兴趣偏好和地理位置信息，移动图书信息服务平台可为移动读者提供多种多样的、能够满足他们个性化需求的移动图书信息服务。

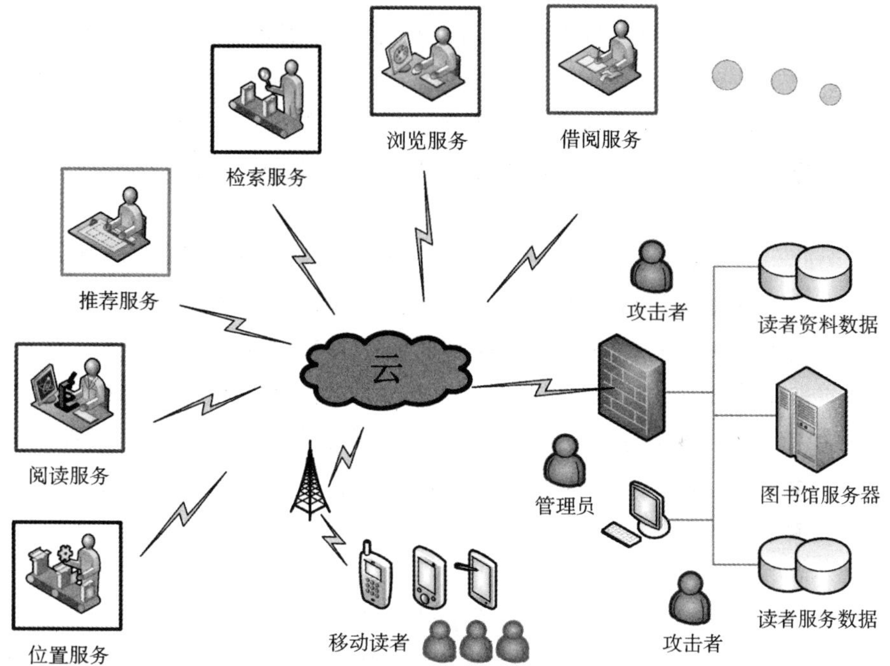

图 1.1 新兴网络环境下移动图书信息服务平台总体框架

第一，移动图书信息服务平台的第一个重要特征是，其前台客户端（负责运行面向读者的用户界面）是可信的。这主要是因为，已有的数据安全策略（如读者身份认证、授权访问控制等）均可有效地阻止外部攻击者访问客户端涉及的读者隐私数据，从而确保客户端读者数据安全。

① 徐芳：《数字图书馆用户体验研究》，社会科学文献出版社 2021 年版，第 23—31 页；闫晶：《数字图书馆资源聚合质量评价及优化策略研究》，人民出版社 2020 年版，第 45—52 页。

另一个重要原因是，移动图书信息服务平台每个客户端的数据通常只涉及单个读者，其商业经济价值相对有限，不会成为外部攻击者的主要攻击目标。

第二，移动图书信息服务平台的另一个重要特征是，其后台服务器端是不可信的。第一个原因是，后台服务器端收集了大量的读者资料隐私数据（如家庭住址、单位地址、联系方式等）和大量的读者服务隐私数据（即读者发布的移动图书信息服务请求背后所蕴含的隐私数据，如图书检索请求背后蕴含着读者偏好的图书类别）。这些读者数据敏感而机密，具有巨大的市场商业价值，是外部攻击者的主要攻击目标。① 另一个更重要的原因是，移动图书信息服务平台通常以云计算技术和云共享技术为基础保障，其后台服务器被广泛地部署在云端。数据与其所有者相分离，这对存储在后台服务器端中的读者隐私数据安全性构成了严重的威胁。②

为此，针对新兴网络环境下移动图书信息服务平台的这些新特征，尤其是其后台服务器端不可信这一特征，在不损害现有移动图书信息服务平台架构的基本前提下，如何让移动读者在享受满足他们个性化需求的高质量移动图书信息服务的同时，有效提高读者隐私（具体包括读者资料隐私和读者服务隐私）在不可信后台服务器端的安全性，以捍卫读者隐私权不受侵害，正是本书研究工作的主要目标。

二　隐私挑战

从前文所描述的新兴网络环境下移动图书信息服务平台架构可以看出，移动读者的隐私保护面临着诸多新的挑战。第一个新挑战是，移动图书信息服务平台服务器云端部署，这使得许多传统的数据安全策略不再有效（具体见后文分析）。第二个新挑战是，移动图书信息服务平台已

---

① Avi Arampatzis, George Drosatos and Pavlos S. Efraimidis, "Versatile Query Scrambling for Private Web Search", *Information Retrieval Journal*, Vol. 18, No. 4, 2015; Zongda Xu, Guandong Xu, Chenglang Lu, et al., "An Effective Approach for the Protection of Privacy Text Data in the CloudDB", *World Wide Web*, Vol. 21, No. 4, 2018; Zhuolin Mei, Hong Zhu, Zongmin Cui, et al., "Executing Multidimensional Range Query Efficiently and Flexibly over Outsourced Ciphertext in the Cloud", *Information Sciences*, Vol. 432, 2018.

② 黄国彬、郑霞、王婷：《云服务协议引发的信息安全风险及图情机构的应对措施》，《图书情报工作》2020 年第 12 期。

经部署和成熟运行，这就要求不能因为读者隐私保护而改变原有系统的运行性能。具体包括以下几点。一是“不改变”原有移动图书信息服务平台架构，即不改变以云计算技术和云共享技术为支撑的服务器端加客户端的体系架构；二是“不改变”客户端移动读者的使用习惯，即以智能终端设备为支撑的移动读者使用平台的方式和逻辑不因读者隐私保护而做出任何改变；三是“不改变”移动图书信息服务后台算法，即后台服务器端部署和运行的各类移动图书信息服务算法不因读者隐私保护而做出任何修改；四是“不改变”移动图书信息服务的准确性，即引入读者隐私保护机制后，移动读者仍能获得与引入机制前完全一致的移动图书信息服务结果；五是“不改变”移动图书信息服务的高效性，即不能因为引入读者隐私保护而使移动图书信息服务平台各类图书信息服务的性能显著下降。

因此，新兴网络环境下移动图书信息服务平台的读者隐私保护问题所面临的挑战，可概括为，如何在“不改变”移动图书信息服务平台现有架构、“不改变”客户端外部读者的使用习惯、“不改变”移动图书信息服务现有算法、“不改变”移动图书信息服务准确性、“不改变”移动图书信息服务高效性的基本前提下，有效“改善”读者隐私（具体包括读者资料隐私和读者服务隐私）在不可信后台服务器端的安全性。它还可进一步概括为，如何在确保现有移动图书信息服务平台综合运行性能“无损”的基本前提下，有效“改善”读者隐私在不可信服务器端的安全性。这样严峻的挑战，无法用移动图书信息服务平台部署的数据安全策略直接解决，无法用信息技术领域学者研究构建的用户隐私保护方法直接解决，也无法用社会科学领域学者提倡的法律法规和行业政策手段完全解决。原因简要分析如下。

第一，作为一种特殊的网络信息系统，移动图书信息服务平台通常部署了多种数据安全策略，包括用户身份认证、用户访问控制、网络入侵检测、隐私政策、防火墙技术、病毒检测、安全审计等。① 这些数据安

---

① 陈菲：《数字图书馆信息服务平台的匿名发布研究》，博士学位论文，西北师范大学，2017 年；Wei She, I – Ling Yen, Farokh Bastani, et al.,“Role – Based Integrated Access Control and Data Provenance for SOA based Netcentric Systems”, *IEEE Transactions on Services Computing*, Vol. 9, No. 6, 2017; David Power, Mark Slaymaker, Andrew Simpson, “On Formalizing and Normalizing Role – Based Access Control Systems”, *The Computer Journal*, Vol. 52, 2018.

全策略在传统数字图书信息系统中发挥了重要作用，它们能有效确保后台数据库中存储的读者敏感数据的机密性和安全性。然而，这些数据安全策略“对外不对内”，它们只针对移动图书信息服务平台的外部非法用户（以阻止外部非法用户对数字图书馆平台读者数据的非法访问），但无法阻止不可信后台服务器端的内部工作人员（或攻克服务器端的攻击者）访问后台数据库中的读者敏感数据。简而言之，数据安全策略的有效性建立在后台服务器“高度可信”的基础之上，因而无法适应新兴网络环境下移动图书信息服务平台的读者隐私保护需求。

第二，针对位置服务等网络个性化信息服务环境且服务器端不可信的用户隐私安全问题，信息科学领域学者已给出了许多行之有效的方法，具有代表性的有数据加密、数据泛化、数据模糊化、用户匿名化、区块链技术等①，它们中的许多方法经过修改后，也同样适用于移动图书信息服务平台保护读者服务隐私安全。然而，它们并不是针对移动图书信息服务平台专门提出，无法满足前文所述的五个“不改变”的前提目标。例如，加密法通常要求改变后台信息服务算法，区块链技术要求建立在分布式环境下，两者都会引起整个信息服务平台架构的改变。匿名法不适应用户实名认证的场景，模糊法和泛化法很多时候会影响信息服务的准确性，这些都降低了方法的实际可用性。此外，这些方法通常仅针对用户服务隐私（而不针对用户资料隐私）。简而言之，现有的用户隐私保护方法在实用性、准确性、高效性、安全性等多个方面仍无法满足新兴网络环境下移动图书信息服务平台的实际应用需求。因而，难以直接应用于保护读者资料隐私安全和读者服务隐私安全。②

第三，由于强约束力，法律法规被视为是保障公民权利的有力手段。③。社会科学领域学者更多从法律法规角度对用户隐私保护问题进

---

① Zongda Wu，Jie Shi，Chenglang Lu，et al.，“Constructing Plausible Innocuous Pseudo Queries to Protect User Query Intention”，*Information Sciences*，Vol. 325，2015；路宏琳、王利明：《面向用户的支持用户掉线的联邦学习数据隐私保护方法》，《信息网络安全》2021年第3期。

② 李仁超：《面向图书搜索服务的用户敏感主题保护方法》，硕士学位论文，温州大学，2020年。

③ Klinefelter Anne，“Reader Privacy in Digital Library Collaborations：Signs of Commitment，Opportunities for Improvement”，*A Journal of Law and Policy for the Information Society*，Vol. 13，No. 1，2019；James M. Beck and Sir J. Simon，“Constitution of the United States”，*Journal of Geophysical Research Oceans*，Vol. 100，2002.

行研究①，并积极推动国家政府立法机构出台更加完善的用户隐私权相关法律法规。当前，各国政府均在多个层次上出台了公民隐私权保护相关的法律法规，并取得了积极的成效。然而，法律法规虽然能有效地缓解网络用户隐私问题，但并不能从根本上解决该问题。② 主要原因是，法律法规的有效性建立在网络服务器端管理员以及相关攻击者能严格遵守法律法规的基础之上。其实质是，法律法规有效性也建立在网络服务器端“高度可信”的基础之上。然而，服务器端不可信正是新兴网络环境下移动图书信息服务平台重要特征，并且层出不穷的网络用户隐私泄露事件已经反复证明，网络服务器端并不可信③，它是导致用户隐私泄露的主要威胁和主要根源。

后文第三节和第四节还将进一步从社会科学和信息科学两个角度回顾分析国内外读者隐私保护相关的研究，并对现有研究存在的问题进行阐述和总结。第二章还将在本章第二节、第三节和第四节的基础之上，进一步阐释移动图书信息服务平台的基本架构，进一步形式化定义其面临的新挑战，进一步分析评价现有技术方法在移动图书信息服务平台读者隐私保护中的应用局限，以确定全书工作的具体研究目标，为本书后续读者隐私模型策略的研究构建提供参照依据。

第三节 隐私保护法规政策

国内外图书馆学界对于读者的隐私权有着不同的定义。美国图书馆协会出台的《图书馆权利法案之“隐私阐释”》把读者隐私权界定为：

---

① 相丽玲、陈梦婕：《试析中外信息安全保障体系的演化路径》，《中国图书馆学报》2018年第2期；Waldo R. Flores，Egil Antonsen，“Information Security Knowledge Sharing in Organizations：Investigating the Effect of Behavioral Information Security Governance and National Culture”，*Science Direct*，Vol. 43，2014；《美国〈信息系统保护国家计划〉中文版》，2012年10月11日，http：//www.doc88.com/p－919950684499.html.

② Zhengbiao Han，Shuiqing Huang，Huan Li，et al.，“Risk Assessment of Digital Library Information Security：A Case Study”，*The Electronic Library*，Vol. 34，No. 3，2016.

③ Zongda Wu，Guandong Xu，Yu Zong，et al.，“Executing SQL Queries over Encrypted Character Strings in the Database－as－Service Model”，*Knowledge－Based Systems*，Vol. 35，2012；杨晨、郑明辉、谭杰：《一种云服务器位置定位及安全性验证方案》，《山东大学学报》（理学版）2020年第3期。

"对于实体或数字图书馆来说，隐私权就是读者拥有个人兴趣不受他人观测，拥有对知识、资料或真理公开寻求的权利。"① 在我国，也有学者认为图书馆读者隐私权是读者的一种支配权，即在享受图书馆服务过程中，读者享有的对其个人信息、通讯资料、背景资料、图书馆活动、信息需求等进行支配的权利。② 当前，读者隐私权已经成为图书馆管理中最突出的矛盾之一，并且随着读者维权意识的不断加强，以及数字图书馆范畴的不断延伸，这种矛盾正变得愈发尖锐。③ 例如在 2009 年，美国十余万家图书馆的代表要求美国地方法院确保谷歌公司不会侵犯数字图书读者的个人隐私权④，他们一致认为，"谷歌可能会危及诸如公平获得信息、读者隐私权保护以及知识自由等图书馆基本价值"。因此，读者隐私权作为图书馆的基本价值之一，对其加以有效保护已成为图书馆界的基本共识。

对图书馆读者的隐私保护应由法律法规、行业政策和图书馆内部政策三个层次构成，其中，法律法规和行业政策起着主要规范作用。本节的第一部分和第二部分将分别从国外和国内两个方面，阐述现有的与读者隐私保护相关的法律法规和行业政策。然后，第三部分将介绍图书情报领域学者从政策法规角度给出的相关研究成果。

一　国外相关政策法律法规

法律法规由于具有强大的约束力和控制力，已成为保障公民权利最有力的手段，并对其他政策的形成起着决定作用。为此，从 20 世纪中后期开始，西方发达国家的图书馆界就积极致力于隐私政策的制定，并通过各种方式促使立法机构出台图书馆读者隐私保护法。以下，以美国为例来介绍读者隐私权相关的法律法规和行业政策。美国图书馆在长期的

---

① 转引自张靖、肖鹏《美国"图书馆权利法案"的制定与修订过程》，《图书情报工作》2015 年第 4 期。

② 胡洁、滕静静：《公共图书馆立法应明确保护读者隐私权》，《图书馆》2010 年第 1 期；赵培云：《从数字图书馆建设中读者隐私权问题看个人信息保护立法》，《图书馆理论与实践》2009 年第 3 期；刘可静、孙铮：《美国图书馆数字资源长期保存利用中的隐私政策与实施措施及启示》，《图书馆》2011 年第 6 期。

③ 杨嘉骆：《以制度保障公共图书馆阅读推广中读者权益的思考》，《图书馆建设》2020 年第 5 期。

④ 石慧：《中美图书馆知识自由政策比较》，《图书馆学研究》2011 年第 8 期。

资源保存与利用服务过程中，一直都非常重视隐私的保护。美国不仅在宪法中明确做出了保护读者隐私的法律规定，把对读者隐私权的保护视为对人权保护的一个重要组成部分，制定了专门的隐私权保护法规，并且还专门制定了图书馆保护读者隐私的规章制度。1978 年，在美国图书馆协会的主导推动下，美国出台了第一部州立法《图书馆记录机密法》。① 到目前为止，除夏威夷州和肯塔基州之外，美国其他所有的州都出台了专门的图书馆记录保密法。这类法律有两种形式。一是明确保护图书馆读者隐私权；二是豁免图书馆公开记录或不适用于信息自由法的情况。1988 年美国参议院通过了图书馆隐私权保护法案后，又通过了视频隐私权保护法案，这两项法案都对图书馆记录保护做了规定。

除了传统读者隐私保护立法外，随着数字网络技术的不断发展，针对数字资源隐私保护的特点，美国还通过行业指引政策来解决读者隐私保护问题。美国各个行业均颁布了不少建议性的行业指引政策，如美国在线联盟于 1998 年公布的《在线隐私指引》②，适用于保护从网上收集的消费者个人可识别身份信息。该《指引》规定了网站应全面地告知消费者其资料收集行为，并具体规定了包括向消费者告知所收集信息的种类及用途、是否向第三方披露该信息等要求。在这种法律环境下，美国图书馆协会同样也制定了图书馆隐私保护的行业准则，它对图书馆隐私保护的行业要求与美国对隐私保护的行业自律要求原则上是一致的。美国图书馆协会针对《图书馆权利宣言》中对隐私权的尊重与保护问题阐述了立场与观点，之后根据网络环境数字资源长期保存与利用中隐私保护的特点，进一步于 2003 年制订，并于 2008 年重新修订了《美国图书馆协会隐私政策》。

在《美国图书馆协会隐私政策》中，美国图书馆协会承诺致力于保护协会成员、捐助者、客户和其他联系人的隐私，承诺“不收集读者的个人信息，除非读者选择提供这些信息，但即使是读者选择提供给网站的任何信息，网站也仅用于或改善服务之用”③。美国图书馆协会承诺，

---

① 白美程、阳广元：《近五年我国数字图书馆用户隐私保护研究进展》，《图书馆理论与实践》2019 年第 8 期。

② 白美程、阳广元：《近五年我国数字图书馆用户隐私保护研究进展》，《图书馆理论与实践》2019 年第 8 期。

③ *Federal Computer System Protection Act of* 1978，https：//www. gao. gov/products/106293.

读者通过电子邮件或其他网络形式提供的个人识别信息，将只用于提供或改善服务。因为只有读者提供了联系信息，美国图书馆协会职员或其服务承办者才能与读者取得联系，以便澄清读者的意见或问题，了解读者对服务的客户满意程度。美国图书馆协会保证任何读者为商品或服务而提供的信用卡信息都是安全的，这些信息只为达成读者的预期目标才专门使用。图书馆信息系统自动收集储存读者信息的时候，会主动告知读者，并且不会收集可标识读者具体身份的个人信息（根据收集的信息，并不能识别出读者本人）。① 具体地，数字图书馆自动收集和储存的读者信息仅限于以下几种。读者进入网站的互联网域名和地址、读者用来访问网站的浏览器和操作系统的类型、读者进入网站的时间、被读者访问的网页和被访问的时间长度，以及首次访问协会网站的读者网站地址。通过利用和分析系统自动收集和储存的访问者数量以及读者使用的技术等信息，借以帮助图书馆改善服务。从以上系统所搜集的数据资料可以看出，这些信息并未涉及读者的个人身份识别信息。

此外，针对大数据时代的一般性隐私保护，美国加州于 2018 年发布的《加州消费者隐私保护法案》规定，企业必须公开与个人信息原定使用场景和用户预期不一致的使用行为，用户有权撤销第三方对个人信息的使用。② 美国内华达州于 2019 年发布了《内华达州数据隐私法》。③ 该法案涉及互联网隐私，要求网站和在线服务的运营商遵循消费者指示，不得出售其个人数据。综上，可以看出，在国外（尤其是美国），关于图书馆读者隐私权的法律法规和行业政策已经比较完善，覆盖了读者隐私权的方方面面。④ 如果这些法律法规都能得到移动图书信息服务提供商的贯彻落实，那么网络读者的隐私权在一定程度上能得到保证。⑤ 然而，法规的贯彻落实本身就是富有挑战的问题。

---

① *Freedom of Information Act*, https://www.foia.gov.

② 相丽玲、陈梦婕：《试析中外信息安全保障体系的演化路径》，《中国图书馆学报》2018 年第 2 期。

③ 胡婧：《美国公共图书馆隐私管理规范研究》，《图书与情报》2021 年第 4 期。

④ 陈春雷：《大数据时代美国图书馆隐私管理规范研究》，《图书馆建设》2020 年第 3 期。

⑤ 姜盼盼：《图书馆隐私政策合规性的依据与标准》，《图书馆建设》2019 年第 4 期；时明涛：《论大数据时代读者个人信息权的法律保护》，《图书馆工作与研究》2020 年第 6 期。

二 国内相关政策法律法规

我国现行法律对读者隐私权没有明确规定，但却拥有一些针对公民隐私权保护的法律法规条文。在法律没有明文规定读者隐私权的情况下，对读者隐私的保护可以依其公民身份援引相应的法律法规。我国法律对公民隐私权的保护主要体现在两个层面：宪法层面和单行法律层面。在宪法层面，我国宪法虽然没有明确提出隐私权的概念，但隐含着对公民隐私权的认可和保护，如《中华人民共和国宪法》第三十八条规定："中华人民共和国公民的人格尊严不受侵犯。禁止用任何方法对公民进行侮辱、诽谤和诬告陷害。"虽然没有明确规定隐私权，但人格尊严本身的弹性内涵为公民隐私权的司法解释留下了广阔的空间。在单行法律层面，针对特殊群体，我国法律有规定他们的隐私权保护问题。例如，《中华人民共和国妇女权益保障法》第四十二条规定："妇女的名誉权、荣誉权、隐私权、肖像权等人格权受法律保护"；《中华人民共和国未成年人保护法》第三十九条规定："任何组织或者个人不得披露未成年人的个人隐私。"然而，这些单行法律还不能实现对公民隐私权的有效保护。总而言之，在我国现行法律法规中，读者隐私保护需要依读者的公民身份援引相应的法律法规，仍不够细致全面。

2008 年启动制定的《中华人民共和国公共图书馆法》是中国第一部图书馆专门法，是为了加强对公共图书馆管理，推进公共图书馆事业的发展，较好地保障人民群众的公共读书阅览权利而制定的法律。《中华人民共和国公共图书馆法》的第四十三条明确规定："公共图书馆应当妥善保护读者的个人信息、借阅信息以及其他可能涉及读者隐私的信息，不得出售或者以其他方式非法向他人提供。"这是对图书馆读者隐私权的首次保护性规定。然而，相比于美国图书馆协会制定的系列性政策，我国图书馆行业在读者隐私权保护方面还处于起步阶段，《中华人民共和国公共图书馆法》的相关法律条文还不够细化和全面①，还有赖于国家图书馆协会出台更加细致全面的行业标准。

此外，针对大数据时代的一般性隐私保护，我国于 2021 年正式发布

---

① 石剑兰、刘倩雯：《中英芬全国性公共图书馆法比较研究》，《图书馆学研究》2020 年第4 期；燕辉：《图书馆权利保障中的国家义务研究——以〈中华人民共和国公共图书馆法〉为例》，《图书馆建设》2020 年第 1 期。

《中华人民共和国数据安全法》（经2021年6月10日第十三届全国人民代表大会常务委员会第二十九次会议通过），其主要内容如下。确立数据分类分级管理、风险评估、监测预警以及应急处置等安全管理基本制度；明确开展数据活动的组织、个人承担数据安全保护义务，落实数据安全保护责任；坚持安全与发展并重，规定支持促进数据安全与发展的措施；建立保障政务数据安全和推动政务数据开放的制度措施等。总体而言，《中华人民共和国数据安全法》的公布对现代图书信息服务平台读者隐私保护意义重大，为其奠定了一定的法理依据，但要形成一套完整的法律体系依然任重道远①，有待进一步完善。

三　读者隐私政策研究现状

现有读者隐私相关的政策理论研究，通常侧重于分析应用现有的法律法规和行业标准来保护新时代背景下读者隐私权时所面临的不足与挑战，然后指出构建完善的策略和措施应考虑的着力点。文献研究了大数据时代下基于服务等级协议的读者隐私感知与保护策略，并提出以下建议。只有读者进一步提高隐私保护意识，国家出台更完善的法律，图书馆制定更科学的策略、借助更有效的技术，三者同时发力，才能实现对读者隐私权的有效保护。② 马晓亭从法律、技术和数据分析三方面研究图书馆在提供个性化服务过程中潜藏的用户隐私侵犯风险，并认为，图书馆是隐私保护的主体，因此图书馆须形成隐私保护的长效机制，提高读者数据安全管理水平，才能充分保护读者隐私权。③ 王肃之根据《中华人民共和国公共图书馆法》的精神，结合《信息安全技术 个人信息安全规范》的规定，认为读者个人信息保护应注重内容层次化和策略规范化相统一。④ 易斌、刘颖、袁小斌认为，公共场所下的读者隐私保护应基于尊重读者人格、公共利益优先、采纳最小侵害、排除特殊要

---

① 马海群：《〈中华人民共和国公共图书馆法〉的安全观》，《图书馆建设》2018年第1期。

② 马晓亭：《大数据时代基于服务等级协议的图书馆读者隐私感知与保护研究》，《情报理论与实践》2014年第4期。

③ 马晓亭：《大数据时代图书馆个性化服务读者隐私保护研究》，《图书馆论坛》2014年第2期。

④ 王肃之：《读者个人信息保护的层次化与规范化——基于〈中华人民共和国公共图书馆法〉与〈信息安全技术 个人信息安全规范〉分析》，《图书馆工作与研究》2018年第6期。

求、控制知情范围的原则，规范电视监控和人身检查等手段运用，从而使读者隐私权得到切实保护。① 张维宁、刘阳、王荣坤梳理了美国读者隐私权保护的做法经验，并认为，美国重视立法完善、制定行业政策、加强自律建设、开展用户教育、深化学术研究等做法能为我国图书馆建设提供有效的启示。② 易斌、郭华、刘颖指出我国读者隐私权的行业自律方面存在的诸多问题。例如，行业政策仍停留在宣言层面，图书馆隐私政策内容较简单，图书馆联盟未发挥组织合作优势。为此，提出应加强法律对公民权利的保障作用，发挥图书馆学会的行业引领作用，重视图书馆隐私保护的制度化管理。③

基于隐私权的法学学理，易斌阐述了读者隐私及隐私权的内涵和特征，具体分析了涉及侵犯读者隐私权的各种情形，对侵犯读者隐私权的相关主体及法律责任进行了探讨，并提出了加强读者隐私保护的应对之策。④ 徐磊、郭旭以十款图书类 App 隐私政策为研究对象，从个人信息收集使用、个人信息存储保护、读者个人信息权利等维度进行分析。结果表明，为了完善现有隐私政策和保护读者信息，应当增强隐私政策的显著性和通俗性，夯实隐私政策法律基础，提高隐私政策质量，构建多元协同治理体系。⑤ 时明涛、时诚认为《中华人民共和国公共图书馆法》第四十三条对读者个人信息保护的规定较为抽象，需进一步明确，以加强对读者个人信息的保护，防止读者个人信息泄露对读者借阅信息和隐私信息造成侵害。⑥ 基于《中华人民共和国个人信息保护法》，童云峰将读者个人信息划分为读者隐私信息、读者敏感个人信息、读者一般个人

---

① 易斌、刘颖、袁小斌：《公共场所视域下图书馆读者隐私权保护研究》，《图书馆》2014 年第 3 期。

② 张维宁：《美国图书馆隐私权保护运动的特征及其经验借鉴》，《图书馆工作与研究》2014 年第 6 期；刘阳、王荣坤：《美国研究型大学图书馆读者隐私政策调查及启示》，《图书情报工作》2014 年第 22 期。

③ 易斌、郭华、刘颖：《我国读者隐私权的行业自律保护研究》，《情报理论与实践》2015 年第 1 期。

④ 易斌：《网络环境下图书馆读者隐私权保护研究》，中国社会科学出版社 2013 年版，第 21—45 页。

⑤ 徐磊、郭旭：《大数据时代读者个人信息保护的实践逻辑与规范路径——以图书类 APP 隐私政策文本为视角》，《图书馆建设》2021 年第 1 期。

⑥ 时明涛：《论大数据时代读者个人信息权的法律保护》，《图书馆工作与研究》2020 年第6 期；时诚：《数字时代读者个人信息、借阅信息与隐私信息的关系——以〈公共图书馆法〉第 43 条为研究对象》，《图书馆建设》2021 年第 6 期。

信息和读者借阅信息，然后以场景理论、公平信息实践理论和自然权利理论为视角，为不同类型读者个人信息设计层次分明等级有序的保护力度。① 伍平认为，云计算技术是数字图书馆的重要发展方向，但采用云计算必然会对读者私人空间的保护权和私人信息的秘密权产生影响。然后，从服务商、图书馆、读者及法律层面，分析探讨了云计算环境下图书馆读者隐私权保护。②

综上所述，图书馆读者隐私权保护依赖于政府、读者和图书馆三类主体共同作用，并且随着网络技术的迅速发展，现有法律法规需要不断面对许多新情况和新挑战，其有效性建立在网络服务器端及其提供商能恪守法律法规的基础上。现有的许多理论研究也指出，网络时代读者隐私保护已不能完全依赖于法律法规和行业政策，需要更多地借助于信息安全技术手段。

第四节　隐私保护方法策略

虽然法律法规和行业政策能有效地缓解网络时代图书馆读者的隐私安全问题，但现有法律法规还不够系统全面（尤其是我国）。层出不穷的网络用户隐私泄露事件表明，法律法规并不能从根本上解决网络时代的图书馆读者隐私安全问题③，解决网络读者隐私问题不仅需要依靠法律政策，更需要借助技术方法的支持。为此，本节第一部分阐述当前主流图书信息服务平台所采用的与读者隐私保护相关的数据安全策略现状，并分析它们在移动读者隐私保护中的应用局限性。第二部分简要回顾图书情报领域学者从技术方法角度所给出的读者隐私保护方法策略。第三部分简要阐述信息科学领域学者所给出的网络用户隐私保护方法相关研究现状，并分

① 童云峰：《证立与提倡：读者个人信息的民法分类分级保护》，《现代情报》2021 年第 12 期。

② 伍平：《云计算环境下图书馆读者隐私保护研究》，《 农业图书情报学刊》2018 年第 8 期。

③ Zhengbiao Han，Shuiqing Huang，Huan Li，et al.，“Risk Assessment of Digital Library Information Security：A Case Study”，*The Electronic Library*，Vol. 34，No. 3，2016；邵志毅、杨波、梁启凡：《云计算中数字图书馆外包数据的完整性检测》，《图书馆论坛》2014 年第 12 期。

析它们在移动图书信息服务平台读者隐私保护中的应用局限性。

一　读者平台安全策略现状

随着网络信息安全技术的快速发展，数字图书馆平台作为一类大型的网络信息系统，确保平台数据的安全性是其需解决的核心问题，也是其核心任务之一。为了确保所掌握的读者数据的机密性和安全性，数字图书馆平台采用了多种数据安全策略，主要包括用户身份认证①、用户访问控制②、网络入侵检测③、隐私政策等。以下简要回顾数字图书馆平台所部署的这些数据安全策略的主要技术特点，并简要分析它们在新兴网络时代移动图书信息服务平台读者隐私保护中的应用局限。

第一，用户认证即用户身份标识和识别，是数字图书馆所采用的基础性安全技术策略之一。在该方法中，由系统提供某种方式让用户标识自己的身份（身份标识，这里的用户包括读者、工作人员以及管理员等）。每次用户进入系统时，由系统进行核对（用户身份识别），只有通过身份鉴定后用户才能获取系统的使用权。身份认证最初只有密码识别④一种形式。而如今，指纹验证⑤、人脸识别⑥、瞳孔验证⑦等生物特征识

---

① Ding Wang, Haibo Cheng, Debiao He, et al., "On the Challenges in Designing Identity – Based Privacy – Preserving Authentication Schemes for Mobile Devices", *IEEE Systems Journal*, Vol. 12, No. 1, 2018.

② Yang Yang, Xianghan Zheng, Wenzhong Guo, et al., "Privacy – Preserving Smart IoT – Based Healthcare Big Data Storage and Self – Adaptive Access Control System", *Information Sciences*, Vol. 479, 2018.

③ Dželila Mehanović, Dino Kečo, Jasmin Kevrić, et al., "Feature Selection Using Cloud – Based Parallel Genetic Algorithm for Intrusion Detection Data Classification", *Neural Computing and Applications*, Vol. 11, 2021.

④ Hanene Guesmi, Hanene Trichili, Adel M. Alimi, et al., "Fingerprint Verification System Based on Curvelet Transform and Possibility Theory", *Multimedia Tools and Applications*, Vol. 74, No. 9, 2013.

⑤ Simone Bianco, "Large Age – Gap Face Verification by Feature Injection in Deep Networks", *Pattern Recognition Letters*, Vol. 90, 2016.

⑥ Fabiola M. Villalobos – Castaldi, Ernesto Suaste – Gomez, "A New Spontaneous Pupillary Oscillation – Based Verification System", *Expert Systems with Applications*, Vol. 40, No. 13, 2013.

⑦ Abhilasha Bhargav – Spantzel, Anna Cinzia Squicciarini, Rui Xue, et al., "Multifactor Identity Verification Using Aggregated Proof of Knowledge", *IEEE Transactions on Systems Man and Cybernetics Part C*, Vol. 40, No. 4, 2010.

别技术越来成熟，并被大量投入使用。因此，当前的用户身份认证策略又可细分为单因素认证（密码、智能卡、动态口令、生物特征等）和多因素共同认证①，后者通过结合多种单因素认证，以进一步加强用户身份认证的安全性。

第二，访问控制通过用户权限定义和授权检查，确保只有拥有合法权限的用户才能访问图书馆数据库中授权数据，而未被授权用户则无法存取数据。② 因此，访问控制的对象是用户，保护的主体是数据本身。访问控制是数字图书馆所采用的另一基础性安全防线，它对数字图书馆的信息安全具有重要意义。访问控制主要可分为自主访问控制③和强制访问控制。④ 自主访问控制是指读者有权访问自身数据，并且可将这些数据的访问权授予其他用户（或者回收访问权）。自主控制的安全性较低，无法对系统资源提供严格保护。⑤ 在强制访问控制中，用户和数据都被赋予一定的安全级别，用户不能改变自身的安全级别，只有遵循设定规则的用户才能合法地访问到需要的数据。由于用户不能直接改变访问控制属性，所以强制控制能提供更强的安全保护，以防范自主控制的滥用。

第三，入侵检测通常可作为防火墙技术的合理补充⑥，它可以有效帮助数字图书馆平台对付网络攻击，扩展了图书馆系统管理员的安全管理能力（包括安全审计、安全监视、进攻识别、攻击响应等），提高了数字图书馆信息安全基础设施的完整性。入侵检测通常基于预先设置的安全规则，它通过从数字图书馆网络系统中的关键点收集用户行为信息，并分析这些行为信息，实时检测系统中是否有违反安全规则的行为或遭到

① 于其洪：《基于多因素认证的安全移动支付技术研究》，硕士学位论文，南京航空大学，2018 年。

② 闫洁：《云存储中基于属性层次权限变更的访问控制方案研究》，《科技通报》2019 年第 11 期。

③ João Zamite, Dulce Domingos, Mário J. Silva, et al., "Group - Based Discretionary Access Control for Epidemiological Resources", *Procedia Technology*, Vol. 9, 2013.

④ Zongda Wu, Jianfeng Lu, Chenglang Lu, "Obligation Constraints in Access Control", *Proceedings of the IEEE Conference on Multimedia Information Networking and Security*, 2010.

⑤ Chenglang Lu, Zongda Wu, Mingyong Liu, et al., "A Patient Privacy Protection Scheme for Medical Information System", *Journal of Medical Systems*, Vol. 37, 2013.

⑥ 周杰英、贺鹏飞、邱荣发：《融合随机森林和梯度提升树的入侵检测研究》，《软件学报》2021 年第 10 期。

网络袭击的迹象。入侵检测被认为是防火墙之后的第二道安全闸门，在不影响平台网络性能的情况下能对平台网络进行监测，提高平台抵御网络攻击的能力，进而提高数字图书馆平台服务器端的安全性，现在已经被许多数字图书馆平台部署采用。

第四，基于隐私政策的信息安全策略（简称：隐私政策法，典型的如 P3P 策略①），允许读者向数字图书馆平台设定他们可接受的数据使用规则和数据管理规则（如哪些读者数据可被收集、哪些读者数据可被发布等）。隐私政策法被认为架起了读者和数字图书馆平台之间信任的桥梁，能有效加强读者对隐私政策的理解以及对数字图书馆平台的信任。随着云计算等新兴网络技术的迅速发展，基于“开放”理念的新一代图书馆平台（如 FOLIO② 等）日益流行和成熟。隐私政策法被新一代图书馆服务平台认为是在“开放”平台下保护读者信息安全的有效手段之一，因而被广泛建议采用。实际上，现在许多大型数字图书馆平台也开始采用隐私政策法。③ 虽然隐私政策法有很多优点，但如 P3P 等隐私政策缺乏关于数字图书馆平台如何执行读者设定隐私政策的详细说明。因此，读者必须无条件信任数字图书馆平台能完全忠诚地遵守自己设定的隐私政策。此外，基于隐私政策的信息安全策略本身并不能执行隐私保护，它的执行仍然依赖于数字图书馆平台。

数字图书馆系统经常采用的数据安全策略还有防火墙技术④、病毒检测⑤、安全审计⑥等，这里不再一一赘述。通常，读者个人资料数据存储在移动图书信息服务平台服务器端的数据库中，数字图书馆平台借助于其本身部署的这些数据安全技术策略，能很好地阻止外部非法用户对读者资料数据的非法访问，从而有效改善读者资料隐私的安全性。此外，这些数据安全策略也能够很好地确保存储在移动图书信息服务平台

① *Platform for Privacy Preferences*（P3P）*Project 2012*，http：//www. w3. org/P3P.

② 薛卫双、钟欢：《“技术＋人文”：基于 FOLIO 平台的高校图书馆智慧服务平台研究》，《图书馆学研究》2021 年第 6 期。

③ Zongda Wu，Shigen Shen，Huxiong Li，et al.，“A Comprehensive Study to the Protection of Digital Library Readers Privacy Under an Untrusted Network Environment”，*Library Hi Tech*，2021.

④ 石淑华、池瑞楠：《计算机网络安全技术》，人民邮电出版社 2016 年版，第 1—40 页。

⑤ 秦志光、张凤荔：《计算机病毒原理与防范》，人民邮电出版社 2016 版，第 11—20 页。

⑥ 田秀霞、王晓玲、高明：《数据库服务——安全与隐私保护》，《软件学报》2010 年第 5 期。

后台数据库中读者移动图书信息请求记录的安全性，进而保护移动读者的服务隐私安全。这些数据安全策略由于得到了数字图书馆系统本身的支持，因而具有极好的实用性。然而，这些数据安全策略都是建立在移动图书信息服务平台服务器端“高度可信”的基础上，使得它们只针对移动图书信息服务平台的外部非法用户，无法阻止数据管理员（或攻克服务器的攻击者）访问后台服务器端读者隐私数据。① 因而，它们面临与法律法规和行业政策同样的局限，即它们“对外不对内”的特点，使得这些数据安全策略无法满足新兴网络环境下移动图书信息服务平台读者隐私保护的实际需求。

二 读者隐私保护研究现状

为了解决数字图书馆的读者隐私安全问题，图书情报领域学者尝试从技术方法角度给出解决方案。王碧琴、任洁、冯彦平分析了法律法规的不足，认为新兴网络环境下的图书馆读者隐私问题需要更多地采用技术方法加以解决，并探讨了隐私保护技术方法在数字图书馆中的一些具体应用。② 马晓亭、陈臣从完整性、机密性、可用性三个维度出发，研究了图书馆敏感数据保护问题，分析了大数据环境下图书馆敏感数据安全需求，并设计实现了一个图书馆敏感数据分析可视化管理平台。③ 吴宗大、谢坚、郑城仁构建了一个对数字图书馆用户行为偏好隐私保护的通用性基础框架，能在不损害数字图书馆知识服务可用性的前提下，确保用户行为偏好隐私在不可信数字图书馆服务器端的安全性。④ 朱光构建了一个由读者、数字图书馆和外部攻击者所构成的多主体隐私博弈模型，它能在数字图书馆开放服务和动态环境下有效保护读者隐私安全。⑤ 贾俊杰、陈菲构建了一种能在确保数字图书馆数据可利用性与信

① Zongda Wu, Ren Chao Li, Jian Xie, et al., “A User Sensitive Subject Protection Approach for Book Search Service”, *Journal of the Association for Information Science and Technology*, Vol. 71, No. 2, 2020.

② 王碧琴、任洁、冯彦平：《数字图书馆用户信息隐私的安全威胁分析》，《图书馆学研究》2015 年第 10 期。

③ 马晓亭、陈臣：《基于大数据生命周期理论的读者隐私风险管理与保护框架构建》，《图书馆》2016 年第 128 期。

④ 吴宗大、谢坚、郑城仁：《数字图书馆读者的行为偏好隐私保护框架》，《中国图书馆学报》2018 年第 2 期。

⑤ 朱光：《图书馆情境服务环境下的多主体隐私博弈分析》，《情报科学》2018 年第 6 期。

息服务质量的前提下，实现读者隐私安全的匿名读者数据发布模型。① 面向网络环境下的高校图书馆学科服务，借助第三方认证技术，陆康构建了一个读者隐私保护模型。② 面向不确定性、不稳定性的云图书馆知识服务环境，麦范金构建了一个移动读者隐私“五维”保护模型，它以法律约束保护体系、社会规范保护体系为辅助二维，以技术保护体系中的移动用户隐私感知体系、管理体系、处理体系为主控三维，保护读者隐私安全。③ 曾子明、秦思琪构建了一种基于“从设计着手隐私理论”的云图书馆用户隐私管理模型，该模型主要由隐私数据管理模块、隐私数据生命周期管理模块和隐私保护过程管理模块构成。该模型涉及的关键实现技术包括用于发现群体规律或个体偏好的隐私保护技术，以及用于用户身份管理的隐私保护技术。④

为了防止图书馆敏感数据的泄露并提高其安全性，马晓亭研究了大数据环境下图书馆敏感数据所面临的安全风险，在敏感数据分类分级的基础上，提出了大数据环境下图书馆敏感数据的发现与保护方法。⑤ 王家玲从网络平台和实体图书馆两方面分析智慧图书馆管理和服务模式下，数字技术、网络技术、数据挖掘技术和 RFID 等高新智能技术给读者带来的隐私风险，并结合现有的信息安全和网络安全技术给出隐私保护策略。⑥ 但这两项工作都建立在身份识别、访问控制等传统数据安全策略基础之上。万映红、张泸月、万莉对智慧图书馆个人数据安全存在的问题以及产生原因进行解析，认为应该将大数据科学决策技术运用到数据保护中，通过对用户数据的采集、分析和决策，准确预测、判断出数据面临的威胁、防御系统存在的问题和安全保护策略的漏洞，并执行基于大数据决策的敏感数据管理策略，才能确保智慧图书馆大数据安全。⑦ 沈凯

---

① 贾俊杰、陈菲：《数字图书馆用户身份匿名化研究》，《计算机工程》2016 年第 12 期。

② 陆康：《网络信息环境下读者隐私保护策略研究》，《现代情报》2016 年第 6 期。

③ 麦范金：《云图书馆中移动用户隐私五维保护模型的构建》，《情报理论与实践》2014 年第 4 期。

④ 曾子明、秦思琪：《嵌入 PbD 理论的云图书馆隐私管理架构》，《图书馆论坛》2017 年第1 期。

⑤ 马晓亭：《大数据环境下图书馆敏感数据的识别与保护》，《图书馆论坛》2017 年第 4 期。

⑥ 王家玲：《智慧图书馆模式下读者隐私技术保护研究》，《图书馆杂志》2017 年第 9 期。

⑦ 万映红、张泸月、万莉：《基于大数据应用的智慧图书馆个人数据保护研究》，《图书馆学研究》2018 年第 3 期。

旋、高胜、朱建明提出基于联盟区块链技术的面向数字图书馆的信息资源安全共享模型，它通过充分利用联盟链的分布式共识算法、统一的数据结构、非对称加密等技术保障模型的有效性和安全性，能在确保信息资源产权安全的情况下，增强信息资源的协同处理和可信共享。① 但该模型会引起整个数字图书馆平台架构的变更。

总体来说，数字图书馆的读者隐私保护问题正引起越来越多领域学者的关注，也涌现出了许多行之有效的模型方法，但现有的图书情报领域学者所构建的数字图书馆读者隐私保护方法还不够系统深入，缺乏系统性和整体性，并且它们更多是针对读者资料隐私，其中的许多方法还建立在数字图书馆服务器端“高度可信”的假设基础上，难以适应移动图书信息服务平台读者隐私保护的实际需求。因而，从技术方法角度，对数字图书馆读者隐私保护问题的研究还处于初步阶段，还有待后续进一步地深入系统研究。

三　用户隐私保护研究现状

从前文可以看出，虽然数字图书馆平台已经部署的数据安全策略能很好地阻止外部非法用户对读者数据的非法访问，从而有效地改善读者隐私安全，然而，它们都是建立在移动图书信息服务平台服务器端“高度可信”的前提基础上。随着云计算等新兴网络技术的迅速发展，数字图书馆的服务器被广泛部署到云端（脱离数据拥有者的本地控制），使得系统所部署的数据安全策略不再有效。数据库管理员或侵入服务器的黑客均可以毫无阻碍地访问服务器端用户敏感数据。针对位置服务等网络个性化信息服务环境下的用户隐私问题，信息科学技术领域学者已给出了许多行之有效的方法，具有代表性的有数据加密、数据泛化、数据模糊化、用户匿名化、区块链技术等②，它们中的许多方法也同样适用于读书服务隐私保护。以下简要介绍这些用户隐私保护方法的技术特点，并分析它们在移动图书信息服务平台读者隐私保护中的应用局限。

---

① 沈凯旋、高胜、朱建明：《LibRSM：基于联盟链的数字图书馆信息资源安全共享模型》，《国家图书馆学刊》2019 年第 2 期。

② Zongda Wu, Chenglang Lu, Youlin Zhao, et al.,“The Protection of User Preference Privacy in Personalized Information Retrieval: Challenges and Overviews”, *LIBRI: International Journal of Libraries and Information Studies*, Vol. 71, No. 2, 2021.

第一，加密法是指加密用户服务请求数据，使其对不可信网络服务器端不可见，以达到用户隐私保护的目的。① 加密法能在确保用户信息服务基本可用的前提下，不泄露用户服务请求背后所蕴含的个人隐私信息，从而实现较为严格的隐私保护效果。具体地，加密法可进一步分为两类——基于隐私信息检索的方法②③和基于密码协议的方法。④⑤ 然而，该类隐私方法没有考虑用户隐私安全度量，不能实现对用户隐私的完全保护。⑥ 更重要的是，基于数据加密的用户隐私保护方法不仅要求额外硬件和复杂算法的支持，而且要求变更网络服务器端的信息服务算法，从而引起整个信息服务平台架构的变更，进而降低了该类方法在移动图书信息服务平台中的可用性。

第二，泛化法是指对用户敏感数据的泛化处理，即通过伪造数据或者使用泛化数据来掩盖涉及用户敏感偏好的服务请求数据⑦，使得不可信网络服务器端难以准确获知用户敏感偏好。例如，Lidan Shou 等设计了一个针对个性化网页搜索的用户偏好保护方法。首先，它建立用户偏好分层树，其中，高层节点存储概括性偏好，低层节点存储针对性偏好。其次，使用概括性偏好代替针对性偏好，以保护用户敏感偏好。⑧ 针对其他应用场景，研究者还提出了一些其他的用户隐私泛化保护方法。⑨ 该类方法不改变网络服务器端的信息服务算法，也不改变现有的

---

① Baumeler Ämin, Broadbent Anne, "Quantum Private Information Retrieval has Linear Communication Complexity", *Journal of Cryptology*, Vol. 28, No. 1, 2014.

② Mouratidis Kyriakos, Lung Y. Man, "Shortest Path Computation with No Information Leakage", *Proc. VLDB Endow.*, Vol. 5, 2013.

③ 曾菊儒、陈红、彭辉：《参与式感知隐私保护技术》，《计算机学报》2016 年第 3 期。

④ Giuseppe Ateniese, Alfredo D. Santis, Anna Lisa Ferrara, et al., "Provably - Secure Time - Bound Hierarchical Key Assignment Schemes", *Journal of Cryptology*, Vol. 25, 2012.

⑤ Wei Zhang, Yaping Lin, Sheng Xiao, et al., "Privacy Preserving Ranked Multi - Keyword Search for Multiple Data Owners in Cloud Computing", *IEEE Transactions on Computers*, Vol. 6, 2016.

⑥ Hweehwa Pang, Jialie Shen, Ramayya Krishnan, et al., "Privacy - Preserving Similarity - Based Text Retrieval", *ACM Transactions on Internet Technology*, Vol. 4, 2010.

⑦ Hwee Hwa Pang, Xuhua Ding, Xiaokui Xiao, "Embellishing Text Search Queries to Protect User Privacy", *Proc. VLDB Endow.*, Vol. 3, No. 1 - 2, 2010.

⑧ Lidan Shou, He Bai, Ke Chen, et al., "Supporting Privacy Protection in Personalized Web Search", *IEEE Transactions on Knowledge and Data Engineering*, Vol. 26, No. 2, 2014.

⑨ 胡煜家、白光伟、沈航：《移动群智感知中基于深度强化学习的位置隐私保护策略》，《小型微型计算机系统》2019 年第 2 期。

网络服务平台架构，因而具有较好的实用性。然而，由于改写了用户服务请求数据，该类方法对服务准确性会造成一定的负面影响，即其隐私保护需以牺牲服务质量为代价①，难以满足移动图书信息服务平台的实际应用需求。

第三，模糊法主要面向位置服务，它通过掩盖或扰动位置信息，使得攻击者无法识别出用户的精确查询位置。② 位置掩盖是指用一个精心构造的掩盖空间区域（也称作隐藏区）来代替用户真实位置，典型的有基于 K 匿名的隐藏区构造方法③及其改进方法。④ 位置扰动是指以可控的方式在用户查询中有意地引入部分错误或部分噪声⑤，其中，最具代表性的是空间不可区分性模型⑥及其衍生模型。然而，模糊法主要面向位置服务，难以直接应用于移动图书信息服务隐私保护（如图书检索等）。此外，由于发送给网络服务器端的是经过预先修改的位置数据，大多会影响服务准确性，一定程度上降低了方法的实用性。

第四，匿名化是指用临时假名（虚假用户标识）代替用户信息服务请求中的用户身份标识信息，以打破网络用户与其服务请求之间的内在天然联系。⑦ 目前，该类技术已在许多系统中使用⑧，然而已有

---

① Zongda Wu, Chenglang Lu, Youlin Zhao, et al., "The Protection of User Preference Privacy in Personalized Information Retrieval: Challenges and Overviews", *LIBRI: International Journal of Libraries and Information Studies*, Vol. 71, No. 2, 2021.

② Ruchika Gupta, Udai P. Rao, "An Exploration to Location Based Service and Its Privacy Preserving Techniques: A Survey", *Wireless Personal Communications*, Vol. 96, 2017.

③ Nicolás E. Bordenabe, Konstantinos Chatzikokolakis, Catuscia Palamidessi, "Optimal Geo – Indistinguishable Mechanisms for Location Privacy", *ACM Conference on Computer and Communications Security*, No. 13 – 15, 2014.

④ Berker Agir, Thanasis G. Papaioannou, Rammohan Narendula, et al., "User – Side Adaptive Protection of Location Privacy in Participatory Sensing", *GeoInformatica*, Vol. 18, 2014.

⑤ Rinku Dewri, Ramakrishna Thurimella, "Mobile Local Search with Noisy Locations", *Pervasive and Mobile Computing*, Vol. 32, 2016.

⑥ Miguel E. Andrés, Nicolás E. Bordenabe, Konstantinos Chatzikokolakis, et al., "Geo – Indistinguishability: Differential Privacy for Location – Based Systems", *ACM Conference on Computer and Communications Security*, No. 13 – 15, 2013.

⑦ Sheng Gao, Jianfeng Ma, Weisong Shi, et al., "TrPF: A Trajectory Privacy Preserving Framework for Participatory Sensing", *IEEE Transactions on Information Forensics and Security*, Vol. 8, No. 6, 2017.

⑧ Nirupama Ravi, Mani C. Krishna, Israel Koren, et al., "Enhancing Vehicular Anonymity in ITS: A New Scheme for Mix – Zones and Their Placement", *IEEE Transactions on Vehicular Technology*, Vol. 68, No. 11, 2019.

相关研究表明，仅仅采用匿名法并不能充分保护用户服务隐私，因为它并没有对用户服务请求数据做任何更改，使得网络服务器端的攻击者根据用户服务请求数据本身，仍有很大概率确定用户的真实身份，即匿名化难以抵抗数据挖掘技术的攻击。① 更重要的是，用户身份被隐藏，这对需要用户身份认证的应用场景也是一个障碍。现代移动图书信息服务平台一般要求读者必须实名登录后才能使用各项移动图书信息服务，所以，匿名法难以有效应用于移动图书信息服务平台。

第五，此外，区块链②、联邦学习③等被认为是解决当前网络用户隐私问题的前沿方法，其基本思路是，通过将计算任务下放到用户侧，仅将计算得到的模型参数结果发送给不可信网络服务器端，从而使敏感数据始终保持在用户侧，保证了用户敏感数据的隐私性。这类方法既能将分散的用户数据有机联合，又能保护参与各方的隐私，成为加强用户隐私保护、提升社会综合治理能力的重要工具。目前，基于区块链的用户隐私保护机制研究正引起学术界和产业界的广泛关注，产生了大量研究成果。然而，它们通常建立在分布式计算环境下，这会引起现有网络信息系统整个平台架构的更改，从而降低了这类方法在移动图书信息服务平台中的实际可用性。

综合前文第三节和第四节，可以得出如下结论。法律政策并不能完全解决移动图书信息服务平台的读者隐私问题，层出不穷的隐私泄露事件表明，解决隐私问题不仅需要依靠法律政策，更需要借助技术方法。然而，数字图书馆平台已部署的数据安全策略通常“对外不对内”，其有效性建立在网络服务器端高度可信的基础上，难以满足新兴网络环境下移动图书信息服务平台读者隐私保护的实际需求。图书情报领域学者所构建的图书馆读者隐私保护方法还不够系统深入，缺乏系统性和整体

① Jan Henrik Ziegeldorf, Martin Henze, Jens Bavendiek, et al., “TraceMixer: Privacy - Preserving Crowd - Sensing Sans Trusted Third Party”, *IEEE Annual Conference on Wireless On - Demand Network Systems and Services*, August 8 - 12, 2017.

② 张奥、白晓颖：《区块链隐私保护研究与实践综述》，《软件学报》2020 年第 31 期；王皓、宋祥福、柯俊明：《数字货币中的区块链及其隐私保护机制》，《信息网络安全》2017 年第 7 期。

③ 刘俊旭、孟小峰：《机器学习的隐私保护研究综述》，《计算机研究与发展》2020 年第 2 期；杨强：《AI 与数据隐私保护：联邦学习的破解之道》，《信息安全研究》2019 年第 11 期。

性，而信息科学领域学者所研究构建的用户隐私保护技术方法并不是针对移动图书信息服务平台而专门提出，它们在实用性、准确性、高效性、安全性等方面，仍无法满足移动图书信息服务平台读者隐私保护的实际需求，无法直接应用于保护新兴网络环境下移动图书信息服务平台读者隐私安全性。

为此，在现有移动图书信息服务平台架构下，如何不损害移动图书信息服务的准确性、高效性和实用性，又确保读者数据资料隐私和读者信息服务隐私在移动图书信息服务平台不可信服务器端的安全性，仍有待进一步地深入探索和持续研究。后文的第二章“移动读者隐私保护的基本需求”还会进一步描述移动图书信息服务平台的读者资料隐私保护框架和读者服务隐私保护框架，及相应的读者资料隐私保护需求和读者服务隐私保护需求。据此，分析评价现有数据安全策略和隐私保护方法在移动图书信息服务平台读者隐私保护中的应用局限，为全书的研究工作提供参照和依据。

第五节　研究内容

从图 1. 1 给出的移动图书信息服务平台总体框架，可以看出，移动图书信息服务平台为读者提供的移动图书信息服务形式多种多样，具体包括移动图书阅读服务、图书检索服务、图书推荐服务、图书借阅服务、图书阅读服务、图书位置服务等。在使用这些移动图书信息服务时，外部读者首先在客户端发起移动图书信息服务请求，移动图书信息服务平台服务器端接收到读者服务请求后，根据请求所携带的数据，为读者提供满足其个性化需求的相应移动图书信息服务。同时，移动图书信息服务平台服务器端还记录了读者提交的服务请求数据，基于这些请求记录，服务器端可以分析推测出读者兴趣偏好，从而导致读者服务隐私泄露。从图 1. 1 还可以看出，在移动图书信息服务平台的服务器端，除了存储读者服务请求数据之外，还存储着大量的读者敏感资料数据（如家庭住址、单位地址、联系方式等），是读者资料隐私泄露的主要来源。

为此，本书的研究工作不以某种具体的移动图书信息服务为研究对象，而是以移动图书信息服务平台服务器端存储的读者资料隐私数据和读者服务隐私数据为研究对象，结合移动图书信息服务的形式特点和数据特点，构建面向移动图书信息服务平台的一整套读者隐私保护模型和策略，以期在“不改变”现有移动图书信息服务平台架构、“不改变”外部读者使用习惯、“不改变”现有移动图书信息服务算法、“不改变”移动图书信息服务准确性、“不改变”移动图书信息服务高效性的前提下，有效“改善”读者资料隐私和读者服务隐私在移动图书信息服务平台不可信服务器端的安全性，从而为搭建起安全有效的移动图书信息服务平台奠定理论和技术基础。研究过程采用了定性分析和定量分析相结合的研究手段，理论分析和实验模拟相结合的研究方法，在模型理论的定性研究的基础之上，通过理论分析和实验评估，定量评价构建的相关模型策略的可行性和有效性，以实现预期研究目标。本书研究内容主要包括以下几个方面。

第一，研究构建基于标识替换的读者隐私保护策略。该项研究以读者服务隐私保护为切入点，企图构建移动读者隐私保护的统一模型策略(包括资料隐私和服务隐私)，其基本思路是，通过引入可信中间服务器，以来自其他虚假读者标识替换移动图书信息服务请求所关联的读者标识、打破读者和其服务请求之间的天然联系，实现对读者服务隐私的有效保护。首先，研究构建基于标识替换的读者服务隐私保护框架。其次，研究构建基于标识替换的读者服务隐私保护模型，以形式化描述中间服务器读者标识替换过程应满足约束条件，并给出模型实现算法。该项研究虽然是针对读者服务隐私保护而提出，但其构建的读者标识替换策略对读者资料隐私保护同样具有一定程度的适用性。然而，该项研究建立在第三方中间服务器上，容易导致隐私瓶颈和性能瓶颈，不可避免地限制它在现代移动图书信息服务平台中的实际可用性。

第二，研究构建基于标识加密的读者借阅隐私保护策略。为了弥补前面策略可用性较差的缺点，后续研究将都采用基于客户端的体系结构，将读者隐私策略放在移动图书信息服务平台可信客户端执行。该项研究以图书借阅服务为切入点，构建基于标识加密的读者图书借阅隐私保护策略，其基本思路是，在移动图书信息服务平台可信客户端将图书借阅记录中读者标识严格加密后，再提交给服务器端数据库存储，使得攻击者难以获知借阅记录关联的具体读者，从而确保读者图书借阅隐私的安全性。为了确保读者标识相关的数据库查询的有效性和高效性，还研究构建借阅记录查询方案。该项研究虽然是针对读者图书借阅隐私保护而提出，但其构建的读者资料数据加密查询策略对解决移动图书信息服务平台中其他类型读者资料隐私保护问题同样适用，可推广到读者资料隐私保护的全体场景，即该项研究将为读者资料隐私问题提供一个有效的解决方案。

第三，研究构建基于区域扩展的读者位置隐私保护策略。第二项研究工作仅关注读者资料隐私，而没有关注读者服务隐私。位置服务是读者移动图书信息服务的重要支撑。该项研究的基本思路是，通过构造“扩展区域”，以掩盖保护读者服务请求背后所蕴含的真实位置区域，使得攻击者难以获知读者的具体物理位置，从而改善读者位置隐私的安全性。首先，研究构建基于区域扩展的读者位置隐私保护基本框架。然后，研究构建基于区域扩展的读者位置隐私保护模型，形式化描述客户端为读者位置区域构造生成的扩展区域应满足的高效性约束和安全性约束，并给出模型实现算法。然而，位置区域扩展策略难以应用于其他类型的移动图书信息服务请求数据，即难以应用于保护其他类型的读者服务隐私（如图书推荐隐私等），限制了区域扩展策略在移动图书信息服务平台读者服务隐私保护中的普适性。

第四，研究构建基于哑元构造的读者服务隐私保护策略。第三项研究工作仅关注读者位置隐私，其构建的策略难以应用于保护其他类型读者服务隐私。因此，该项研究不以某种具体的移动图书信息服务为研究对象，而是构建了面向全体移动图书信息服务的读者服务隐私保护统一模型和策略。首先，研究构建基于哑元构造的读者服务隐私保护基本框架，通过在可信客户端为读者请求构造一组“真假难辨”的哑元请求，“以假乱真”掩盖模糊读者服务隐私（包括图书偏好隐私和位置偏好隐私）。然后，研究构建基于哑元构造的读者服务隐私保护模型，通过引入图书信息熵和位置信息熵等概念，以度量哑元请求对读者请求的混淆效果；通过引入图书距离和位置距离等概念，以度量哑元请求对读者隐私的模糊效果。最后，研究设计隐私模型的实现算法，并通过理论分析和实验评估验证模型算法的有效性。

第五，研究构建基于哑元构造的图书推荐隐私保护策略。图书推荐服务不同于其他的一般性移动图书信息服务，具有较强的特殊性，其隐私保护问题难以直接用第四项研究所构建的策略加以解决。为此，该项研究以内容推荐算法作为切入点，构建面向图书推荐服务的基于哑元构造的读者隐私保护策略，其基本思路是，在可信客户端为读者配置文件构造生成一组哑元配置文件，逐个提交给服务器端推荐算法，分别获取推荐结果，在客户端过滤掉哑元配置文件对应的推荐结果。首先，研究构建基于哑元构造的图书推荐隐私保护模型，以形式化描述客户端生成的哑元配置文件应满足的约束条件。然后，借助图书分类目录，研究构建图书推荐隐私模型的实现算法。理论分析结合实验评估，验证了方法策略的有效性和可行性，即实现图书推荐隐私安全性和图书推荐服务高效性的有效统一。

第六，本书还研究分析了新兴网络环境下移动图书信息服务平台上的读者资料隐私保护需求和读者服务隐私保护需求，并据此研究评价现有隐私策略和隐私方法在移动图书信息服务平台读者隐私保护中的应用局限，为全书的研究工作提供了参考和依据。结合本书的研究工作和研究成果，研究探讨读者隐私安全的移动图书信息服务平台原型系统的设计方案，为本书所构建的各项读者隐私保护策略提供了统一的实验评估平台。

第六节 组织结构

本书共分为九章，其组织结构以及各章的内在逻辑关系如图 1.2 所示。其中，第三章至第七章的每个章节都对应第五节所描述的一项具体研究内容。

第一章，绪论。本章分析了本书的研究背景和研究意义；给出了移动图书信息服务的基本内涵和特征，及其面临的隐私新需求和新挑战；从社会科学和自然科学两个不同角度，回顾分析了国内外同类研究现状，并对现有研究存在问题进行了总结阐述；明确了本书的主要研究对象和研究内容；阐述了本书的基本组织结构。

第二章，移动读者隐私保护的基本需求。本章分析了现代移动图书信息服务平台基本架构，以及面临的新挑战；分别描述了读者资料隐私保护框架和读者服务隐私保护框架，以及相应的读者隐私保护需求；分析评价了现有技术方法在移动图书信息服务读者隐私保护中的应用局限；

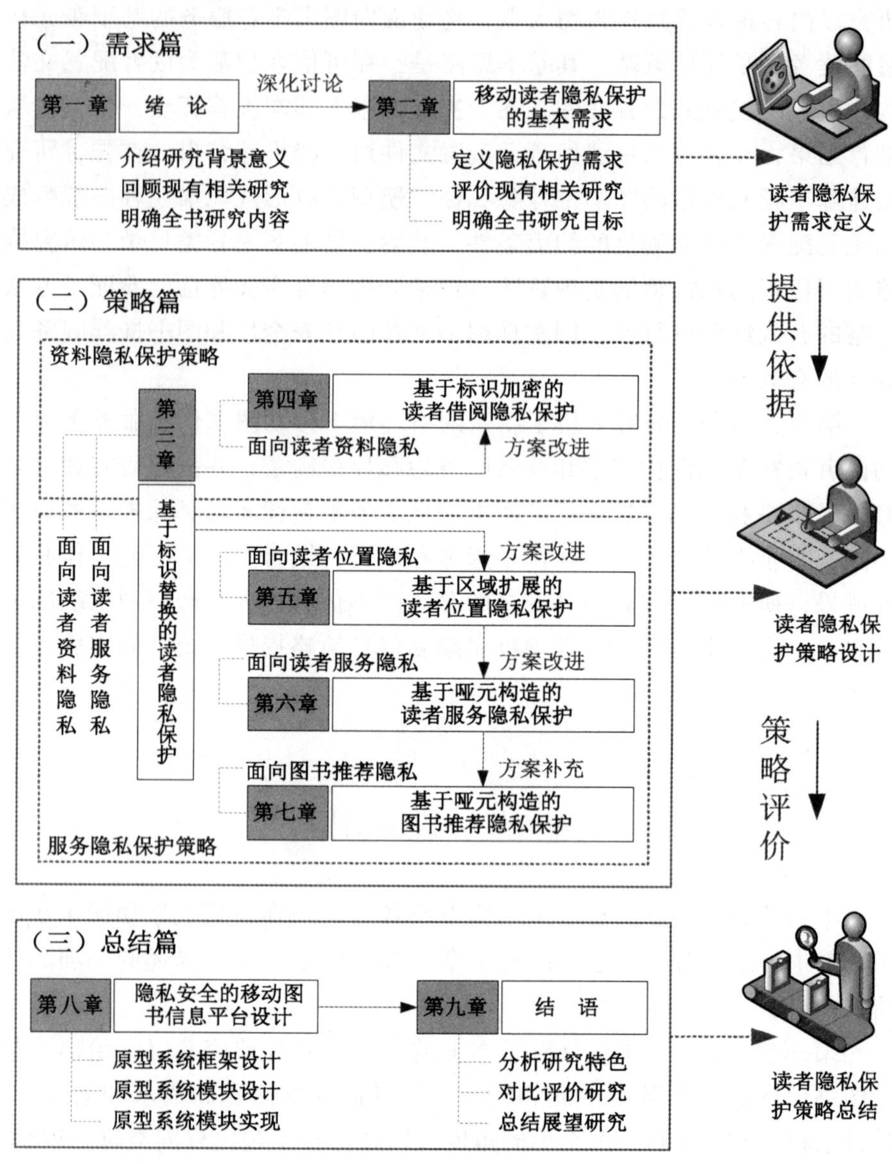

图 1.2 全书组织结构

结合本书研究内容，确定了本书工作的具体研究目标，为全书的研究工作提供参照依据。

第三章，基于标识替换的读者隐私保护。本章构建了基于标识替换的读者信息服务隐私保护基本框架；定义了基于标识替换的读者服务隐私保护模型，形式化描述读者标识替换过程应满足的隐私约束和代价约束，并给出了隐私模型的具体实现算法；实验评估结合理论分析，验证了读者标识替换策略的有效性。最后，扩展探讨了基于标识替换的读者资料隐私保护方案。

第四章，基于标识加密的读者借阅隐私保护。本章构建了基于标识加密的读者借阅隐私保护基本框架，分析了该框架主要优点和需考虑的关键问题；设计了读者标识数据的加密方案，讨论了读者标识特征构造方案、读者数据查询转换方案以及客户端和服务器端的查询协作方案；通过实验分析，评估了方案的有效性，讨论了方案在全体读者资料隐私保护中的普适性。

第五章，基于区域扩展的读者位置隐私保护。本章构建了基于区域扩展的读者位置隐私保护基本框架；研究了读者位置隐私安全性度量和读者位置服务高效性度量，进而建立基于区域扩展的读者位置隐私保护模型，并给出了模型优化求解算法；实验评估了读者位置隐私保护方法有效性；讨论了方案在移动图书信息服务平台其他类型移动图书信息服务隐私保护中的应用局限。

第六章，基于哑元构造的读者服务隐私保护。本章构建了基于哑元构造的读者移动图书信息服务隐私保护的基本框架；定义了面向移动图书信息服务的读者偏好隐私保护模型，形式化描述了理想哑元请求应满足约束条件，讨论了基于哑元构造的读者服务隐私保护算法的具体设计与实现；通过实验评估和理论分析，评估了隐私模型及其实现算法的有效性和普适性。

第七章，基于哑元构造的图书推荐隐私保护。本章构建了基于哑元构造的图书推荐隐私保护基本框架；定义了基于哑元构造的推荐隐私保护模型，形式化描述了哑元配置文件所应该满足约束（与读者配置文件特征相似，但与读者敏感主题语义无关）；借助图书分类库，给出了隐私模型的具体实现算法；分析评估了模型算法的有效性。

第八章，隐私安全的移动图书信息平台设计。本章结合全书的研究工作和研究成果，研究探讨了新兴网络环境下读者隐私安全的移动图书信息服务原型系统的设计实现方案，包括系统设计原则、系统设计目标、系统基本框架、系统模块设计、系统模块实现等，以此作为全书读者隐私保护策略的统一评估平台，为全书研究成果的实用化奠定了前期基础。

第九章，结语。本章重述了全书研究工作的背景和意义，总结回顾了全书的主要研究工作和研究贡献；总结评价了全书研究工作在移动图书信息服务读者隐私保护中的综合性能；分析了全书研究工作的创新特色；展望了移动图书信息服务平台读者隐私保护的后续研究工作。

第二章 移动读者隐私保护的基本需求

本章呼应第一章，深入分析了新兴网络环境下移动图书信息服务平台下的读者资料隐私保护需求和读者服务隐私保护需求，从而确立全书研究工作的预期目标，为后续第三章至第七章的模型策略研究提供了参考依据。本章第一节简要分析了移动图书信息服务平台的基本架构，以及该架构下读者隐私保护面临的挑战。第二节和第三节分别描述了移动图书信息服务平台下的读者资料隐私保护框架和读者服务隐私保护框架，以及相应的读者资料隐私保护需求和读者服务隐私保护需求。第四节基于移动图书信息服务平台的读者隐私保护需求，分析评价了第一章给出的已有隐私策略和隐私方法在移动图书信息服务平台读者隐私保护中的应用局限。第五节结合本书的研究内容，确定了本书研究工作的预期目标，从而为后续章节的研究工作提供参照依据。第六节总结本章内容。此外，本章的部分相关内容已正式发表于图书情报领域中文权威期刊《中国图书馆学报》①。

第一节 问题引入

新兴网络环境下的移动图书信息服务平台是以无线通信网络为支撑，以云计算技术为保障，以共享的可扩展数字图书信息资源平台为基础，以适应移动终端一站式图书信息服务应用为核心，通过智能手机等手持移动终端设备，为移动读者提供数字图书信息资源相关的，满足其个性

① 吴宗大、谢坚、郑城仁：《数字图书馆读者的行为偏好隐私保护框架》，《中国图书馆学报》2018 年第 2 期。

化需求的检索服务、阅读服务、查询服务、浏览服务、借阅服务、推荐服务、位置服务等，帮助移动读者建立随时随地获得全面移动图书信息服务的现代图书信息服务平台。① 为了获得移动图书信息服务，读者通过客户端发起服务请求，移动图书信息服务平台服务器端接收到读者请求后，根据请求所携带的数据，为读者提供相应的满足其个性化需求的移动图书信息服务。在该过程中，服务器端会记录下读者发布的服务请求数据。这些请求数据蕴含了大量可反映读者兴趣偏好（图书偏好、位置偏好等）的敏感信息，根据它们可进一步分析推测出读者的个人喜好、个人行踪、社会关系等隐私信息。② 此外，为了获得高质量移动图书信息服务，读者还需要向移动图书信息服务平台服务器端提供大量个人资料数据（如身份证号、教育背景、联系方式、单位地址等）。显然，这些读者资料数据是高度敏感而私密的，若泄露无疑会对读者隐私造成极大伤害。③ 为此，移动读者隐私主要包括两个方面，即读者服务隐私（移动图书信息服务请求所蕴含的读者偏好隐私）和读者资料隐私（读者背景资料所蕴含的读者数据隐私）。如何有效确保移动图书信息服务平台这两类读者隐私数据的安全性，正是本书的主要研究对象。

从图 1.1 展示的移动图书信息服务平台基本框架可以看出，移动图书信息服务平台客户端（负责运行面向读者的用户界面）被认为是可信的，而移动图书信息服务平台服务器经常被部署在云端，脱离所有者的本地控制，被认为是不可信的。移动图书信息服务平台的服务器端记录了海量的读者资料数据和读者请求数据，这无疑会对读者隐私构成严重的威胁，影响移动图书信息服务平台在新兴网络环境下的持续健康发展。然而，在移动图书信息服务平台现有架构下，读者服务隐私保护和读者资料隐私保护面临许多新的挑战，难以使用现有数据安全策略和隐私保护方法加以直接解决。

第一，读者资料隐私保护面临的挑战，即传统的数据安全策略（访问控制、身份认证、防火墙等）得到移动图书信息服务平台数据库的支

---

① 王志红：《移动互联视域下图书馆泛在化阅读推广服务模式研究》，《河南图书馆学刊》2021 年第 4 期。

② 吴宗大、谢坚、郑城仁：《数字图书馆用户的行为偏好隐私保护框架》，《中国图书馆学报》2018 年第 2 期。

③ 白美程、阳广元：《近五年我国数字图书馆用户隐私保护研究进展》，《图书馆理论与实践》2019 年第 8 期。

持和实现，能有效阻止外部用户对数据的非法访问。然而，它们只针对移动图书信息服务系统的外部用户，无法阻止内部工作人员访问后台数据（建立在服务器高度可信的基础之上），因而，无法满足移动读者隐私保护需求。将读者敏感资料数据严格加密后再提交服务器端存储，能有效确保读者数据的安全性。然而，移动图书信息服务系统中存在大量读者资料数据相关的查询操作，数据加密将极度影响这些查询操作的执行效率，从而影响整个系统平台的高效运行。① 为此，如何在确保读者资料隐私在不可信服务器端安全性同时，确保系统平台中读者资料数据相关查询操作的准确性和高效性，是读者资料隐私保护研究的核心关键。

第二，读者服务隐私保护面临的挑战，即移动图书信息服务平台部署的数据安全策略“对外不对内”的特点，使其同样难以满足新兴网络环境下读者服务隐私的安全性需求。而现有的网络用户隐私保护方法（如加密法、匿名法、模糊法、泛化法、区块链等）并不是针对移动图书信息服务平台而提出，并且它们通常针对某种单一类型的服务隐私数据，在实用性、准确性、高效性、安全性等多个方面仍无法满足移动图书信息服务平台的实际应用需求。移动图书信息服务平台为外部读者提供的移动图书信息服务形式多种多样，使得移动图书信息服务平台存在许多读者服务隐私泄露通道。为此，如何在有效改善读者服务隐私在不可信服务器端安全性的同时，不伤害已有移动图书信息服务的可用性、准确性和高效性，是读者服务隐私保护研究的核心关键。

在第一章中，我们从社会科学和信息科学两个不同角度，回顾了国内外隐私保护相关研究现状，并确立了本书的研究对象和研究内容。本章将继续深入分析新兴网络环境下移动图书信息服务平台的读者资料隐私保护框架和读者服务隐私保护框架，并形式化描述相应的读者资料隐私保护需求和读者服务隐私保护需求。然后，据此进一步评价现有研究在移动图书信息服务平台读者隐私保护中的应用局限及其存在的问题，进而确立本书研究工作的预期目标，为全书研究工作提供参考依据。

---

① Zongda Wu, Jian Xie, Xinze Lian, et al., “A Privacy Protection Approach for XML Based Archives Management in a Cloud Environment”, *The Electronic Library*, Vol. 37, No. 6, 2019; Zongda Wu, Jian Xie, Jun Pan, et al., “An Effective Approach for the Protection of User Privacy in a Digital Library”, *LIBRI: International Journal of Libraries and Information Studies*, Vol. 69, No. 4, 2019.

第二节　读者资料隐私保护需求

一　读者资料隐私保护框架

移动图书信息服务平台本身也是一个信息管理系统，其后台数据库存储着大量的图书资料数据。此外，移动图书信息服务平台的后台数据库中也同时存储着大量的读者资料数据（身份证号、读者姓名、联系方式、个人照片等），它们敏感而机密，极富社会经济价值，是攻击者的主要攻击目标，是读者资料隐私泄露的主要根源。同时，在移动图书信息服务平台上还存在大量定义在这些读者资料数据上的数据库查询操作，以实现对读者资料数据以及相关图书资料数据的管理和查询。读者资料隐私保护机制，需要确保不会影响这些数据查询操作的准确性和高效性。面向移动图书信息服务平台的读者资料隐私保护框架及其数据处理流程，如图 2.1 所示。据图 2.1，我们有以下观察。

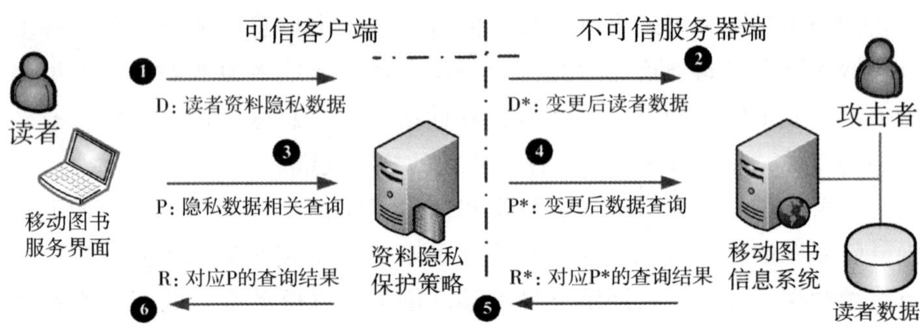

图 2.1　移动图书信息服务平台读者资料隐私保护框架

第一，移动图书信息服务平台客户端（它负责运行用户界面）被认为是可信的，而服务器端被认为是不可信的，因为服务器端的数据库管理员或者侵入服务器端的攻击者，均可毫无阻碍地访问到服务器端后台数据库中以明文形式存储的读者资料数据。

第二，读者资料隐私保护策略通常部署在移动图书信息服务平台的可信客户端（或可信第三方中间服务器），作为客户端外部读者与服务器端图书信息管理系统之间的一层中间件，以免改变移动图书信息服务平台的现有架构，从而提高读者资料隐私保护策略的实用效果。

根据图2.1给出的移动图书信息服务平台的读者资料隐私保护框架可看出，读者资料隐私保护一般化数据处理流程可简要描述如下。

第一，对于外部读者通过移动图书信息服务平台客户端“移动图书信息服务界面”发布的敏感资料数据d_0，中间件“读者资料隐私保护策略”通常需要对其进行变换处理（如加密法通过加密读者资料数据），从而生成新的数据记录d_0^*。然后，将变换后的新数据提交给移动图书信息服务平台不可信服务器端的数据库进行存储，使得服务器端难以通过分析变换处理后的读者资料数据获知读者资料隐私。

第二，对于外部读者通过移动图书信息服务平台客户端“移动图书信息服务界面”发布的定义在读者敏感资料数据d_0上的数据库查询语句p_0，中间件“读者资料隐私保护策略”，将其转换成定义在服务器端数据库中读者数据上d_0^*的新查询语句p_0^*，再提交给服务器端数据库执行，以确保读者资料数据查询的有效性和高效性。

第三，对于移动图书信息服务平台服务器端所返回的中间结果R_0^*（对应新查询p_0^*），中间件“读者资料隐私保护策略”将其进行逆变换处理后（以得到读者原始资料数据），再在读者资料数据上执行读者的原始查询语句（p_0），进一步过滤掉非目标数据，将精确查询结果R_0返回给客户端读者，以确保读者资料数据查询的准确性。

根据图2.1可以看出，读者资料隐私保护策略通常包括“数据变换”和“查询变换”两大功能部件，它们的设计方案是整个隐私策略的核心关键。一种最简单的方案是：采用传统加密算法对读者敏感资料数据进行严格加密后，提交给服务器端存储；收到查询语句后直接返回服务器端存储的所有读者资料密文数据；中间件解密数据后再执行查询，以获得最终结果。这种加密查询方案使得攻击者即使获得了储存在服务器端数据库的所有读者资料数据（以密文形式储存），也难以读懂它们（因为密钥存储在可信客户端），从而很好确保了读者资料隐私数据在移动图书信息服务平台服务器端的安全性。然而，这种“先解密再查询”的方案势必会严重降低读者资料相关数据查询操作的高效性，严重影响移动图书信息服务平台的读者数据管理效率，制约了该方案的实际效用。

此外，需要指出的是，移动图书信息系统后台数据库的类型可能并不彼此一致，可能存在多种数据组织形式并存的情况（如关系型数据库、非关系型数据库、XML文档库等)，这给本书读者资料隐私保护策略的研究构建增加了难度。为了简化问题，在本书研究工作中，我们假定移动图书信息服务平台的后台读者资料数据统一采用最为流行的关系型数据库进行组织和存储。

二　读者资料隐私保护需求

从图2.1给出的移动图书信息服务平台的读者资料隐私保护框架可看出，为了确保隐私保护策略在移动图书信息服务平台的实用性，隐私策略需要实现对服务器端图书信息系统和客户端信息服务界面的完全透明(即不要求它们做出任何改变)。此外，图书信息系统中存在大量定义在读者资料数据上的数据库查询操作，隐私策略还需保证不会显著影响这些读者资料数据查询的准确性（精度）和高效性（效率)。为此，理想的读者资料隐私保护策略通常应在可用性、准确性、高效性、安全性等多个维度上满足移动图书信息服务平台的实际应用需求。结合图2.1给出的基本框架和数据处理过程，本小节形式化描述面向移动图书信息服务平台的理想读者资料隐私保护策略应满足的条件约束。

定义2.1（查询准确性约束)：记 p_0 为任意定义在读者敏感资料数据上的数据库查询语句（称作客户端查询)，记 p_0^* 为变换后定义在服务器端数据库上的新查询语句（称作服务器端查询)，则移动图书信息服务平台服务器端数据库通过执行 p_0^* 得到的中间结果 R_0^* 必须是 p_0 对应结果 R_0 的超集，即 $R_0 \subseteq R_0^*$。该约束确保了移动图书信息服务平台中任意读者资料数据查询操作的准确性。

定义2.2（查询高效性约束)：记 p_k 为任意定义在读者敏感资料数据上的客户端查询语句，记 p_k^* 为变换后服务器端查询语句，则移动图书信息服务平台服务器端数据库通过执行 p_k^* 得到的中间结果 R_k^*，其规模大小必须尽可能接近于 p_k 对应结果 R_k 的规模大小，即：

$$\min_{\forall p_k} \frac{|D(p_k)| - |R_k^*|}{|D(p_k)| - |R_k|} \geqslant \varphi$$

$|D(p_k)|$表示读者资料查询语句 p_k 相关的读者资料数据表规模大小，因而，必然有 $R_k \subseteq R_k^* \subseteq D(p_k)$。

$|D(p_k)| - |R_k^*|$表示通过执行 p_k^* 在服务器端过滤掉的非目标记

录数量。

$|D(p_k)|-|R_k|$表示所有非目标记录数量。

φ 为高效性阈值（处于 0 到 1 区间）。φ 取值越大，数据查询高效性越好。如取值为 1 时，查询高效性约束达到最高值。此时，$|D(p_k)|-|R_k^*|=|D(p_k)|-|R_k|$，即所有的非目标记录都在服务器端被过滤掉。

该约束确保了移动图书信息服务平台任意读者资料数据查询的高效性。然而，读者资料数据形式多种多样（如身份证号、联系方式、家庭地址、个人照片等），且读者资料数据查询形式也多种多样（如等值查询、范围查询、相似查询、模糊查询等）。为此，如何确保读者资料隐私保护策略能较好地满足定义 2.2 给出的查询高效性约束，是富有挑战性的研究任务，也是隐私策略的核心关键。

定义 2.3（策略可用性约束）：面向移动图书信息服务平台的读者资料隐私保护策略的实际可用性，主要体现在以下三个方面（隐私策略满足服务可用性约束，当且仅当它同时满足以下三层可用性约束）。

第一层可用性，即须不改变现有移动图书信息服务平台的平台构架；

第二层可用性，即须不改变移动客户端读者的使用习惯。

第三层可用性，即须不改变现有的移动信息管理系统。

定义 2.3 给出的可用性约束，可以很好地确保读者资料隐私保护策略对服务器端移动图书信息系统和客户端图书信息服务界面的完全透明操作，从而使得隐私策略可以很好地集成到现有的图书信息系统中，而无须对现有信息系统进行二次开发。

定义 2.4（策略安全性约束）：在可用性约束、准确性约束、高效性约束和安全性约束中，读者资料隐私在移动图书信息服务平台不可信服务器端数据库中的安全性是关键性约束，即移动图书信息服务平台的不可信服务器端通过分析变换处理后的读者资料数据，难以准确地推测获知读者资料隐私。记d_0 为任意读者敏感资料数据，记d_0^* 为经读者资料隐私保护策略变换处理后的数据，记 $PR(d_0|d_0^*)$ 为不可信服务器端根据变换后读者数据d_0^* 推测出读者真实资料数据d_0 的概率，则有 $PR(d_0|d_0^*)\leqslant 1/\alpha$（即根据读者数据$d_0^*$ 推测出读者真实资料数据d_0 的概率值小于 $1/\alpha$）。其中，α（$1\leqslant\alpha$）表示读者隐私保护强度，其值越大，读者隐私安全性越高。取值为 1 时，安全性约束达到最小值。此时，安全性约束必然可以得到满足。

第三节　读者服务隐私保护需求

一　读者服务隐私保护框架

为了获取高质量的移动图书信息服务，读者需用通过移动图书信息服务平台客户端的用户界面发布其移动图书信息服务请求。移动图书信息服务平台服务器端在接收到读者请求后，根据请求携带的数据，为读者提供相应的满足其个性化需求的移动图书信息服务。同时，移动图书信息服务平台服务器端还会记录读者提交的服务请求数据。根据这些读者请求记录，服务器端可以准确地分析推测出读者的兴趣偏好（如读者感兴趣的图书类别、读者偏好的日常位置轨迹等），从而导致读者服务隐私泄露。图 2.2 展示了移动图书信息服务平台的读者服务隐私保护框架及其数据处理流程。读者服务隐私保护框架与前文的读者资料隐私保护框架类似。

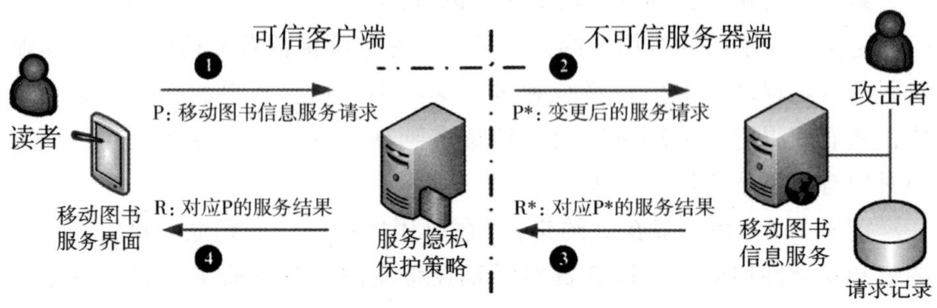

图 2.2　移动图书信息服务平台读者服务隐私保护框架

第一，客户端（负责运行用户界面）被认为是可信的，而服务器端被认为是不可信的，因为服务器端的管理员或者侵入服务器端的攻击者，均可毫无阻碍地访问到服务器端收集的海量读者服务请求记录。但移动图书信息服务又离不开服务器端的支持，如何在不影响移动图书信息服务准确性和高效性的基本前提下，确保读者服务隐私在不可信服务器端的安全性，是读者服务隐私保护的基本需求。

第二，读者服务隐私保护策略通常部署在移动图书信息服务平台的可信客户端（或可信第三方中间服务器），作为客户端外部读者与服务器端移动图书信息服务算法之间的一层中间件，以免损害移动图书信息服务平台的现有架构，从而提高读者服务隐私保护策略的实用效果。

虽然移动图书信息服务平台为读者提供的移动图书信息服务多种多样（如图书阅读服务、图书检索服务、图书借阅服务、图书浏览服务、图书推荐服务等），但无论哪种形式的移动信息服务，其背后蕴含的读者服务隐私主要包括两类——读者图书偏好隐私（读者感兴趣的图书信息）和读者位置偏好隐私（读者发布请求时的位置信息）。它们是读者服务隐私保护的重点对象（后文的第五章至第七章还将详细描述这两类服务隐私）。从图 2.2 可以看出，读者服务隐私保护一般化数据处理流程可简要描述如下。

（1）对于外部读者通过移动平台客户端“移动图书信息服务界面”发布的原始移动图书信息服务请求 p_0，中间件“读者服务隐私保护策略”通常需要对其进行变换处理（如加密法通过加密服务请求数据，匿名法通过变更读者请求数据身份标识，泛化法通过泛化服务请求数据），从而得到新的移动图书信息服务请求 p_0^*。然后，将新请求提交给不可信服务器端，使得服务器端难以通过分析变换处理后的读者请求记录获知读者服务隐私（位置偏好隐私和图书偏好隐私）。

（2）对于移动平台服务器端返回的中间服务结果，即对应变换处理后新服务请求 p_0^* 的移动图书信息服务结果 R_0^*，“读者服务隐私保护策略”中间件通常需要对其进行筛选、解密或其他处理（具体处理方式根据变换策略的不同而不同），以期获取对应读者原始移动图书信息服务请求 p_0 的服务结果 R_0，然后将其作为最终结果返回给客户端的外部读者。可看出，读者服务隐私保护策略通常包括“请求变换”和“结果筛选”两大功能部件。

二　读者服务隐私保护需求

从图 2.2 给出的移动图书信息服务平台的读者服务隐私保护框架可看出，为了确保读者服务隐私保护策略在移动图书信息服务平台的实用性，“读者服务隐私保护过程”需实现对网络服务器端的图书信息服务算法和客户端图书信息服务界面的完全透明（不要求它们做出任何改变）。此外，还需不会显著影响整个移动图书信息服务的准确性（精度）和高效性（效率）。而不同类别的读者服务隐私保护策略，主要体现在对客户端提交的移动图书信息服务请求数据的不同处理方式上。为此，理想的读者服务隐私保护策略应在可用性、准确性、高效性、安全性等多个维度上，有效地满足移动图书信息服务的实际应用需求。结合图2.2给出的基本框架和数据处理过程，本小节形式化描述面向移动图书信息服务平台的理想读者服务隐私保护策略应满足的条件约束。

定义2.5（服务准确性约束）： 移动图书信息服务平台服务器端通过执行变换后的新图书信息服务请求 p_0^* 得到的中间服务结果 R_0^*，必须是读者原始图书信息服务请求 p_0 对应结果 R_0 的超集，即 $R_0 \subseteq R_0^*$。该约束确保了移动图书信息服务平台客户端的外部读者，能最终得到准确地移动图书信息服务结果。

定义2.6（服务高效性约束）： 对于移动图书信息服务平台服务器端通过执行变换后的新图书信息服务请求 p_0^* 得到的中间结果 R_0^*，其规模与读者原始图书信息服务请求 p_0 对应结果 R_0 的规模线性相关，即 $|R_0^*| \propto |R_0|$或$|R_0^*| \leq \gamma \cdot |R_0|$（$\gamma$ 为不超过某一固定阈值的正实数）。该约束确保了读者服务隐私保护过程不会对移动图书信息服务的执行效率构成显著性影响。

定义2.7（策略可用性约束）： 面向移动图书信息服务平台的读者服务隐私保护策略的实际可用性，主要体现在以下三个方面（隐私策略满足服务可用性约束，当且仅当它同时满足以下三层可用性约束）。

第一层可用性，即须不改变现有移动图书信息服务平台的平台构架。

第二层可用性，即须不改变移动平台客户端读者的使用习惯。

第三层可用性，即须不改变移动平台服务器端的信息服务算法。

定义2.8（策略安全性约束）： 在可用性约束、准确性约束、高效性约束和安全性约束中，读者服务隐私在移动图书信息服务平台不可信服务器端的安全性是关键性约束。面向移动图书信息服务平台的读者服务隐私的安全性可分为三个层次。

第一层安全性。不可信服务器端根据读者在一次移动图书信息服务活动中所提交的某种单一类型的请求数据，难以准确地推测出读者偏好隐私（指图书偏好隐私或位置偏好隐私）。记 $d@p_0$ 为关联读者移动图书服务请求 p_0 的某一数据项（如读者位置信息、请求图书信息等），记

PR（$d@p_0$）为服务器根据读者请求数据 $d@p_0$ 推测出读者服务隐私的概率。记 p_0^* 为变换处理后提交给服务器端的新图书信息服务请求，则须有 PR（$d@p_0^*$）$\leqslant 1/\alpha$（根据单一数据项 $d@p_0^*$ 推测出读者偏好隐私的概率值小于 $1/\alpha$）。其中，α（$1\leqslant\alpha$）表示读者服务隐私保护强度（其值越大，读者隐私安全性越高）。

第二层安全性。在满足第一层次隐私安全性的基础上，不可信服务器端通过综合分析读者在一次移动图书信息服务活动中所提交的多种类型的请求数据，也难以准确推测出读者偏好隐私，即根据图书信息服务请求数据 p_0^* 推测出读者偏好隐私的概率值小于 $1/\alpha$，可形式化表示为：

$$PR(p_0^*) = PR(\vee_{d@p_0^* \in p_0^*} d@p_0^*) \leqslant 1/\alpha$$

第三层安全性。在满足第二层隐私安全性的基础上，不可信服务器端通过分析读者在某段时间内多次移动图书信息服务活动中所提交的多种类型的请求数据，也难以准确推测出读者偏好隐私。记 $P^* = (p_1^*, p_2^*, \cdots, p_n^*)$ 为根据读者的多次移动图书信息服务请求，变更生成的提交给服务器端的新服务请求序列，则须有：

$$PR(P^*) = PR(\vee_{p_k^* \in P^*} \vee_{d@p_k^* \in p_k^*} d@p_k^*) \leqslant 1/\alpha$$

即根据图书信息服务请求序列 P^* 推测出读者偏好隐私的概率小于 $1/\alpha$。

在策略安全性约束中，我们将移动图书信息服务平台读者服务隐私的安全性分成三个层次，主要是基于以下几个方面。一是读者在某段时间内发起的图书信息服务请求序列拥有规律的特征分布（例如，读者在某段时间内特别偏好某类或某几类固定图书主题；读者在某段时间内特别偏好围绕某些固定的位置区域发布信息服务请求）。二是读者服务请求背后蕴含的各类型隐私数据之间存在很强的语义关联性（例如，同一读者的位置偏好隐私和图书偏好隐私之间存在语义关联性）。所有这些情况都使得读者服务隐私保护策略，不能孤立地考虑单次读者请求和某种单一类型读者服务请求数据。因此，为了满足安全性约束，这些问题都应被读者服务隐私保护策略充分考虑。

在定义 2.8 中，三个层次的隐私安全性约束层层递进，只有第三层次的安全性约束得到了满足，才能说读者服务隐私在移动图书信息服务平台不可信服务器端的安全性得到了“全面改善”。此时，移动图书信息服务平台不可信服务器端的攻击者无论是根据读者图书信息服务请求数据的当前分布特征，还是根据读者请求数据的历史分布特征，无论是根据单一类型的读者请求数据，还是综合考虑多种类型的读者请求数据，均难以分析推测出读者移动图书信息服务请求背后所蕴含的读者兴趣偏好隐私（位置偏好隐私和图书偏好隐私）。

第四节　现有方法评价与问题分析

一　现有方法评价

在第一章的第二节和第三节中，我们从社会科学和自然科学两个不同角度，回顾了国内外隐私保护相关研究现状，并对现有研究存在问题进行了简要的总结阐述。第一，法律法规和行业政策虽然能有效缓解网络时代图书馆读者的隐私安全问题，但其有效性建立在服务器端管理员和攻击者能恪守法律法规的基础之上，层出不穷的网络隐私泄露事件表明，法律法规并不能从根本上解决网络时代移动图书信息服务平台读者隐私安全问题；第二，现代图书信息服务平台部署的数据安全策略“对外不对内”的特点，使其无法阻止内部工作人员访问后台数据，其有效性建立在服务器端高度可信的基础上，难以满足新兴网络环境下读者隐私保护的新需求和新挑战；第三，现有用户隐私保护方法并不是针对移动图书信息服务平台而提出，它们在实用性、准确性、高效性、安全性等多个方面仍无法满足移动图书信息服务平台的实际应用需求，难以直接应用于保护移动图书信息服务平台读者隐私安全。本小节将根据第二节所定义的读者资料隐私保护需求，以及第三节所定义的读者服务隐私保护需求，对第一章第三节所提及的用户数据安全策略和用户隐私保护方法进行综合评价。

根据第二节的读者资料隐私保护需求（查询准确性约束、查询高效性约束、策略可用性约束和策略安全性约束），比较评价了第一章提到的方法策略在移动图书信息服务平台读者资料隐私保护中的应用情况，见表2.1。根据表2.1的评价结果，我们有以下几个方面观察。

表 2.1　　读者资料隐私保护有效性比较

方法	准确性	高效性	安全性	可用性Ⅰ	可用性Ⅱ	可用性Ⅲ
安全策略	√	√	○	√	√	√
加密法	√	○	√	√	√	√
匿名法	√	√	○	○	√	○
模糊法	//	//	//	//	//	//
泛化法	//	//	//	//	//	//

第一，对于数据安全策略（如身份认证、访问控制、安全审计等）：通常它们都得到数据库管理系统本身的支持和实现，因而，它们能很好地满足查询准确性约束（定义 2.1）、查询高效性约束（定义 2.2）和策略可用性约束（定义 2.3）。然而，这些数据安全策略"对外不对内"，它们只针对移动图书信息服务平台系统的外部用户，无法阻止系统不可信服务器端的内部工作人员（或攻克服务器端的攻击者）访问后台数据库中的读者资料数据（它们建立在服务器高度可信的基础之上）。因而，现有数据安全策略无法满足安全性约束（定义 2.4）。

第二，对于隐私保护方法：由于模糊法和泛化法需要改写数据，所以它们并不适用于数据安全场景，无法应用于保护读者资料隐私数据安全；由于移动图书信息服务平台通常需要用户身份认证，因而，匿名法无法满足可用性约束，且匿名法没有对读者敏感资料数据进行任何更改，因而，也无法满足安全性约束；加密法通过对读者敏感资料数据进行严格加密，能很好地确保读者资料隐私的安全性（能很好地满足安全性约束），但正如前面第二节所指出，加密法会严重降低读者资料数据查询效率，无法满足查询高效性约束。

根据第三节的读者服务隐私保护需求（服务准确性约束、服务高效性约束、策略可用性约束和策略安全性约束），比较评价了第一章提到的方法策略在移动图书信息服务平台读者服务隐私保护中的应用情况，见表 2.2。根据表 2.2 的评价结果，我们有以下几个方面观察。

表 2.2　　读者服务隐私保护有效性比较

方法	准确性	高效性	可用性	安全性Ⅰ	安全性Ⅱ	安全性Ⅲ
安全策略	√	√	√	○	○	○
加密法	√	√	○	√	√	√
匿名法	√	√	○	√	○	○
模糊法	○	√	√	√	○	○
泛化法	○	√	√	√	○	○

第一，数据安全策略通常可直接部署到移动图书信息服务平台的后台服务器端，因而，显然能很好地满足服务准确性约束、服务高效性约束和策略可用性约束。然而，这些数据安全策略建立在服务器高度可信的基础之上，它们无法阻止系统不可信服务器端的内部工作人员（或攻克服务器端的攻击者）访问移动图书信息服务平台服务器端记录并保存的读者服务请求数据，即无法满足安全性约束。

第二，加密法指通过加密读者服务请求数据，使其对不可信网络服务器端不可见，以达到服务隐私保护的目的。因而，加密法能很好地满足读者服务隐私保护的准确性约束、高效性约束和安全性约束（由于对读者请求数据实施严格加密，使得攻击者获知密文数据背后的隐私基本不可能）。然而，为了使得服务器端能根据加密后的读者请求为读者提供相应的信息服务，加密法需要重新构建信息系统架构和信息服务算法，因而，它无法满足读者服务隐私保护的可用性约束。

第三，匿名法通过将用户请求中的身份标识信息用临时假名代替，以打破用户与其请求之间的天然联系。匿名法能很好地满足读者服务隐私保护的第二层和第三层可用性约束、准确性约束和高效性约束。但匿名法没有对用户服务请求数据做任何更改，因而仅满足第一层安全性约束，而无法满足第二层安全性约束，更无法满足第三层安全性约束。并且匿名法通常需要牺牲系统的用户身份认证功能，因而也无法完全满足可用性约束（不满足第一层可用性约束）。

第四，模糊法通过泛化或扰动用户位置，使得攻击者无法识别出用户的精确位置。模糊法能满足读者服务隐私保护的高效性约束和第二层和第三层可用性约束，也能在一定程度上满足安全性约束（仅针对位置隐私），但它无法应用于保护其他类别的读者服务隐私（如检索隐私、推荐隐私等）。此外，它通常还需要引入第三方的中间网络服务器，因而也无法满足读者服务隐私保护的第一层可用性约束，限制了其实际可用性。

第五，泛化法是指对用户敏感数据的泛化处理，即通过伪造数据或者使用一般化数据来掩盖涉及用户敏感偏好的服务请求数据。泛化法通常采用客户端体系结构，不依赖于第三方匿名服务器，不需要改变现有平台架构，因而能很好地满足可用性约束，也能很好地满足高效性约束。然而，由于改写了服务请求数据，对服务准确性会造成一定的负面影响，无法满足准确性约束。此外，现有的泛化法通常只针对单一类型的服务请求数据，仍无法完全满足读者服务隐私保护的安全性约束（无法满足第二层安全性约束）。

二　现有问题分析

综上所述，针对网络用户隐私保护问题，虽然已经拥有了一些富有成效的方法策略，但它们通常并不是针对移动图书信息服务平台的读者隐私保护问题而专门提出。对于读者资料隐私，现有数据安全策略“对外不对内”，无法满足安全性约束；对于读者服务隐私，现有隐私保护方法通常针对单一类型的用户服务隐私，在实用性、准确性、高效性、安全性等多个方面仍无法满足移动图书信息服务平台的实际应用需求。针对移动图书信息服务平台下的读者隐私保护问题（包括读者资料隐私保护和读者服务隐私保护），现在仍缺乏一套行之有效的完整方案，还存在许多问题没有很好解决，集中体现在以下几个方面。

第一，不仅要关注读者隐私保护策略的安全性约束，更要关注读者隐私保护策略的实用性约束、准确性约束和高效性约束。通常，各类移动图书信息服务是作为移动图书信息服务平台的重要组成部分而存在，而现有许多方法策略为了保护读者资料隐私或读者服务隐私，要求改变现有的整个网络信息服务平台架构或服务器端运行的信息服务算法，或者要求牺牲信息服务的准确性或高效性，这显然是移动图书信息服务平台提供商所无法接受的，极大地降低了这些方法策略的实际可用性。因此，移动图书信息服务平台的读者隐私保护，必须建立在不牺牲现有图书信息服务（或读者数据查询）的可用性、准确性和高效性的基础之上。

第二，对于读者服务隐私保护，不仅要保护图书信息服务涉及的单一类型的读者服务隐私，更要建立统一的服务隐私保护模型和策略，将多种类型的读者服务隐私作为整体进行统一保护。大部分现有隐私方法通常只针对某种单一类型的读者服务隐私（如仅针对位置服务或仅针对推荐服务）。然而，移动图书信息服务平台为读者提供的图书信息服务多种多样，涉及读者服务隐私类型也多种多样（如检索隐私、推荐隐私、位置隐私等），并且来自同一读者的各类型服务隐私之间存在很强的内在关联性。这就要求我们不能以单一类型的移动图书信息服务为研究对象，而是应该建立面向全体移动图书信息服务的读者隐私保护统一框架和模型，以满足第二层安全性约束。

第三，对于读者服务隐私保护，不仅需要关注对读者当前服务请求数据的隐私保护，更要关注对读者历史服务请求序列的隐私保护。这就要求，读者服务隐私保护通常应以读者图书信息服务请求序列为基本单位。移动图书服务平台中读者发布的历史请求序列拥有富有规律的特征分布关联性（例如，同一读者在某段时间内通常喜欢围绕某些固定的图书主题或固定的位置区域展开服务请求）。因此，读者服务隐私保护必须建立在读者历史请求序列之上，使得服务器端的攻击者无论根据读者当前请求数据，还是根据读者历史请求数据，均难以获知读者请求背后蕴含的服务隐私，以满足第三层安全性约束。

第四，对于读者资料隐私保护，不仅要关注读者敏感资料数据相关的安全性约束，更要关注读者资料数据相关的查询高效性约束。移动图书信息系统中存在大量定义在读者资料数据上的数据库查询操作，这些查询形式多种多样，涉及的数据类型也多种多样，这就要求，隐私策略必须要能有效地确保所有这些数据查询操作的高效性（它们的执行效率不受显著影响）。直接加密读者敏感资料数据（加密法），能很好地确保数据安全性约束，但无法满足查询高效性约束。而现有数据安全策略能很好地确保查询高效性约束，但无法满足数据安全性约束。因而，如何确保数据安全性约束和查询高效性约束的有效统一，是读者资料隐私保护策略的核心关键。

第五节　移动读者隐私保护目标

一　研究目标

正如前文所述，随着云计算和大数据等新兴网络技术的迅速发展，移动图书信息服务平台的服务器端正变得越来越“不可信”，它是攻击者的主要攻击目标，是导致读者隐私泄露的主要根源。然而，移动图书信息服务又离不开服务器端的支持，移动图书信息服务平台为读者提供的移动图书信息服务形式多种多样，使其后台服务器端收集了大量的读者服务请求数据和读者背景资料数据，使得移动图书信息服务平台存在着许多读者隐私泄露通道。而现有的用户数据安全策略和用户隐私保护方法在实用性约束、准确性约束、高效性约束、安全性约束等多个方面仍无法满足移动图书信息服务平台的实际应用需求，目前还缺乏一套完整系统的面向移动图书信息服务平台的读者隐私保护方案。

为此，本书的研究工作不以某种具体的移动图书信息服务为研究对象，而是以移动图书信息服务平台服务器端存储的读者资料隐私数据和读者服务隐私数据为研究对象，结合移动图书信息服务平台图书信息服务的形式特点和数据特点，重点关注已有研究尚未很好解决的问题，构建一整套面向移动图书信息服务平台的读者隐私保护模型和策略，以期在“不改变”移动图书信息服务平台的现有平台架构、“不改变”客户端外部读者的使用习惯、“不改变”现有移动图书信息服务算法、“不改变”移动图书信息服务准确性、“不改变”移动图书信息服务高效性的基本前提下，有效“改善”读者资料隐私和读者服务隐私在移动图书信息服务平台不可信服务器端的安全性，从而为搭建起安全有效的移动图书信息服务平台奠定一定的理论和技术基础。具体来说，结合前文所定义的面向移动图书信息服务平台的读者资料隐私保护需求和读者服务隐私保护需求，我们期待研究构建的读者隐私保护策略，能有效满足以下几个方面的预期应用目标。

第一，不改变移动图书信息服务平台的现有平台架构。通常，图书信息服务和图书信息系统作为移动图书平台的重要组成部分，已被集成到现有平台架构中。而现有移动图书信息服务平台已经成熟运行，这就要求不能因为读者隐私保护而要求变更整个平台架构，以确保隐私策略满足第一层可用性约束。

第二，不改变客户端外部读者的使用习惯。友好的用户界面是移动图书信息服务平台获得读者青睐的重要原因。通常，读者都已经熟悉并且接受了移动图书信息服务平台现有的使用方式和使用逻辑，这就要求不能因为服务隐私保护或资料隐私保护而要求变更读者的使用习惯，以确保隐私策略满足第二层可用性约束。

第三，不改变现有移动图书信息服务算法。图书信息服务算法部署在移动图书信息服务平台的服务器端，因此隐私保护策略不能改变现有信息服务算法本身，这样才能有效地集成到现有的移动图书信息服务平台，以确保隐私策略满足第三层可用性约束。以上三个方面的目标确保了读者隐私保护策略满足可用性约束。

第四，不改变移动图书信息服务的准确性。图书信息服务的准确性是指在引入隐私保护策略后，读者仍能获得与引入隐私策略之前完全一致或基本一致的服务结果。读者资料数据查询也可看作一种图书信息服务，但它的准确性约束要求更高，它要求必须获得与引入隐私政策之前完全一致的查询结果。

第五，不改变移动图书信息服务的高效性。图书信息服务高效性是指图书信息服务的执行效率，即不能因为引入隐私策略而使得移动图书信息服务平台各类图书信息服务的性能急剧下降。类似地，读者资料数据查询的高效性约束也提出了更高要求，它要求任意读者资料查询操作都需满足高效性约束。

第六，有效改善读者资料隐私在不可信移动图书信息服务平台服务器端的安全性。这是本书研究工作的关键性应用目标，是引入资料隐私保护策略的根本目的。该目标期望是，对于任何形式和任何类型的读者敏感资料数据，经读者资料隐私保护策略变换处理后，不可信服务器端的攻击者无论掌握了多少先验背景知识，均难以从中准确推测出读者资料隐私信息，或推测成功的概率极低。

第七，有效改善读者服务隐私在不可信移动图书信息服务平台服务器端的安全性。这是本书研究工作的关键性应用目标，是引入服务隐私保护策略的根本目的。读者服务隐私保护策略需要有效地改善读者的各类服务隐私（如图书推荐隐私、阅读隐私、检索隐私、位置隐私等）在移动平台不可信服务器端的安全性，使得攻击者无论是根据读者当前请求的数据特征，还是读者请求序列的历史关联特征，无论是根据单一类型的读者请求分布特征，还是综合考虑多种类型读者请求之间关联性分布特征，均难以分析推测出读者图书信息服务请求背后所蕴含的读者服务隐私，从而确保隐私政策满足三个层次的服务隐私安全性约束，有效改善移动图书信息服务平台读者服务隐私在不可信服务器端的安全性。

二　研究逻辑

根据前文确定的理想读者隐私保护策略的预期研究目标，本书后续的第三章至第七章将分别针对读者资料隐私保护问题和读者服务隐私保护问题，研究构建标识替换策略（第三章）、数据加密策略（第四章）、区域扩展策略（第五章）、哑元构造策略（第六章和第七章）等，这些隐私策略之间呈现“层层递进、互为补充”的关系，共同构成一套系统完整的移动图书信息服务平台读者隐私保护理论模型和策略。这几个章节的逻辑关系如图 2.3 所示，可简要描述如下。

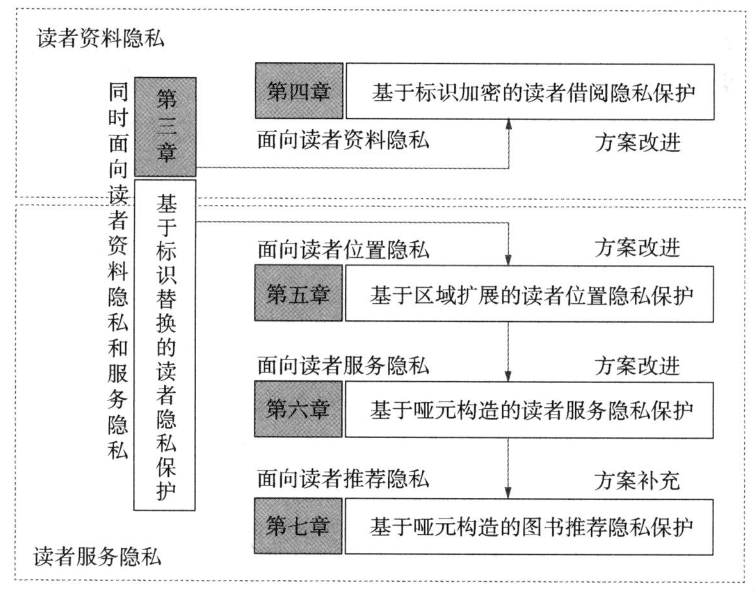

图 2.3　各个读者隐私保护模型之间的逻辑关系

第三章，基于标识替换的读者隐私保护策略。以读者服务隐私为切入点，企图构建针对读者服务隐私保护和读者资料隐私保护的统一模型策略。然而，标识替换策略存在可用性和安全性较差的不足，无法满足移动读者隐私保护需求（包括读者资料隐私保护需求和读者服务隐私保护需求）。

第四章，基于标识加密的读者借阅隐私保护策略。以读者图书借阅服务为切入点，构建了基于标识加密的读者资料隐私保护策略。该策略适用于读者资料隐私保护的全体场景，但并不适用于读者服务隐私保护。

第五章，基于区域扩展的读者位置隐私保护策略。仅针对读者位置服务，构建了基于区域扩展的读者位置隐私保护策略。然而，该策略无法推广到其他类型的移动图书信息服务。

第六章，基于哑元构造的读者服务隐私保护策略。以读者服务隐私保护全体场景为研究对象，构建了基于哑元构造的读者服务隐私保护策略。

第七章专门探讨了图书推荐服务场景，是对第六章工作的扩展和补充。

至此，第三章至第七章所研究构建的隐私模型可实现对移动读者资料隐私和移动读者服务隐私的有效保护。在第一章给出的图 1. 2 全书组织结构的基础之上，图 2. 3 进一步描述了第三章至第七章所构建的五个读者隐私保护模型策略之间的逻辑关系。五个读者隐私保护模型策略共同构成了一套系统完整的新兴网络环境下移动图书信息服务读者隐私保护理论，具有系统性和完整性。

第六节　本章小结

本章深入分析新兴网络环境下移动图书信息服务平台下的读者隐私保护框架和读者隐私保护需求，据此评价了现有方法策略在移动图书信息服务读者隐私保护中的应用局限，分析了移动图书信息服务平台读者隐私保护研究存在的主要问题，进而确立了本书研究工作的预期目标。

首先，简要分析了现代移动图书信息服务平台的基本架构，以及该架构下读者隐私保护面临的挑战。其次，描述了现代移动图书信息服务平台下的读者资料隐私保护框架和读者服务隐私保护框架，并从可用性、高效性、准确性和安全性等多维度，定义了读者资料隐私保护需求和读者服务隐私保护需求。据此，评价了第一章中现有隐私策略和隐私方法在移动图书信息服务平台读者隐私保护中的应用局限，并分析了移动图书信息服务平台读者隐私保护研究存在的主要问题。最后，结合研究内容，给出了本书研究工作的预期目标，为后续章节研究工作的开展提供了参照依据。

第三章　基于标识替换的读者隐私保护

基于第二章定义的读者隐私保护需求，本章试图构建基于标识替换的移动图书信息服务平台读者信息服务隐私保护的统一模型和策略。具体来说，第一节简要回顾了读者隐私保护的相关技术方法，分析了它们在读者信息服务隐私保护中的应用局限。第二节提出了基于标识替换的读者信息服务隐私保护基本框架，并分析了该框架的主要优点和需考虑的关键问题，定义了相关攻击模型。基于该基本框架和攻击模型，第三节提出了基于标识替换的读者服务隐私保护模型，它形式化描述了信息服务读者标识替换过程应满足的隐私约束和代价约束，并给出了具体实现算法。第四节通过实验分析，评估了读者信息服务隐私保护策略的有效性。第五节深入分析本章构建的读者标识替换策略的优缺点，并将读者资料隐私保护问题纳入标识替换策略，探讨基于标识替换的读者资料隐私保护方案。第六节总结了本章的研究工作。

第一节　问题引入

图书信息服务是以现代信息技术和现代网络技术为手段，以多种形式向读者提供所需图书信息的一项活动，它使得人们能及时、有效、充分地利用网络图书信息资源，为完善人类社会生活而服务，它是图书信息资源管理活动的出发点和归宿，是信息管理学研究的重要内容和领域。① 信息服务平台以移动互联网为基础，以移动智能终端

---

① 王瑞芬：《泛在信息时代图书馆服务转型发展的新方向》，《大学图书馆学报》2020 年第 6 期；严炜炜、刘倩：《移动信息服务用户个人信息安全保障行为意愿影响因素研究》，《图书馆学研究》2020 年第 4 期。

为依托，以云计算技术为保障，使得读者摆脱时间空间限制，可以随时随地享受到图书馆为其提供的满足其个性化需求的形式多样的移动图书信息服务，逐渐成为移动图书馆的重要形式，已成为人们获取图书信息知识的重要渠道和现代图书信息服务的重要载体，受到越来越广泛的关注。①

从图1.1所示的移动图书信息服务平台总体框架可以看出，移动图书信息服务平台为外部读者提供的移动图书信息服务形式多种多样，具体包括图书阅读服务、图书检索服务、图书推荐服务、图书借阅服务、图书阅读服务、图书位置服务等。② 移动图书信息服务平台的不可信服务器端，记录了外部读者通过客户端发布的海量图书信息服务请求数据，而这些读者请求数据蕴含着大量读者隐私信息。基于这些请求记录，服务器端的攻击者可以准确分析推测出读者的兴趣偏好，从而导致读者服务隐私泄露。③ 而现有用户隐私保护方法（加密法、匿名法、模糊法、泛化法等）并不是针对移动图书信息服务平台而提出，它们通常仅针对单一类型的用户服务隐私数据（如泛化法仅针对位置隐私），无法满足移动图书信息服务平台读者服务隐私保护的实际需求（无法较好地同时满足读者服务隐私保护在策略可用性约束、策略安全性约束、服务准确性约束、服务高效性约束等多个方面的需求）。为此，本章节不以某种具体类型的移动图书信息服务为研究对象，而是以整体移动图书信服务隐私保护为研究对象，充分考虑第二章第三节定义的读者服务隐私保护需求，研究构建了面向移动图书信息服务平台的基于标识替换的读者服务隐私保护整体模型和整体策略，以期有效地满足移动图书信息服务平台读者服务隐私保护在策略可用性约束、策略安全性约束、服务准确性约束、服务高效性约束等多个方面的实际需求。具体来说，本章的研究工作主要包括以下几个方面。

第一，研究构建基于标识替换的读者服务隐私保护框架。基本思路是，引入可信的第三方服务器，以来自其他虚假读者的虚假标识替换客

---

① 李颖：《基于传播学视角的移动图书信息服务平台发展趋向探析》，《图书馆工作与研究》2020年第3期。

② 吴宗大、谢坚、郑城仁：《数字图书馆读者的行为偏好隐私保护框架》，《中国图书馆学报》2018年第2期。

③ 白美程、阳广元：《近五年我国数字图书馆用户隐私保护研究进展》，《图书馆理论与实践》2019年第8期。

户端读者发布的移动图书信息服务请求所关联的读者标识信息，打破读者与其图书服务请求之间的天然联系，从而实现对读者服务隐私的有效保护。并且它不牺牲现有移动图书信息服务的准确性、高效性和可用性，因而在移动图书信息服务平台中具有良好的实际效用。

第二，研究构建基于标识替换的读者服务隐私保护模型。它通过形式化描述中间服务器的读者标识替换过程应满足的隐私约束和代价约束，界定了何为理想的读者标识替换，为基于标识替换的读者服务隐私保护策略设计提供了参考标准。其中，隐私约束包括主题隐私约束和内容隐私约束，要求读者移动图书信息服务请求标识替换能有效改善读者服务隐私在移动图书信息服务平台不可信服务器端的安全性。代价约束要求读者移动图书信息服务请求标识替换，能有效确保每个读者的移动图书信息服务总代价的平衡性。

第三，研究构建了基于标识替换的读者服务隐私保护算法，它运行在可信的中间服务器，能为读者请求生成满足隐私模型约束的虚假请求，以改善读者信息服务隐私在不可信服务器端的安全性。在隐私模型的算法实现中，基于读者服务隐私保护模型，设计实现了四个虚假标识的匹配策略（随机策略、隐私策略、代价策略和隐私平衡策略），它们分别从不同的角度为读者真实标识，搜索满足约束条件的虚假标识，以满足不同读者的隐私保护需求。

理论分析和实验评估，验证了基于标识替换的读者服务隐私保护策略的有效性，它能在不牺牲移动图书信息服务平台移动图书信息服务实用性的基本前提下，改善读者服务隐私在不可信服务器端的安全性。在移动图书信息服务平台的服务器端，除了存储读者服务请求数据之外，还存储着大量的读者敏感资料数据（如家庭住址、单位地址、联系方式等），它们是读者资料隐私泄露的主要来源。本章的研究工作虽然是针对移动图书信息服务平台的读者服务隐私保护问题而提出，但它对移动图书信息服务平台读者资料隐私保护问题中同样具有一定的适用性。为此，本章尝试将读者资料隐私问题一并纳入读者标识替换策略，讨论了读者标识替换策略在移动图书信息服务平台读者资料隐私保护中的应用，并给出了基于标识替换的读者资料隐私保护方案。为了方便阅读，本章隐私模型涉及的主要数学符号及其含义说明，见表 3.1。

表 3.1　　隐私模型的相关符号及含义

符号	具体含义说明
p_0	移动图书信息服务请求，表示为 $p_0 = (u@p_0, n@p_0)$
$u@p_0$	服务请求 p_0 关联的读者标识信息
$n@p_0$	服务请求 p_0 关联的具体请求内容
$\mathbb{U}$	读者标识空间，即全体读者标识集合
$\mathbb{N}$	请求内容空间，即所有可能请求内容集合
$\mathbb{P}$	读者移动图书信息服务请求空间，即$\mathbb{P} = \mathbb{U} \times \mathbb{N}$
$Y(\mathrm{p}_0)$	标识替换，将读者标识替换为虚假标识，即 $Y:\mathbb{P}\rightarrow\mathbb{P}$
$\mathrm{Y}(P)$	读者请求序列标识替换，$\mathrm{Y}(P) = \mathrm{Y}(p_1), \mathrm{Y}(p_2), \cdots, \mathrm{Y}(p_n)$
P	读者请求序列，可表示为 $P = p_1, p_2, \cdots, p_n$
$\varpi(u_0, P)$	读者请求序列 P 关于读者 u_0 的子请求序列
$PE(P, P')$	读者请求序列 P 关于虚假序列 P' 的内容隐私度量
$PT(P, P')$	读者请求序列 P 关于虚假序列 P' 的主题隐私度量
$PR(P, P')$	读者请求序列 P 关于虚假序列 P' 的代价平衡度量
$\Theta(u_0)$	读者 u_0 敏感图书主题集(不希望被别人获知主题)
$\theta(P)$	读者请求序列 P 关联的所有读者标识的集合
$\mu(p_0)$	读者图书信息服务请求 p_0 在服务器端的处理代价
$\Psi(u_0, P, P')$	读者 u_0 关于请求序列 P 和 P' 的服务器处理代价差异

第二节 基于标识替换的隐私保护框架

一 系统框架

图3.1展示了我们采用的基于标识替换的读者图书服务隐私保护方法的基本架构。该架构建立在一个不可信的移动图书信息服务平台云端服务器、一个可信代理服务器以及若干移动图书信息服务平台的可信客户端之上，其中：

（1）移动图书信息服务平台的云端服务器负责运行各类移动图书信息服务算法（如移动图书检索服务、移动图书阅读服务、移动图书浏览服务、移动图书收藏服务等），为图书馆读者提供各类移动图书信息服务。然而，它部署在云端，脱离了移动图书信息服务平台的后台管理者的管理和控制，因而不可信。

（2）移动图书信息服务平台的客户端负责运行读者的移动图书信息服务界面，借助于移动图书信息服务平台读者界面，移动读者可发布各类移动图书信息服务请求。客户端部署在移动读者的本地端（读者自己掌控的移动设备端），因而，它是高度可信的。

（3）代理服务器部署在移动图书信息服务平台的前台客户端和后台服务器端之间，它负责运行读者隐私保护算法（本章所构建的基于标识替换的读者图书信息隐私保护方法），它以其他非当前标识替换（称作虚假标识）移动图书信息服务平台客户端所提交的图书信息服务请求中的读者标识，打破读者与其移动图书信息服务请求之间的天然关联，实现对读者服务隐私的有效保护。

在图3.1描述的基于标识替换的读者信息服务隐私保护基本框架中，代理服务器要求部署在信息系统的本地机构（如图书馆的本地机房），以接受移动图书信息服务平台后台管理者的严格管理和控制，因而，同移动图书信息服务平台的客户端一样，它也是高度可信的。基于标识替换的读者服务隐私保护基本框架的一般化数据处理过程可简要描述如下。

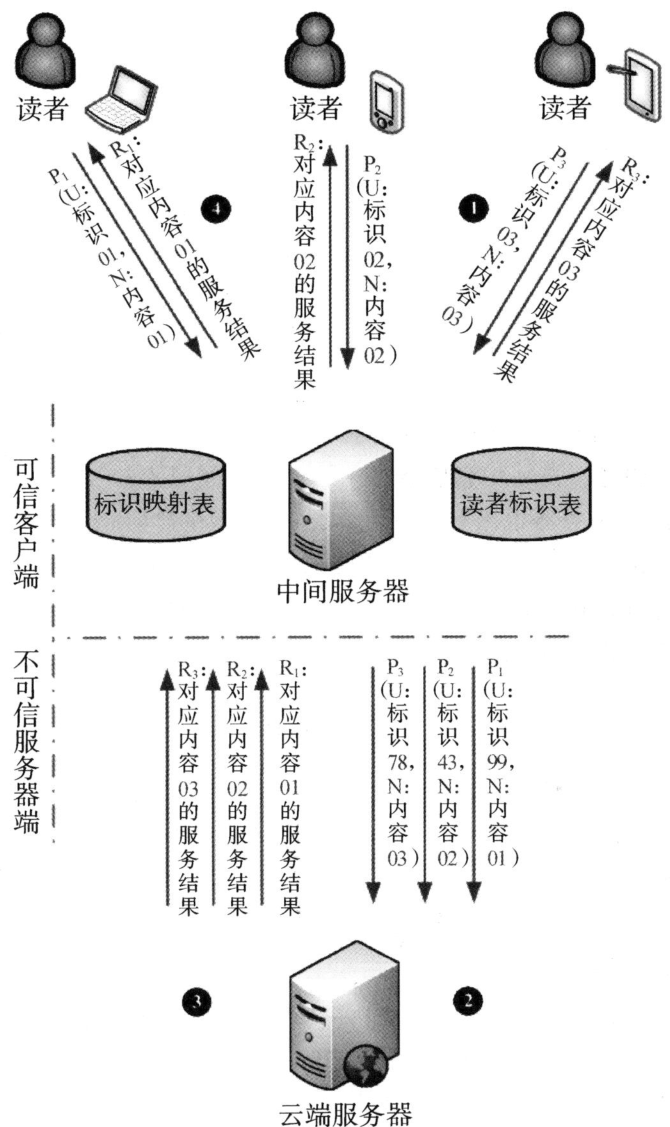

图 3.1　基于标识替换的读者服务隐私保护基本框架

（1）对于读者通过移动图书信息服务平台客户端读者界面所发布的任意移动图书信息服务请求 $p_0 = (u@p_0, n@p_0)$（其中，$u@p_0$ 表示服务请求 p_0 所关联的读者标识信息；$n@p_0$ 表示服务请求 p_0 所关联的具体服务请求内容，它可能包含多个服务请求数据项），首先将其提交给中间代理服务器处理，而不是直接提交给移动图书信息服务平台的云端服务器。

（2）中间服务器获得读者移动图书信息服务请求 p_0 后，将结合自身保存的读者标识数据表（存储着信息系统中所有合法的读者标识信息），按照一定的匹配策略（匹配策略将是本章研究的重点），从中选取出一个其他非当前读者标识 u_k（称作虚假标识）替换当前读者标识 $u@p_0$，重新构造生成新的移动图书信息服务请求 p'_0 =（u_k，$n@p_0$）（称作虚假请求）。然后，将虚假标识和真实标识之间的映射信息保存到中间服务器，并以虚假移动图书信息服务请求 p'_0 代替读者服务请求 p_0，提交给移动图书信息服务平台的云端服务器。

（3）移动图书信息服务平台云端服务器获得虚假移动图书信息服务请求 p'_0 后，将根据服务请求的具体内容 $n@p_0$ 为移动读者提供相应的移动图书信息服务，并将信息服务结果返回给中间服务器。

（4）中间服务器根据它保存在本地的标识映射信息表（存储虚假标识和真实标识之间的映射关系），确定虚假标识 u_k 所关联的真实读者（$u@p_0$），并将移动图书信息服务平台服务器端所返回的服务结果，返回给客户端相应的真实读者。

二 问题陈述

结合前文所述的一般化数据处理过程和图 3.1 给出的基于标识替换的读者信息服务隐私保护基本框架，可以得出以下几点。

第一，由于提交给移动图书信息服务平台云端服务器的移动图书信息服务内容并没有改变（仅替换了读者标识），因而，云端服务器返回给中间服务器的移动图书信息服务结果必然与引入读者隐私保护方法前的服务结果一致，即能有效地确保移动图书信息服务的准确性。

第二，移动图书信息服务平台云端服务器执行的还是读书移动图书信息服务原来的请求内容，因而移动图书信息服务的执行效率必然与引入读者隐私保护方法前保持一致（仅仅增加了读者隐私保护算法本身的执行时间，这几乎可忽略不计），即能有效地确保移动图书信息服务的高效性。

第三，读者隐私保护算法部署在中间服务器，它是部署在移动图书信息服务平台客户端读者和云端移动图书信息服务算法之间的一层中间件，其读者隐私保护过程对外部读者和信息服务算法均实现透明操作，即能有效地确保移动图书信息服务平台已有移动图书信息服务的可用性。

此外，从前文所述的一般化数据处理过程，还可以看出，代替当前读者标识的虚假标识同样是选取自读者标识空间（存储在中间服务器的读者标识信息表）中的合法读者标识，这确保了中间服务器生成的虚假移动图书信息服务请求，能顺利通过移动图书信息服务平台云端服务器的实名验证，进一步增强了该架构在已有移动图书信息服务平台中的可用性。综上所述，本章给出的基于标识替换的读者隐私保护框架不改变图书信息服务准确性和高效性，也不改变图书信息服务算法和读者的使用习惯，因而具有良好的实用性。

当然，由于所有通过移动图书信息服务平台客户端提交的读者图书信息服务请求都要经过中间服务器的集中处理，这容易导致性能瓶颈问题（中间服务器必须具有强大的处理能力）和隐私瓶颈问题（中间服务器本身必须可信）。但两者均可在一定程度上得到缓解。

（1）对于性能瓶颈问题，由于读者隐私保护过程仅仅是对读者信息服务请求中的读者标识信息进行简单替换，并不需要消耗过多的处理时间（尤其是在读者信息表的规模和并发读者的数量并不庞大的情况下），因而，并不容易导致性能瓶颈（后文给出实验结果也验证了这点）。

（2）对于隐私瓶颈问题，本章给出的读者隐私保护框架不同于现有的匿名法，它要求中间服务器必须部署在信息系统的本地机构（可信的图书馆本地机构，而不是不可信的云端），并接受图书馆本地管理者的管理和控制。在这样的约束下，中间服务器的可信性是可以确保的，并不容易导致隐私瓶颈（后文的攻击模型也对此进行了规范和假设）。

然而，从图 3.1 还可以看出，代理服务器所选用的读者标识替换算法是整个移动图书信息服务平台读者隐私保护基本框架的关键所在，也是确保读者信息服务隐私在移动图书信息服务平台不可信云端安全性的关键所在。通常，理想的读者标识替换算法应满足以下几个方面的约束条件。

第一，隐私约束，即对移动图书信息服务请求的读者标识替换，能有效改善读者服务隐私在移动图书信息服务平台不可信服务器端的安全性。这一约束又表现为两个具体方面。其一，虚假读者标识不能与真实读者标识相同，以使得攻击者无法获知发布当前图书信息服务请求的具体读者，从而改善当前读者的信息服务隐私安全性。该约束要求可具体可形式化描述如下：记当前读者图书信息服务请求为 $p_0=(u@p_0,\ n@p_0)$，记完成读者标识信息替换后的虚假图书信息服务请求为 $p_0'=(u@p_0',\ n@p_0')$，则两者满足 $n@p_0'=n@p_0 \wedge u@p_0' \neq u@p_0$。这一约束条件很显然，若不满足，则表明读者标识替换过程没有被执行，无法打破读者标识与其服务请求内容之间的天然关联。其二，真实标识也不能对虚假标识所对应的读者（称作虚假读者，即虚假标识选取自其他非当前读者）形成任何隐私威胁。读者图书信息服务的隐私保护是全体性的，虚假标识要实现对当前读者的信息服务隐私保护，当前读者也不能对虚假读者构成隐私威胁。这里又可进一步细分为两层约束。

第一层是当前读者信息服务的请求内容 $n@p_0$（也即 $n@p'_0$）不应与虚假标识 $u@p'_0$ 所对应的具体读者（虚假读者）的任一历史服务请求内容相同（否则，攻击者可据此直接获知虚假读者 $u@p'_0$ 也曾发布过请求内容 $n@p_0$，从而导致虚假标识对应读者的隐私泄露）。

第二层是当前读者信息服务请求内容 $n@p_0$（也即 $n@p'_0$）不应与虚假标识 $u@p'_0$ 所对应的虚假读者的任何敏感图书主题语义相关（否则，攻击者可据此直接获知虚假读者感兴趣的敏感图书主题，从而导致隐私泄露）。

最后需要指出的是，鉴于隐私保护是读者标识替换的根本目的，因而该约束条件是读者标识替换策略必须完全满足的强制性要求。

第二，代价约束，即读者移动图书信息服务请求标识替换，能有效确保每个读者移动图书信息服务总计算代价的平衡性。在现有的移动图书信息服务平台架构下，通常移动图书信息服务平台云端服务器是按照每个读者所发布的所有移动图书信息服务请求的总计算代价（等于读者所发布的所有移动图书信息服务请求所需要消耗的服务器资源代价的总和）向读者索要相关费用。然而，引入读者标识替换机制后，移动图书信息服务平台云端服务器根据其掌握的虚假读者标识，计算得到的读者移动图书服务请求的总代价跟每个读者的实际服务请求总代价之间，不再具有一致性（甚至可能出现高度不一致的情况）。有鉴于此，理想的读者标识替换策略应保证在较长时间的读者标识替换过程后，移动图书信息服务平台云端服务器根据虚假标识为每个读者计算得到的总服务代价与读者真实的总服务代价基本保持一致。最后需要指出的是，该约束并不是必须完全满足的强制性要求，即它只要求尽可能地被满足。

第三，性能约束，即读者移动图书信息服务请求标识替换，能有效确保中间服务器不会承担过多计算量。根据前文分析可知，中间服务器性能瓶颈的破除是建立在高效读者标识替换过程的基础之上。为此，通常中间服务器并不存储移动图书信息服务平台相关的后台数据库，它仅存储相关的读者标识信息以及真实标识和虚假标识之间的映射信息，以减轻资源消耗。当然，该约束也不是必须满足的强制性要求，它只要求尽可能地被满足。

三 攻击模型

在本章研究工作中，移动图书信息服务平台客户端部署在读者的移动终端设备上，完全由移动读者自行管理和控制，而中间服务器部署在图书馆的本地机构（可信的信息系统内网，而不是不可信云端），并接受图书馆本地管理者的管理和控制。因而，在这样的设定下，移动图书信息服务平台的客户端和中间服务器的可信性都是可以确保的。然而，移动图书信息服务平台的服务器通常部署在云端，摆脱了图书馆本地管理者的管理和控制，因而云端服务器被认为是不可信的，它是导致读者隐私泄露的主要根源。我们假定攻击者已经获得了移动图书信息服务平台服务器端的控制权（但没有获得移动图书信息服务平台客户端和中间服务器的控制权），即假定读者隐私威胁仅来自云端服务器。

从图 3.1 描述的基于标识替换的读者信息服务隐私保护基本框架，可以看出，虽然移动图书信息服务平台云端服务器攻击者能够获得中间服务器提交的所有读者的所有移动图书信息服务请求序列，但它们都是经过读者标识替换后的虚假服务请求（而非客户端读者所提交的真实服务请求）。因此，攻击者的攻击源主要依赖于虚假移动图书信息服务请求。为此，有效的虚假服务请求应保证，对于移动图书信息服务平台任意读者发布的任意请求，服务器端攻击者根据其对应的虚假请求无法获知该读者曾发布过该请求，从而实现对读者移动图书信息服务隐私的有效保护。并且，对于移动图书信息服务平台任意读者感兴趣的任意敏感图书主题，服务器端攻击者根据虚假请求无法获知该读者与该敏感图书主题有任何关联。此外，服务器端攻击者还可能获取了运行在中间服务器的读者标识替换算法的副本（虽然中间服务器是可信的，但标识替换算法是公开的），然后，选取合适的读者标识输入标识替换算法中，并观察算法输出结果，看是否能输出对应的虚假读者标识，以此来推测虚假标识对应的真实读者标识（若成功，则攻击者便可将请求内容与读者标识联系起来，从而获知读者信息服务隐私）。

第三节　基于标识替换的隐私保护策略

一　读者标识替换模型

基于前文所述的基于标识替换的读者信息服务隐私保护的基本框架、问题陈述和攻击模型，本节定义基于标识替换的读者隐私保护模型，以形式化描述移动图书信息服务读者标识替换过程应满足的隐私约束和代价约束，从而为后面小节给出的基于标识替换的读者服务隐私保护算法的设计实现提供参考依据。

本节的隐私模型，将以读者通过移动图书信息服务平台客户端所发布的移动图书信息服务请求序列为基本研究单位。首先，给出读者请求（定义 3.1）和标识替换（定义 3.2）的一般定义性形式化描述。其次，据此进一步形式化定义读者请求序列和虚假请求序列（定义 3.3）以及读者请求子序列和虚假请求子序列（定义 3.4）。最后，基于前文给出的关于理想读者标识替换过程的问题陈述，形式化定义读者请求序列关于其虚假请求序列应满足的隐私约束条件（定义 3.5 和定义 3.6）和代价约束条件（定义 3.7）。基于上述内容，隐私模型进一步形式化定义何谓有效的读者标识替换过程，从而为后续标识替换算法的设计提供参考依据。

定义 3.1（读者请求）：让$\mathbb{U}$表示读者标识空间（即全体读者标识信息的集合），让$\mathbb{N}$表示读者移动图书信息服务请求的内容空间（即所有可能请求内容的集合），让$\mathbb{P}$表示读者服务请求空间（即$\mathbb{P}=\mathbb{U}\times\mathbb{N}$），则任意读者移动图书信息服务请求$p\in\mathbb{P}$可抽象为二元组$p=(u@p, n@p)$。其中$u@p\in\mathbb{U}$表示读者移动图书信息服务请求$p$所关联的读者标识信息；$n@p\in\mathbb{N}$表示读者请求所关联的请求内容（如图书检索服务的关键词），移动图书信息服务平台服务器端根据请求内容为读者提供相应图书信息服务。

定义 3.2（标识替换）：对于任意读者移动图书信息服务请求$p\in\mathbb{P}$，中间服务器的读者标识替换过程可表示为如下函数映射：

$$Y: \mathbb{P}\rightarrow\mathbb{P}\Leftrightarrow \mathrm{Y}: \mathbb{U}\times\mathbb{N}\rightarrow\mathbb{U}\times\mathbb{N}$$

记p'为函数映射得到的虚假请求，则相较于原来的读者请求，虚假请求的服务请求内容不变，但读者标识信息被虚假标识信息替换，即虚假请求可形式化表示为：

$$p' = Y(p) \Leftrightarrow (u@p',\ n@p') = Y(u@p,\ n@p)$$
$$s.\ t.\ n@p' = n@p \wedge u@p' \neq u@p$$

记 Y 的逆映射函数为 Y^{-1}，即 $p = Y^{-1}$（p'）。

定义 3.3（请求序列）：读者请求序列系某段时间内由多个读者所发布的所有移动图书信息服务请求所构成的序列，可记作 $P = p_1$，p_2，…，p_n（其中 $p_k \in \mathbb{P}$）。记某段时间内，移动图书信息服务平台客户端提交给中间服务器的读者请求序列为 $P = p_1$，p_2，…，p_n。记该读者请求序列 P 的各个读者移动图书信息服务请求 $p_k \in P$ 经中间服务器标识替换后，最终提交给移动图书信息服务平台服务器的虚假请求序列为 P'，记作 $P' = \mathrm{Y}$（P），则

$$P' = p_1',\ p_2',\ \cdots,\ p_n' = Y(p_1),\ Y(p_2),\ \cdots,\ Y(p_n)$$

按照第二节的问题陈述，理想的读者标识替换必须能有效改善读者图书信息服务隐私在移动图书信息服务平台不可信服务器端的安全性，其约束内容包括多个方面。其一是虚假读者标识不能与读者真实标识相同，这已经通过定义 3.2 的标识替换映射函数予以形式化明确。其二是读者标识也不能对虚假读者形成任何隐私威胁，这将通过以下的定义 3.5（内容隐私）和定义 3.6（主题隐私）予以形式化明确。

定义 3.4（请求子序列）：记某段时间内，移动平台客户端的多个读者所发布的移动图书信息服务请求所构成的时间序列为 $P = p_1$，p_2，…，p_n。对于任意给定的读者标识 $u_0 \in \mathbb{U}$，则该标识对应的读者关于该读者服务请求序列 P 的子序列，记作 ϖ（u_0，P），可表示如下：

$$\varpi(u_0,\ P) = \{p_k \mid p_k \in P \wedge u@p_k = u_0\}$$

即 ϖ（u_0，P）由请求序列 P 中读者标识等于 u_0 的所有请求组成。

定义 3.5（内容隐私）：记某段时间内，多个读者通过移动图书信息服务平台客户端所发布的移动图书信息服务请求所构成的时间序列为 P。记该请求序列的各个读者服务请求经中间服务器标识替换处理后，最终提交给移动图书信息服务平台服务器端的虚假请求序列为 $P' = \mathrm{Y}$（P）。对于任意的读者请求 $p_k \in P$，其请求内容 $n@p_k$ 不应与其对应的虚假读者 $u@\mathrm{Y}$（p_k）所发布的任意历史移动图书信息服务请求内容相同，即应尽可能满足以下公式：

$$\min PE(P,\ P') = |\{p'_k \mid p'_k \in P' \wedge \exists p(p \in \varpi(u@p'_k,\ P) \wedge n@p'_k = n@p)\}|$$
$$= |\{p_k \mid p_k \in P \wedge \exists p(p \in \varpi(u@\mathrm{Y}(p_k),\ P) \wedge n@p = n@p_k)\}|$$

即经过标识替换后，PE（P，P'）取值越小，内容隐私保护效果越好。

定义 3.6（主题隐私）：记多个读者通过移动图书信息服务平台客户端所发布的移动图书信息服务请求所构成的时间序列为 P。记该请求序列的各个读者服务请求经中间服务器标识替换处理后，最终提交给移动图书信息服务平台服务器端的虚假请求序列为 $P' = \mathrm{Y}$（P）。对于任意给定的读者标识 u_k，记该读者感兴趣的敏感图书主题（即不希望被别人获知的图书主题）为 Θ（u_k）。对于任意读者请求 $p_k \in P$，其请求内容 $n@p_k$ 不应与相应的虚假读者 $u@\mathrm{Y}$（p_k）的任何敏感图书主题相关，即尽可能满足以下公式：

$$\min PT(P,\ P') = |\{p'_k \mid p'_k \in P' \wedge n@p'_k \in \Theta(u@p'_k)\}|$$
$$= |\{p_k \mid p_k \in P \wedge n@p_k \in \Theta(u@\mathrm{Y}(p_k))\}|$$

其中，$n@p \in \Theta$（u_k）表示请求内容与读者的某个图书主题相关。即经过标识替换后，公式 PT（P，P'）取值越小，则读者服务隐私保护效果越好。

通常，移动图书信息服务平台云端服务器是按照每个读者发布的所有移动图书信息服务请求的总计算代价（等于该读者发布的所有移动图书信息服务请求所需要消耗的服务器资源代价的总和）向读者索要相关费用。有鉴于此，理想的读者标识替换算法应保证在读者标识替换完成后，移动图书信息服务平台云端服务器根据虚假读者标识为每个读者计算得到的移动图书信息服务总代价与读者真实的移动图书信息服务总代价基本保持一致。为此，下文引入定义 3.7（代价平衡），予以形式化明确。

定义 3.7（代价平衡）：记某段时间内，多个读者通过移动平台客户端所发布的移动图书信息服务请求所构成的时间序列为 P。记该请求序列的各个读者服务请求经中间服务器标识替换处理后，最终提交给移动图书信息服务平台服务器端的虚假请求序列为 $P' = \mathrm{Y}$（P）。记移动图书信息服务请求 $p \in \mathbb{P}$ 的云端服务器处理代价为 μ（p），读者移动图书信息服务请求序列 P 所关联的所有读者标识集合为 θ（P），即 θ（P）$= \{u@p \mid p \in P\}$。读者请求序列经中间服务器处理后应尽可能满足以下公式：

$$\min PR(P,P') = \frac{1}{|\theta(P)|}\sum_{u\in\theta(P)}|\Psi(u,P,P')|$$

$$\Psi(u,P,P') = \sum_{p\in\ (u,P)}\mu(p) - \sum_{p'\in\ (u,P')}\mu(p')$$

经过标识替换后，*PR*（*P*，*P'*）取值越小，则根据虚假读者标识为每个读者计算得到的移动图书信息服务代价与读者真实代价之间的一致性越好，即代价平衡效果越好。

定义 3.8（有效标识替换）：记某段时间内，多个读者通过移动图书信息服务平台客户端所发布的移动图书信息服务请求所构成的时间序列为 *P*。记该请求序列的各个读者服务请求经中间服务器标识替换处理后，最终提交给移动图书信息服务平台服务器端的虚假请求序列为 $P' = Y(P)$。如果读者请求序列 *P* 和虚假请求序列 *P'* 满足前文的定义 3.5（内容隐私）、定义 3.6（主题隐私）以及定义 3.7（代价平衡），则称：*P'* 是关于 *P* 的有效读者标识替换。

二　读者标识替换算法

根据前文所描述的基于标识替换的读者隐私保护模型，本节讨论该隐私模型的算法实现，它运行在可信的中间服务器之上，负责将移动平台客户端所提交的各类移动图书信息服务请求中的读者标识以其他读者的虚假标识替换，打破读者与他们请求之间天然关联性，从而实现对读者信息服务隐私的有效保护。根据前文所描述的读者隐私保护模型，读者隐私保护算法构造生成的虚假请求应满足内容隐私、主题隐私和代价平衡三个方面约束条件。为了方便后文的实验评估和比较，基于读者隐私保护模型的约束条件，本节给出了四个虚假标识匹配策略（分别为随机策略、隐私策略、代价策略和隐私平衡策略），它们分别从不同的角度为读者真实标识，搜索满足约束条件的读者虚假标识，详见如下。

（1）随机策略不满足任何约束。

（2）隐私策略满足内容隐私和主题隐私约束（不满足代价平衡）。

（3）代价策略满足代价平衡约束（不满足内容隐私和主题隐私约束）。

（4）隐私平衡策略则满足所有的三个约束条件（同时满足内容隐私、主题隐私和代价平衡约束）。

策略 3.1（随机匹配）：即从读者标识空间中随机选取一个虚假标识，

替换移动图书信息服务请求所关联的真实读者标识。对于读者所提交的任意移动图书信息服务请求 $p=(u@p,\ n@p)$，将其中的读者标识 $u@p$ 以读者标识信息空间𝕌中随机选取的虚假标识 u_k 替换，从而得到虚假请求$p'=(u_k,\ n@p)$。

策略 3.2（隐私匹配）：即对于读者提交的任意移动图书信息服务请求$p=(u@p,\ n@p)$，对照定义 3.5 的内容隐私约束条件以及定义 3.6 的主题隐私约束条件，从读者标识信息空间𝕌，为其中的读者标识 $u@p$ 选择一个满足约束的虚假标识 u_k，从而得到虚假请求 $p'=(u_k,\ n@p)$。

策略 3.3（代价匹配）：即对于读者提交的任意移动图书信息服务请求$p=(u@p,\ n@p)$，按照定义 3.7 的代价平衡约束，从读者标识信息空间𝕌，为其中的读者标识 $u@p$ 选择一个满足约束条件的虚假标识 u_k，从而得到虚假请求 $p'=(u_k,\ n@p)$。

策略 3.4（平衡匹配）：即对于读者提交的任意移动图书信息服务请求$p=(u@p,\ n@p)$，考虑定义 3.5 的内容隐私约束条件和定义 3.6 的主题隐私约束条件，并同时考虑定义 3.7 的代价平衡约束条件，从读者标识信息空间𝕌为其中的读者标识 $u@p$ 选择一个同时满足以上三个约束条件的虚假标识 u_k，从而得到虚假请求 $p'=(u_k,\ n@p)$。

算法 3.1：基于读者标识替换的虚假请求生成算法

输入：

（1）读者当前服务请求 $p_0=(u@p_0,\ n@p_0)$

（2）读者历史请求序列 $P=p_1,\ p_2,\ \cdots,\ p_n$（来自多个读者）

（3）虚假历史请求序列 $P'=p_1',\ p_2',\ \cdots,\ p_n'$（各虚假请求均由算法 3.1 生成）

（4）读者标识空间𝕌等相关数据结构和参数

输出：对应读者当前请求 p_0 的一个读者虚假请求 p_0'

```
IF 读者选择随机匹配策略 THEN        /* 策略 3.1 */
   从读者标识空间𝕌中随机选择一个虚假标识 u_k
   RETURN 读者虚假请求 p0' = (u_k, n@p0)
END IF.
IF 读者选择隐私匹配策略 THEN        /* 策略 3.2 */
   WHILE TRUE DO
      从读者标识空间𝕌中随机选择一个虚假标识 u_k
```

08　　　IF $\forall p \in \varpi(u_k, P) \rightarrow n@p_0 \neq n@p \wedge n@p_0 \notin \Theta(u_k)$ THEN BREAK

09　　END WHILE.

10　　RETURN 读者虚假请求 $p_0' = (u_k, n@p_0)$

11　END IF.

12　IF 读者选择代价匹配策略 THEN　　/* 策略 3.3 */

13　　从读者标识空间$\mathbb{U}$中选择 $u_k = \arg\max\limits_u \Psi(u, P, P')$ $s.t.\ u \in \theta(P)$

14　　RETURN 读者虚假请求 $p_0' = (u_k, n@p_0)$

15　END IF.

16　IF 读者选择平衡匹配策略 THEN　　/* 策略 3.4 */

17　　按照 $\Psi(u, P, P')$ 大小顺序对 $\theta(P)$ 中标识进行排序，记排序后序列为 U

18　　FOR（$k=1, 2, \cdots, n, |U|$）DO

19　　　获取标记序列 U 从位置 k 开始的 m 个标识构成子序列，记作$U_{k,m}$

20　　　从$U_{k,m}$中随机选择一个虚假标识 u_k/* m 是预先设定参数 */

21　　　IF $\forall p \in \varpi(u_k, P) \rightarrow n@p_0 \neq n@p \wedge n@p_0 \notin \Theta(u_k)$ THEN BREAK

22　　END FOR.

23　　RETURN 读者虚假请求 $p_0' = (u_k, n@p_0)$

24　END IF.

算法 3.1 描述了运行在中间服务器的基于标识替换的读者移动图书信息服务隐私保护过程。在算法 3.1 中，我们将上文给出的四个读者标识匹配策略都糅合在了一起，读者可根据自身需要自由选择一种匹配策略。根据算法 3.1 的描述，我们有以下几个方面观察。

第一，对于随机匹配策略（语句 1 至语句 4），它不考虑任何约束条件，直接从读者标识空间为读者标识随机选取虚假标识，其过程简单而高效。

第二，对于隐私匹配策略（语句 5 至语句 11），它在虚假标识随机选取基础之上（语句 7），加入了对选取的虚假标识是否能满足内容隐私约束和主题隐私约束的条件判断（语句 8）；如果不满足约束条件，则重新选择虚假标识，直到满足为止。在算法中，我们多处引入了类似的随机操作，这是为了增加虚假标识选取的不确定性，使得即使面对相同输入，两次算法运行也会得到完全不同的输出，从而增加了算法的安全性。

第三，对于代价匹配策略（语句 12 至语句 15），算法从读者请求序列 P 所关联的读者标识集合 θ（P），为读者当前标识选取一个满足以下约束的其他读者标识 u_k 作为目标虚假标识：$\forall u \in \theta (P) \rightarrow \Psi (u_k, P, P') \geq \Psi (u, P, P')$，即目标标识的真实服务代价与虚假服务代价之间的差异程度最大，因此，选取它作为虚假标识是为了降低这种差异程度。

第四，对于本章推荐的平衡匹配策略（语句 16 至语句 24），先按照代价匹配策略对候选虚假标识按照真假代价之间的差异程度进行排序，然后按照隐私匹配策略从 m 个在代价平衡约束上表现最佳的候选标识中，随机选取满足内容隐私约束和主题隐私约束的一个作为当前读者标识的虚假标识。

从算法 3.1 还可以看出，算法依托的各个匹配策略的执行时间基本是线性的，因此执行效率表现优异。此外，根据第二节的问题陈述，鉴于读者隐私保护是读者标识替换的根本目的，因而，算法 3.1 确保最终生成的虚假服务请求序列与其对应读者服务请求序列之间，能有效地满足内容隐私约束和主题隐私约束这两个强制性要求（见算法 3.1 隐私匹配策略的语句 8 和平衡匹配策略的语句 21）。但是由于代价平衡约束并不是必须完全满足的强制性要求，因此算法 3.1 的隐私匹配策略和平衡匹配策略为了增加虚假标识的不确定性，在一个较大范围内随机选取虚假标识，因而最终得到的虚假服务请求序列在代价平衡指标上并不是关于读者请求序列的最优解（仅是近似解）。

第四节　实验评估

一　实验设置

本节旨在验证前文所述的基于标识替换的读者隐私保护模型及其实现算法的有效性，即评估读者标识替换策略所生成的虚假请求序列是否能满足代价约束条件和隐私约束条件，以及是否会对移动图书信息服务的执行效率造成显著性影响。为了简化实验，我们采用移动图书信息服务平台的图书检索服务作为移动图书信息服务的代表。

（1）我们挑选了图书分类目录中处于次顶层的 209 个图书目录组建图书主题空间，收集了约 50 万个图书标题组建图书标题空间（读者请求的内容空间$\mathbb{N}$），并建立了图书标题与图书主题之间的相关映射关系（从而可快速完成定义 3.6 主题隐私所涉及的图书主题相关性判断，即可快速判断某图书标题是否相关于某图书主题）。

（2）我们还精心挑选了数字图书馆 50 名普通读者的相关图书查询记录信息（$|\theta(P)|\leqslant 50$），为每位读者精心挑选了 200 条图书查询请求（单个读者的图书信息服务请求序列长度被设定为 200，即$|P|\leqslant 10000$），每位读者平均覆盖约 10 个图书主题。

（3）我们还根据读者的图书查询请求记录，为读者设置了各自的敏感图书主题，即每位读者的敏感图书主题数量等于 2。

下文中，我们以“随机匹配”表示随机匹配策略（策略 3.1），以“隐私匹配”表示隐私匹配策略（策略 3.2），以“代价匹配”表示代价匹配策略（策略 3.3），以“平衡匹配”表示本章推荐的平衡匹配策略（策略 3.4）。实验中，我们没有与前述章节中所提到的技术方法进行比较，这是因为大部分的这些技术方法与本章构建的基于标识替换的读者信息服务隐私保护方法建立在不同的系统模型和隐私模型上，难以与本章方法直接进行比较。

二　实验结果

实验一旨在评估各个读者标识替换策略在代价平衡性指标上的性能，即衡量在读者标识替换后，移动平台服务器端根据虚假标识为每个读者计算得到的信息服务总代价与读者真实服务总代价能否基本保持一致。这里使用度量标准“代价平衡性”（定义 3.7），以度量虚假请求序列 P' 关于读者请求序列 P 的代价平衡性，即 PR（P，P'）。该度量值越小，意味着标识替换的代价平衡性越好。该组实验在 50 个读者所发布的服务请求序列之上进行。实验评估结果如图 3.2 所示，其中，横坐标表示该组实验中单个读者请求序列的长度（从 140 至 200），纵坐标为代价平衡性指标度量值，每个子图中“N”表示该组实验中服务请求关联的读者数量（中间服务器记录的读者原始请求序列所关联的读者数量）。根据实验结果，我们有以下几个主要观察。

第一，随机匹配策略和隐私匹配策略在代价平衡性度量指标上的性

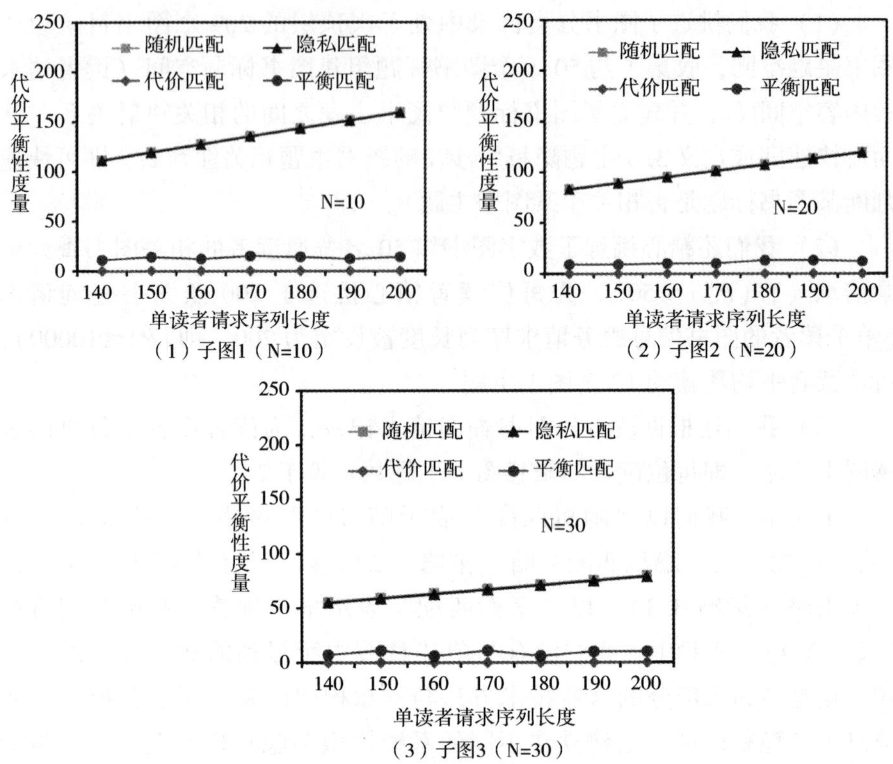

图 3.2　标识匹配策略关于代价平衡性指标的性能评估结果

能表现较差，即图书馆服务器端根据虚假标识为每个读者计算得到的图书信息服务总代价与每个读者的真实图书信息服务总代价之间，存在显著的不一致，并且这种不一致还会随着关联读者数量的减少或单个读者请求序列长度的增加而进一步增强，因而，两者难以满足代价平衡性约束条件。

第二，代价匹配策略由于在虚假标识的选择过程，并不考虑内容隐私安全约束和主题隐私安全约束，而仅仅考虑了代价平衡约束，从而使得图书馆服务器端根据虚假标识为每个读者计算得到的图书信息服务总代价与读者真实图书信息服务总代价之间保持高度一致（两者之间的差距几乎等于0）。因而，这是代价平衡性度量指标的性能上限。

第三，对比前面的两个观察结果可看出，本章推荐的隐私匹配策略在代价平衡性指标上的性能接近于最优的代价匹配策略，而远优于随机匹配策略和隐私匹配策略，并且这种良好的代价平衡性能表现不会随着关联读者数量的减少或单个读者请求序列长度的增加而发生明显的改变。因此，本章方法构建生成的虚假图书信息服务请求序列能较好地满足代价平衡性约束。

实验二旨在评估各个读者标识替换策略在隐私安全性度量指标上的性能表现，即读者标识替换能否有效改善读者服务隐私在图书馆不可信服务器端的安全性。这里使用“隐私安全性”度量指标（参考定义 3.5 和定义 3.6），即内容隐私 PE（P，P'）和主题隐私 PT（P，P'）的均值，以度量虚假请求序列关于读者请求序列的隐私伤害性。该度量值越小，意味着读者图书信息服务隐私的安全性越好。实验结果如图 3.3 所示，其中，横坐标表示该组实验中单个读者请求序列的长度，纵坐标为代价平衡性指标度量值，每个子图“N”表示该组实验中服务请求关联的读者数量。据实验结果，我们有以下几个主要观察。

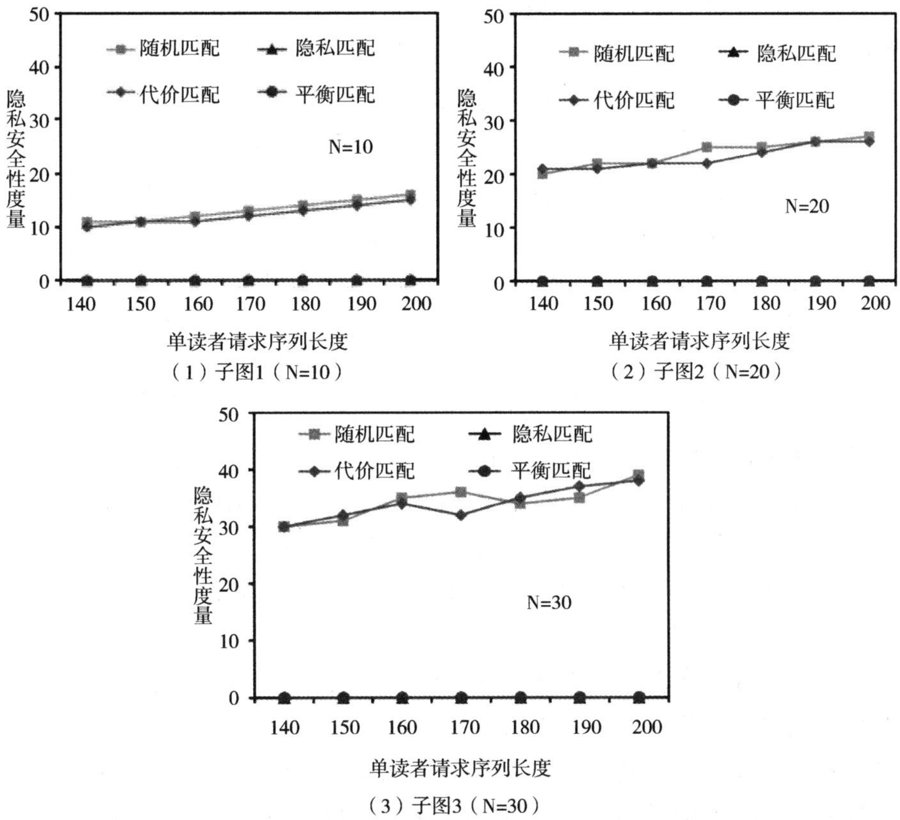

图 3.3　标识匹配策略关于隐私安全性指标的性能评估结果

第一，随机匹配策略和代价匹配策略在安全性指标上的性能表现均较差，即根据该两个匹配策略所得到的虚假请求序列不能有效改善读者图书信息服务隐私在不可信服务器端的安全性。

第二，隐私匹配策略在虚假标识选择过程中，充分考虑了虚假请求序列关于读者请求序列的隐私伤害性问题，使得虚假请求序列背后所涉及的几乎所有虚假标识均不会对真实读者形成任何隐私威胁（隐私安全性指标度量值基本等于0）。因而，这是隐私安全性指标的性能上限。

第三，对比前面的两个观察结果可看出，本章推荐的隐私平衡匹配策略在隐私安全性指标上的性能表现基本上等于最优的隐私匹配策略（这是因为本章策略确保隐私安全约束必然得到满足），远优于随机匹配策略和代价匹配策略，并且这种良好的隐私安全性能表现不会随着关联读者数量的增加，或单个读者请求序列长度的增加，而发生明显的改变。因此，本章方法构建生成的虚假图书信息服务请求序列能很好地满足隐私安全性约束（具体包括了内容隐私约束和主题隐私约束）。

实验三旨在评估各个读者标识替换策略对图书信息服务请求实际执行效率的影响情况，即评估引入读者标识替换算法后，对读者图书信息服务请求执行效率是否会产生显著影响。记引入读者标识替换方法之前的读者请求服务执行时间为t_0（读者发送服务请求到最终获得请求结果需要消耗的时间），记引入读者标识替换方法之后的读者请求服务执行时间为t_1，则本组实验的度量指标可表示为$\left(\frac{t_1 - t_0}{t_0}\right)$。显然，该度量值越小，意味着读者标识替换策略对图书信息服务请求的实际执行效率影响程度越小。实验评估结果如图3.4所示，其中，横坐标表示单位时间内所发布的读者服务请求数量，纵坐标为执行效率指标度量值，每个子图“N”表示该组实验中读者请求序列关联的读者数量。据实验结果，我们有以下几个主要观察。

第一，四个读者标识替换策略对图书信息服务请求的执行效率均没有形成明显影响（效率影响度量值均低于10%），这是因为这些策略本身的执行效率非常高，使得图书信息服务执行效率的主要影响因素来自图书馆服务器端的图书信息服务算法的执行时间（而不是中间服务器的读者标识替换时间）以及客户端、中间服务器和后台服务器之间

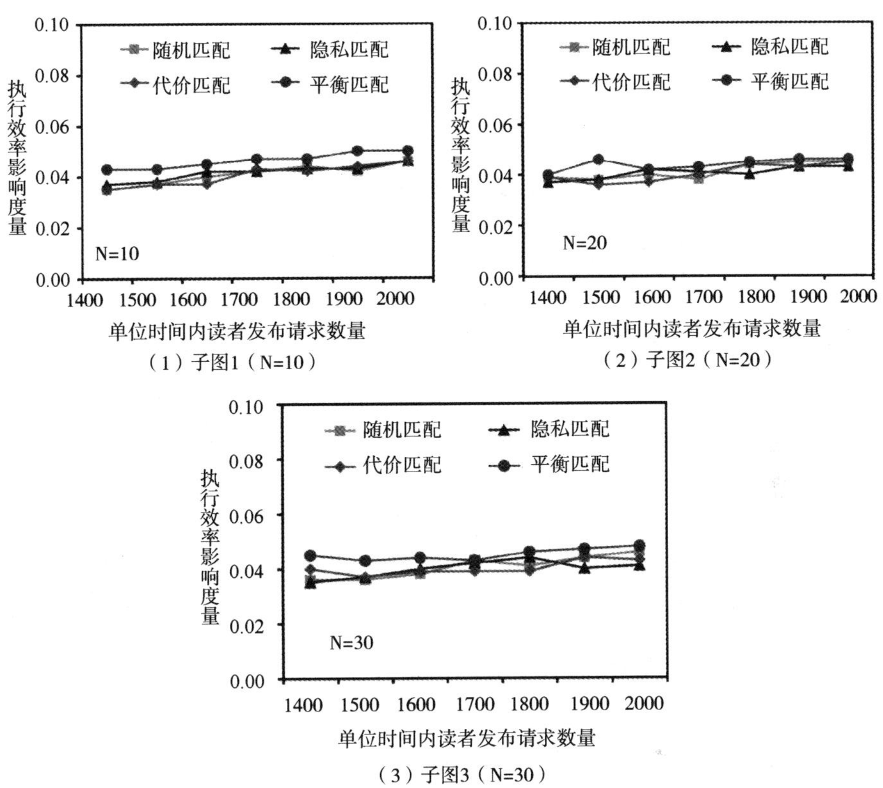

（1）子图1（N=10）

（2）子图2（N=20）

（3）子图3（N=30）

图 3.4　标识匹配策略对服务请求执行效率的影响评估结果

的数据传输时间，而这些影响因素对四个读者标识替换策略来说是彼此相同的。

第二，候选策略对图书信息服务请求执行效率的影响，不受服务请求序列所关联的读者数量的影响，但它会随着单位时间内中间服务器接收到的图书信息服务请求数量的增加，而有所增强。这是因为随着单位时间内服务请求数量的增加，中间服务器的负载也随之增加，从而使得读者标识替换和网络传输需要消耗的时间均随之增加，但总体而言，对图书信息服务请求执行效率的影响并不显著。因此，由于读者标识替换过程计算简单，并不会给中间服务器造成过多的资源消耗（并不容易形成性能瓶颈），也不会对图书信息服务的执行效率构成显著的影响。

第五节　分析评价

一　基于标识替换的资料隐私保护

在本章节前文中，读者标识替换策略虽然是针对移动图书信息服务平台读者服务隐私保护问题而提出，但对移动图书信息服务平台读者资料隐私保护问题同样具有一定的适用性。为此，本节讨论如何将读者资料隐私保护问题一并纳入读者标识替换策略，构建基于标识替换的读者资料隐私保护方案，从而建立面向移动图书信息服务平台读者隐私保护的统一模型和策略。

我们采用的基于标识替换的读者资料隐私保护方法的基本架构，如图3.5所示。该架构与图3.1的基本一致，它建立在一个不可信的云端服务器、一个可信中间服务器以及若干移动图书信息服务平台的可信客户端之上，并由中间代理服务器负责运行读者资料隐私保护策略。基于标识替换的读者资料隐私保护基本框架的一般化数据处理过程可见图3.5。

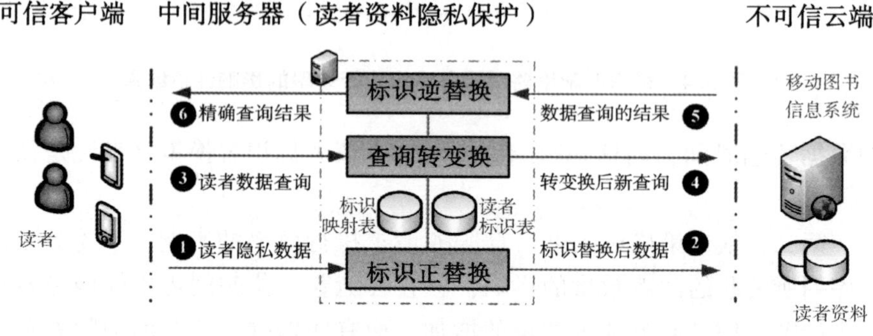

图3.5　基于标识替换的读者资料隐私保护基本框架

外部读者通过移动图书信息服务平台客户端“移动图书信息服务界面”发布的读者资料记录，在提交给云端数据库的读者资料信息表进行存储之前，运行在可信中间服务器端上的“读者资料隐私保护策略”将结合自身保存的读者标识数据表（存储着系统所有的合法读者标识)，按照一定的“标识正替换策略”，从中选取出一个虚假标识替换读者资料记录的当前读者标识，重新构造生成新的读者资料记录（称作虚假记录，其中的读者标识已被虚假标识替换）。然后，将这种虚假标识与真实标识之间的映射信息保存到标识映射表（存储在中间服务器)，并将虚假记录代替读者记录，提交给移动图书信息服务平台云端数据库的读者资料表进行存储。

外部读者通过移动图书信息服务平台客户端“移动图书信息服务界面”发布的与读者资料隐私数据相关的数据库查询语句，在提交给云端后台数据库执行之前，运行在可信中间服务器端上的“读者资料隐私保护策略”按照一定的“查询转换策略”，将其转换成新数据库查询语句，再提交给云端数据库执行，以确保读者资料数据查询的有效性和高效性。

移动图书信息服务平台服务器端所返回的中间结果（对应新查询语句)，再发送回给客户端之前，运行在中间服务器端上的“读者资料隐私保护策略”将结合自身保存的读者标识映射表，按照一定的“标识逆替换策略”，将中间结果中的虚假标识替换为对应的读者标识，再将精确查询结果返回给客户端的外部读者，以确保读者资料数据查询的准确性。

以上处理过程涉及的“标识正替换策略”“查询转换策略”和“标识逆替换策略”至关重要，是整个基于标识替换的读者资料隐私保护方案的核心关键。三个策略的设计方案简要描述如下。

标识正替换策略的设计过程与前文读者服务隐私保护的标识匹配策略类似，主要考虑隐私约束和代价约束两方面要求。但这里的代价约束与读者服务标识匹配策略又有些不同，它主要根据读者资料数据查询操作进行代价估算，即计算读者标识替换后的所有查询操作总代价与读者标识替换前的所有查询操作总代价之间的差异。类似地，在读者标识正替换策略过程中，根据考虑角度的不同，我们也可设计不同的虚假标识替换策略（如随机策略、隐私优先策略、代价优先策略、隐私平衡策略等)。

读者资料数据查询转换策略主要考虑两种情况。第一种情况是，读者查询语句相关的查询条件与读者标识无关（WHERE 子句的各个查询条件项均没有涉及读者标识字段)。这种情况处理简单，直接将读者查询语句提交给云端数据库执行即可（而无须任何转换）。第二种情况是，读者查询语句相关的查询条件与读者标识相关。这种情况需要将定义在读者标识上的各个基本原始查询条件项，均转换为相应虚假标识上的新查询条件项，然后再将转换后的新查询，提交给云端数据库执行。基本查询条件项的转换过程可简要描述如下。在中间服务器“读者标识表”上执行原始查询条件项，获取满足条件项的所有读者标识，再结合“标识映射表”将这些读者标识映射为一个虚假标识集合；改写原始查询条件项，借助 IN 运算符将条件值改写为虚假标识集合。表 3.2 展示了三个读者标识相关的基本查询条件项转换案例。在例一中，“2019IN013”为读者发布的原始查询条件涉及的读者标识值，“2018TE105”为对应该读者标识的虚假标识值（具体映射信息存储在“标识映射表”中）。在例二中，IN 运算符涉及的条件值为分别对应十个标识值“2019IN010”至“2019IN019”（对应原始条件“2019IN01%”）的十个虚假标识值。例三的条件值可参考例二的说明。

表 3.2　　读者标识基本查询条件项的转换案例

序号	读者标识查询条件项	转换后虚假标识查询条件项
例一	读者标识 = 2019IN013	读者标识 IN(2018TE105)
例二	读者标识 LIKE 2019IN01%	读者标识 IN(2015XT145,2017XY207, 2019MA105,2018TE105, 2013XY205,2008TE175, 2020XT105,2001IN306, 2012TE303,2018MA059)
例三	读者标识 BETWEEN 2019IN010 AND 2019IN015	读者标识 IN(2015XT145,2017XY207, 2019MA105,2018TE105, 2013XY205,2008TE175)

标识逆替换策略与标识正替换过程正好相反，它负责将云端数据库所返回的中间记录集中的虚假标识替换还原为对应的读者标识（如果 SELECT 投影字段涉及读者标识），从而确保客户端读者能够获得准确的数据库查询结果。该过程可借助中间服务器保存的读者标识映射表来完成。该过程比较简单，这里不再展开叙述。

二　方案分析与评价

在第二章中，我们形式化描述了相应的读者资料隐私保护需求和读者服务隐私保护需求，现在我们将根据这些需求，结合前文给出的基于标识替换的读者隐私保护的框架和模型，分别分析评价本章所研究构建的读者服务隐私保护策略和读者资料隐私保护策略的有效性。

观察 3.1： 本章研究构建的面向移动图书信息服务平台的基于读者标识替换的读者服务隐私保护策略，能很好地满足服务准确性约束（定义 2.5）和服务高效性约束（定义 2.6），能很好地满足第二层和第三层策略可用性约束但不满足第一层策略可用性约束（定义 2.7），能在一定程度上满足三个层次的策略安全性约束（定义 2.8）。

说明： 服务准确性约束和服务高效性约束，根据图 3.1 可以很容易地被证明（第二节也对此做了较为详细的陈述）。这里，我们主要分析策略可用性约束和策略安全性约束。

关于策略可用性约束。由于本章策略是部署在移动图书信息服务平台客户端读者和云端移动图书信息服务算法之间的一层中间件，其读者隐私保护过程对外部读者和信息服务算法均透明操作，因而很好地满足第二层可用性约束（不改变客户端外部读者的使用习惯）和第三层策略可用性约束（不改变服务器端已有的信息服务算法）。然而，本章策略要求引入第三方中间服务器（并假定它可信），这实质上改变了移动图书信息服务平台原来的服务器客户端架构，因而不满足第一层策略可用性约束。

关于策略安全性约束。由于隐私约束作为强制性要求，在本章策略中得到了完全满足，因此，虚假标识对读者标识不会造成任何隐私伤害，云端攻击者根据虚假请求不可能获知其关联的真实读者标识，因而实现了良好的匿名效果。即使攻击者获取了运行在中间服务器的读者标识替换算法的副本，然后尝试选取读者标识输入算法，并观察输出（看是否能输出对应的虚假标识，以此来推测虚假标识对应的真实读者标识)。然而，这样的尝试不会成功，因为算法3.1在虚假标识的选取过程中加入了随机操作，从而增加了虚假标识选取的不确定性（使面对相同输入，两次算法运行也会得到不同输出)。因而，基于标识替换的读者服务隐私保护策略能较好地满足三层安全性约束。然而，标识替换过程并没有对移动信息图书服务请求内容做任何改变，而根据某些服务请求的内容本身，也存在一定的概率可推测出读者身份。例如，根据位置服务请求涉及的位置信息，可推测出读者可能身份（经常出入学校，即可推测出读者可能为学生或教师)。因而，读者标识策略并不能完全满足三层安全性约束。

三个具体的读者标识替换实例（算法3.1的输入输出)，如图3.6所示。其中图上方是客户端发布的三个移动图书信息服务请求（它们关联的读者标识分别为“张三”“李四”和“王五”)；图下方为经过中间服务器读者标识替换后提交给云端服务器的三个新移动图书信息服务请求(其关联的读者标识分别被替换为“赵一”“钱二”和“李四”)。可看出，最终提交给云端服务器的移动图书信息服务请求已经打破了与它们对应真实读者之间的天然联系，从而使得云端攻击者无法据此推测出读者的真实兴趣偏好，进而实现对读者服务隐私的有效保护。

观察3.2：本章研究构建的面向移动图书信息服务平台的基于读者标识替换的读者资料隐私保护策略，能很好地满足查询准确性约束（定义2.1）和查询高效性约束（定义2.2)，能很好地满足第二层和第三层策略可用性约束但不满足第一层策略可用性约束（定义2.3)，能在较低层次上满足策略安全性约束（定义2.4)。

说明：查询准确性约束和查询高效性约束根据图3.5可以很容易地被证明（可参照服务隐私策略)。关于策略可用性约束，类似于观察3.1，可参考读者服务隐私保护策略予以证明。这里主要分析策略安全性约束。

从前文可看出，对于存储在服务器端后台数据库读者资料表中的每条读者数据记录，其中的读者标识字段存储的均是来自“读者资料隐私保护策略”的虚假标识，并且这些虚假标识对相应的读者标识不会造成任何隐私伤害（因为隐私约束系强制性要求)。所以，服务器端的攻击者无法根据读者数据记录，获知它们关联的具体读者，从而实现了较好的

客户端发布的移动图书信息服务请求

① IP: IPv4 192.168.100.111
读者标识：张三　移动图书信息服务请求内容A

② IP: IPv4 192.168.100.133
读者标识：李四　移动图书信息服务请求内容B

③ IP: IPv4 192.168.100.155
读者标识：王五　移动图书信息服务请求内容C

标识替换

提交服务器的移动图书信息服务请求

① IP: IPv4 192.168.100.111
读者标识：赵一　移动图书信息服务请求内容A

② IP: IPv4 192.168.100.133
读者标识：钱二　移动图书信息服务请求内容B

③ IP: IPv4 192.168.100.155
读者标识：本四　移动图书信息服务请求内容C

图 3.6　移动图书信息服务读者标识替换实例

匿名效果，在一定程度上满足安全性约束。然而，后台数据库读者资料表中的每条读者数据记录，仅更改了读者标识字段，但并没有更改其他字段的敏感读者数据（如联系电话字段、家庭住址字段等）。而这些读者资料字段本身也是高度敏感机密的，即使攻击者不知道它们所关联的具体读者，仅根据这些数据本身，也可以获知大量的读者隐私信息，从而导致读者资料隐私泄露。因而，在这种情况下，读者标识策略并不能满足安全性约束。综上可知，如果读者资料表里不包含具有身份可识别性的高度私密的资料字段（如仅包含年龄字段、收入字段、性别字段等），读者标识替换策略能满足数据安全性约束，但如果包含高度私密字段（如地址字段、姓名字段、电话字段等），则读者标识替换策略不能满足数据安全性约束。为此，读者标识替换策略仅能在较低的层次上满足安全性约束。

根据观察 3.1 和观察 3.2，并结合图 3.6，可以看出，本章研究构建的读者标识替换策略能在一定程度上满足移动图书信息服务平台的读者服务隐私保护需求和读者资料隐私保护需求，但由于它仅更改了读者标识，并没有更改服务请求数据本身（或读者资料数据本身），因而，它并不能完全满足隐私安全性约束（尤其是对读者资料隐私安全性约束）。此外，读者标识替换策略要求运行在第三方中间服务器上，并要求第三方中间服务器可信。究其实质，这种做法是一种“可信转移”，它仅是将信任从第三方云端服务器转移到第三方中间服务器，这在现实场景中并不可靠，也不容易实施（容易导致隐私瓶颈问题）。并且，这种引入第三方中间服务器（并假定其可信）的做法，改变了移动图书信息服务平台原来的服务器客户端架构，因而，不满足最重要的第一层策略可用性约束，降低了其在现有移动图书信息服务平台中的实际效用。最后，还应指出的是，虽然标识替换过程本身的执行效率较高，但是如果移动图书信息服务平台的读者资料数据表规模庞大，并且移动图书信息服务平台的用户吞吐量也同时较大，第三方服务器的处理效率会显著降低，此时也容易导致性能瓶颈问题。综上，本章研究构建的读者标识替换策略建立在第三方中间服务器上，这在一定程度上容易导致隐私瓶颈问题和性能瓶颈问题，并且它不满足可用性约束，也不完全满足安全性约束，这些均限制了该方案在现代移动图书信息服务平台中的实际效用。

第六节　本章小结

面向移动图书信息服务平台的移动图书信息服务，本章构建了基于标识替换的读者服务隐私保护策略，其基本思想如下。通过引入可信的第三方中间服务器，将移动图书信息服务请求所关联的读者标识，以虚假读者标识替换，打破读者与其发布的图书信息服务请求之间的天然关联，以实现对读者服务隐私的有效保护。

首先，面向移动图书信息服务平台，给出了基于标识替换的读者服务隐私保护框架，它不改变移动图书信息服务准确性和高效性，也不要求改变移动服务器端的信息服务算法和客户端读者使用习惯，因而具有较好的实用性。然后，定义基于标识替换的读者服务隐私保护模型，它形式化描述了中间服务器端读者信息服务标识替换过程应满足的隐私约束和代价约束，并给出读者服务隐私保护模型的具体实现算法。最后，理论分析和实验评估验证了方法的有效性，它能在不牺牲移动图书信息服务平台图书信息服务实用性的前提下，改善读者服务隐私在不可信云端服务器的安全性，对构建读者隐私安全的现代移动图书信息服务平台具有积极意义。

本章工作虽然是针对移动图书信息服务平台的读者服务隐私保护问题而提出，但它具有一定普适性，对移动图书信息服务平台读者资料隐私保护问题同样具有一定适用性。然而，本章所构建的基于标识替换的读者隐私保护方案建立在第三方中间服务器架构上，这容易导致隐私瓶颈问题和性能瓶颈问题，这限制了本章所提出方案在现代移动图书信息服务平台中的实际效用。

第四章　基于标识加密的读者借阅隐私保护

为了弥补第三章标识替换策略可用性和安全性较差的不足，基于第二章定义的读者资料隐私保护需求，本章以移动图书信息服务平台的图书借阅服务为切入点，基于读者标识加密策略，试图构建面向移动图书信息服务平台读者资料隐私保护的统一模型和策略。具体地，第一节简要回顾分析第三章研究工作的不足，并分析传统数据安全策略在新兴网络环境下读者资料隐私保护中的应用局限，提出本章研究问题。第二节提出基于标识加密的读者图书借阅隐私保护基本框架，并分析该框架的主要优点和需考虑的关键问题。基于该框架，第三节提出读者标识数据的加密方案，即讨论了读者标识特征构造方案（以为读者标识构造有效特征数据）、查询转换方案（以将定义在读者标识上的数据查询转换为定义在特征数据上的新查询）、查询协作方案（以协作服务器端查询和客户端查询，准确获取数据查询结果）。第四节通过实验分析评估读者借阅隐私保护方法的高效性。第五节深入分析本章构建的基于标识加密的读者借阅隐私保护方法策略优缺点，并将其推广到移动图书信息服务平台其他类型读者资料隐私保护问题。第六节总结本章的研究。此外，本章的主要相关内容，已正式发表于图书情报领域的国际期刊 *Library Hi Tech*（SSCI 二区）①，并成功授权国家发明专利 1 项。

第一节　问题引入

第三章研究构建了基于标识替换的读者服务隐私和读者资料隐私保

---

① Zongda Wu，Shigen Shen，Chenglang Lu，et al.，“How to Protect Reader Lending Privacy Under a Cloud Environment：A Technical Method”，*Library Hi Tech*，2020.

护的统一策略。虽然它能很好地满足移动图书信息服务平台读者隐私保护的高效性和准确性约束，但由于它没有更改读者请求数据本身和读者资料数据本身，并不能完全满足安全性约束（尤其是不能满足读者资料隐私保护的安全性约束）。并且更重要的是，由于读者标识替换过程需要引入第三方中间服务器（并假定它可信），这改变了移动图书信息服务平台原来基于服务器和客户端的架构，使得它不能满足的第一层策略可用性约束，极大降低了该策略在现有移动图书信息服务平台中的实际效用。而以移动图书信息服务平台后台数据库所部署的数据安全策略（如身份认证、访问控制、安全审计等），其“对外不对内”的特点使得它们只能针对移动图书信息服务平台系统的外部用户，无法阻止系统不可信服务器端的内部工作人员（或者攻克服务器端的攻击者）访问后台数据库中的读者资料数据（数据安全策略建立在服务器端“高度可信”的基础之上）。因而，现有的数据安全策略无法满足移动图书信息服务平台读者资料隐私保护安全性约束。

虽然图书馆为读者提供的知识信息服务日趋多样，但图书借阅服务是图书馆最基础和最常见的知识服务。① 为此，本章以移动图书信息服务平台为读者提供的移动图书借阅服务为研究切入点，研究构建基于标识加密的读者借阅隐私保护模型策略（然后，再将其推广到移动图书信息服务平台的全体读者资料隐私保护问题），以期在“不改变”移动图书信息服务平台的现有平台架构，“不改变”客户端外部读者使用习惯，“不改变”移动图书借阅记录相关查询操作（移动图书借阅服务）的准确性和高效性的基本前提下，确保读者图书借阅隐私在移动图书信息服务平台不可信服务器端的安全性。

在移动图书借阅服务中，针对读者的每次图书借阅行为，移动图书信息服务平台都会为其生成一条图书借阅记录（借阅凭证，它标记了何人、何地、何时借阅了何书），并将其存储到后台数据库的读者借阅记录表中。移动图书借阅记录蕴含着大量读者相关的兴趣偏好信息（如读者偏好的图书类别、阅读习惯等，称作读者借阅隐私。它是一类比较特殊的读者资料隐私）。结合领域背景知识，攻击者可进一步分析

---

① Zongda Wu, Shigen Shen, Chenglang Lu, et al., “How to Protect Reader Lending Privacy Under a Cloud Environment: A Technical Method”, *Library Hi Tech*, 2020.

出读者可能的职业背景、家庭背景、性格取向等高度敏感信息，从而导致读者资料隐私泄露。① 针对移动图书信息服务平台读者图书借阅隐私保护问题，本章借鉴传统数据加密技术提出了一个“读者标识加密策略”。其基本思路是，在可信客户端将每条图书借阅记录中的读者编号字段（读者标识字段）严格加密后，再提交给不可信服务器端后台数据库存储，使得服务器端攻击者难以获知每条图书借阅记录对应的具体读者，从而保护读者借阅隐私。

然后，为了确保移动图书信息服务平台中定义在图书借阅记录上的各类数据库查询的有效性和高效性（以满足第二章所定义的查询高效性约束和查询准确性约束），在以上方案框架下，本章还深入研究了图书借阅记录的加密查询问题，提出了“标识加密查询策略”。其基本思路是，为图书借阅记录中读者编号字段附加额外特征数据（它携带读者编号数据的范围特征和蕴含特征），使得定义在读者编号字段上的各类数据库查询可转换为定义在特征数据字段上的新查询，从而使得大部分查询过程可在服务器端进行（而无须解密密文数据），极大地提高数据查询效率（从而确保整个方案的实际可用性）。具体来说，本章的研究工作主要包括以下几个方面。

（1）研究构建基于标识加密的移动图书借阅隐私保护框架。它是基于移动图书信息服务平台现有架构，重新设计构建的读者借阅隐私保护系统模型。在该系统模型中，读者借阅隐私保护策略运行在移动图书信息服务平台可信客户端，作为移动图书信息服务平台服务器端和读者界面间的一层中间件（以实现对外部读者的完全透明）。

（2）研究构建读者借阅记录（主要指读者标识）的特征数据生成方案。方案所生成的特征数据不仅具有良好的安全性（攻击者无法根据特征数据推测出读者标识），且具有良好的有效性（能很好地反映读者标识的部分范围特征和蕴含特征，使得大部分数据查询过程可在服务器端进行，以满足查询高效性约束和查询准确性约束）。

（3）研究构建了查询转换方案和查询协作方案。它能将定义在读者借阅记录上的各类数据库查询操作转换成定义在服务器端特征数据上的

① 时诚：《数字时代读者个人信息、借阅信息与隐私信息的关系——以〈公共图书馆法〉第 43 条为研究对象》，《图书馆建设》2021 年第 6 期。

新查询，并通过客户端和服务器端之间的相互协作，能在确保数据查询准确性的同时，有效改善数据查询的执行效率。

理论分析和实验评估，验证了基于标识加密的读者图书借阅隐私保护策略的有效性，它能在不牺牲移动图书信息服务平台移动图书借阅服务实用性、准确性和高效性的前提下，改善读者图书借阅隐私在服务器端的安全性，能很好地满足第二章第二节所描述的读者资料隐私保护需求。本章所研究构建的基于标识加密的读者借阅隐私保护策略，虽然是专门针对移动图书信息服务平台的移动图书借阅服务而提出，但是它对移动图书信息服务平台读者资料隐私保护问题同样具有高度的适用性。为此，本章将读者资料隐私问题一并纳入隐私数据加密策略，分析讨论本章所构建的读者隐私加密策略和加密数据查询策略在移动图书信息服务平台读者资料隐私保护全体场景中的拓展与应用。最后，为了方便阅读，表 4.1 给出了本章隐私模型涉及的主要数学符号及其含义说明。

表 4.1　　隐私模型的相关符号及含义

符号	具体含义说明
R	图书借阅记录表
$R.A_0$	读者标识字段
R^*	改造后服务器端图书借阅记录表
$R^*.A_0$	存储读者标识对应特征数据的特征字段
$R^*.B_0$	存储读者标识对应密文数据的密文字段
D	读者标识值域
D_k	划分读者标识值域后得到的子域
$\varpi_0(D_k)$	为读者标识子域D_k 分配的整数标识
A_k	划分读者标识字段 $R.A_0$ 后得到的子段
D_m^k	划分读者标识子段 A_k 的值域后得到的子域

续 表

符号	具体含义说明
$\overline{\omega}_k(D_i^k)$	为读者标识子域D_i^k分配的字符标识
$F(a)$	将读者标识的具体值 a 映射为特征值
$F_k(a_k)$	将读者标识子段 A_k 的具体值a_k 映射为特征值
σ^*	在服务器端数据库上执行的服务器端选择操作
σ	在客户端解密数据上执行的客户端选择操作
Y	在密文字段 $R^*.B_0$ 上执行的客户端解密操作
$\bowtie$	数据库表上的连接操作

第二节　基于标识加密的隐私保护框架

一　系统框架

我们采用的基于标识加密的读者借阅隐私保护系统模型的基本框架，如图4.1所示。该架构建立在一个不可信的移动图书信息服务平台云端服务器，以及若干个移动图书信息服务平台的可信客户端之上（客户端负责运行图书借阅界面、借阅查询界面等），其基本数据处理流程可简要表述如下：

（1）对于移动图书信息服务平台客户端“图书借阅界面”生成的图书借阅记录，系统将其中读者编号进行严格加密并为其构造特征数据（图中“数据加密 + 特征构造”操作），生成新的图书借阅记录，再提交给云端数据库进行存储，使得移动图书信息服务平台服务器端的攻击者难以获知每条图书借阅记录关联的具体读者，从而保护读者图书借阅隐私。

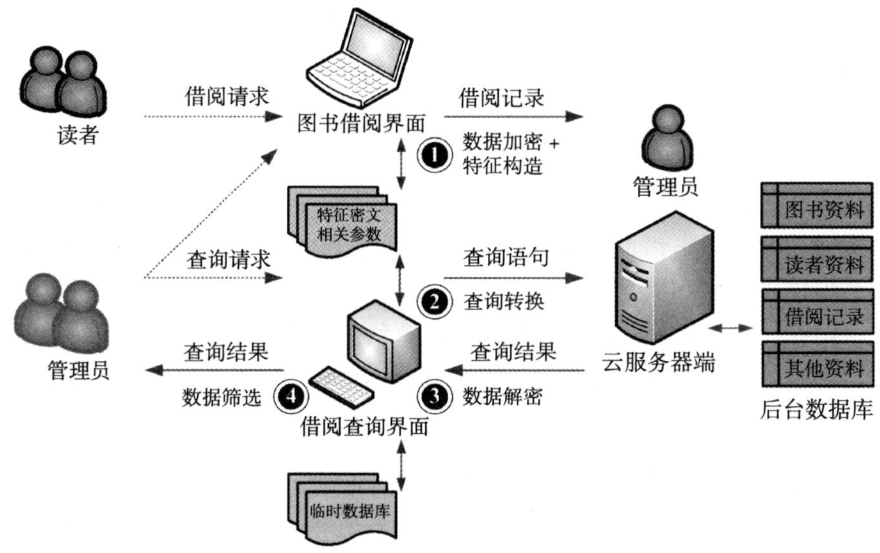

图 4.1　基于标识加密的图书馆读者图书借阅隐私保护基本框架

（2）对于管理员（或外部读者）通过移动图书信息服务平台客户端“图书借阅查询界面”发布的定义在读者编号上的原始查询语句，系统将其转换成定义在云端数据库中特征数据上的新查询（图中的“查询转换”操作），再提交给云端数据库执行，以借助特征数据，在云端过滤掉绝大部分的非目标数据，从而确保图书数据查询的高效性。

（3）对于移动图书信息服务平台“云端服务器”返回的图书借阅记录，系统将其中的读者编号密文解密为明文数据后，再结合备份的临时数据库，在明文数据上执行读者发布的原始查询语句进一步过滤掉非目标数据（图中“数据解密 + 数据筛选”操作），将精确查询结果返回给外部读者，以确保图书数据查询的准确性。

在该过程中，系统使用传统加密算法（如 DES 算法）对读者编号数据进行严格加密，因而，云端攻击者在没有获知密钥（保存在可信客户端）的情况下，几乎不可能根据密文数据直接推测出对应的读者编号明文数据。为此，密文数据在云端的安全性能得到充分保证，这里不再关注其安全性问题。但可以看出，在该基本框架模型中，如何为图书借阅记录中“读者编号（读者标识）”设计合理有效的特征数据构造方法，以及如何将定义在读者编号上的各类数据库图书查询操作正确地转换为定义在相应特征数据上的新查询，通过移动图书信息服务平台云服务器端和客户端之间的相互协作，以确保图书数据查询的高效性和图书数据查询的准确性，是本框架模型得以成功实施的关键。

二 问题陈述

前文所述的一般化数据处理过程，结合图 4.1 给出的基于标识加密的图书馆读者图书借阅隐私保护基本框架，可以看出，理想的读者借阅隐私保护机制应该满足以下几个方面要求。

第一，“确保”读者图书借阅记录隐私在移动图书信息服务平台不可信服务器端的安全性，即服务器端的攻击者通过分析数据库中的读者借阅记录表，难以获知对应读者的兴趣偏好和阅读习惯，难以进而获知读者家庭背景、性格取向等其他读者敏感资料隐私信息。

第二，“确保”读者图书借阅记录相关查询的有效性，即对比读者借阅隐私保护机制引入的前后，定义在图书借阅记录上的各类数据查询操作（如范围查询、相似查询、连接查询等）准确性不受任何影响。

第三，“确保”读者图书借阅记录相关查询的高效性，即对比读者借阅隐私保护机制引入前后，定义在借阅记录表上的各类数据库查询的执行效率不会明显下降（或不被用户明显感知）。

第四，“确保”读者图书借阅隐私保护机制的可用性，即读者借阅隐私保护机制实现对移动图书信息服务平台客户端外部读者和移动图书信息服务平台云端数据库系统的透明操作（无须改变两者的使用习惯），也不会显著增加数据库的数据规模等，从而实现与现有移动图书信息服务平台的有效集成。

三 攻击模型

在本章研究工作中，“读者界面”部署在移动图书信息服务平台的客户端，即通常部署在移动终端设备商上，完全由移动读者自行管理和控制，因而移动图书信息服务平台的客户端的可信度都是可以确保的。然而，移动图书信息服务平台的服务器通常部署在云端，它脱离了图书馆管理者的管理和控制，因而云端服务器被认为是不可信的，它是导致读者隐私泄露的主要根源。我们假定攻击者已经获得了移动图书信息服务平台服务器端的控制权，即假定读者借阅资料隐私威胁主要来自移动图书信息服务平台的服务器端。根据图 4.1 给出的基于标识加密的读者图书借阅资料隐私保护方案的基本框架，明确来自移动图书信息服务平台服务器端的攻击者的攻击能力。

（1）服务器端的攻击者可以获知读者通过移动图书信息服务平台客户端“图书借阅界面”提交的所有图书借阅记录信息。但这些图书借阅记录是经过客户端“数据加密”和“特征构造”操作后所生成的新图书借阅记录（而非读者提交的原始图书借阅记录）。

（2）服务器端的攻击者可以获知读者通过移动图书信息服务平台客户端“图书借阅查询界面”发布的定义在云端数据库中特征数据上的图书查询。但这些图书查询是经过客户端“查询转换”操作后所生成的新查询（而非读者提交的定义在读者编号上的原始查询语句）。

（3）后台服务器端的攻击者还可能获取运行在移动图书信息服务平台客户端上的读者借阅隐私保护算法副本（虽然客户端是可信的，但读者借阅隐私保护算法是公开的），即攻击者掌握了相关“数据加密”和“特征构造”映射过程，可以此来推测特征数据或密文数据所对应的明文数据。

第三节　基于标识加密的隐私保护策略

基于图4.1所示的系统框架模型，本节讨论读者借阅隐私保护的具体实施机制，具体包括第一部分给出的特征构造方案（研究如何为读者编号构造有效的特征数据）、第二部分给出的查询转换方案（研究如何将定义在读者编号上的数据库查询转换为定义在相应特征数据上的新查询）以及第三部分给出的查询协作方案（研究如何协作服务器端查询和客户端查询，以准确获取各类数据查询结果）。

一　读者标识特征构造

在介绍特征构造方案之前，本节首先简要讨论移动图书信息服务平台云端数据库如何存储读者编号字段的特征数据和密文数据。从图4.1给出的基于标识加密的读者图书借阅资料隐私保护方案的基本框架可看出，读者借阅隐私保护机制只针对图书借阅记录表中的读者编号字段，其思路可简要描述如下。

（1）将读者编号严格加密后再存储到移动图书信息服务平台的后台

数据库中，使得服务器端攻击者难以获知每条图书借阅记录所对应的具体读者，从而保护读者借阅隐私在移动图书信息服务平台不可信服务器端的安全性。

(2) 为读者编号附加额外的特征数据，使得定义在读者编号上的各类数据库查询可转换为定义在特征数据上的新查询，从而确保图书借阅记录相关数据库查询操作的有效性和高效性。

读者图书借阅记录表一般由图书编号（数据库外键，标记被借阅图书）、读者编号（数据库外键，标记借阅读者）、借阅时间（标记借阅发生时间）、借阅地点（标记借阅发生地点）、借阅标记（标记借阅或归还）等若干字段构成。此外，与借阅记录表直接相关的通常还有读者资料表（存储读者基本信息）和图书资料表（存储着图书基本信息）。据此，得出移动图书信息服务平台服务器端后台数据库改造后关系模式（针对借阅记录表）的一般性描述，以存储读者编号的特征数据和密文数据，如图 4.2 所示。

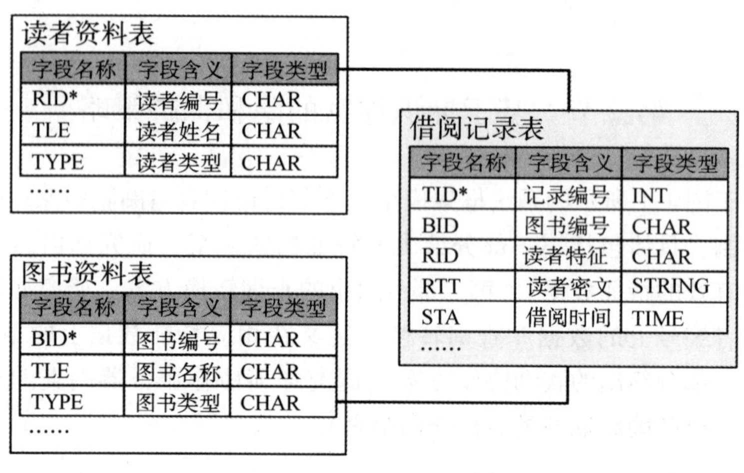

图 4.2　移动图书信息服务平台后台数据库改造后关系模式

从图 4.2 可看出这里仅改造了借阅记录表（将原来的读者编号字段改造为读者特征字段和读者密文字段），其他表均没有改变。由于读者编号一般为定长文本型（CHAR 型），下文将读者编号字段统一当作定长文本型处理。为了方便后文陈述，记借阅记录表为 R（A_0，…，A_n），其中，$R.A_0$ 为读者编号字段。记改造后的借阅记录表为 R^*（B_0，A_0，$\cdots A_n$），其中，R^* 新增密文字段 $R^*.B_0$（其类型为二进制位串型）用于存储 R 中读者编号加密后得到的二进制密文串；R^* 中字段 $R^*.A_0$ 不再存储读者编号数据，而是用于存储读者编号对应的特征数据（其数据类型不变）；R^* 中其余字段与 R 中原有字段保持一致。

下文，我们将讨论读者编号特征数据的具体构造方案。一般化地，对于定义在字段 $R.A_0$ 上的任意读者编号 a，如图 4.3 所示，结合具体示例（将具体的读者编号数据"2019IN013"映射为特征数据"7PBC52BAB"），描述如何将明文形式的读者编号值 a 映射为特征数据值 a^*。该过程共需六个步骤，其中，前面五个步骤在读者数据发布之前预先离线设置完成，最后一个步骤在数据发布之后在线完成。

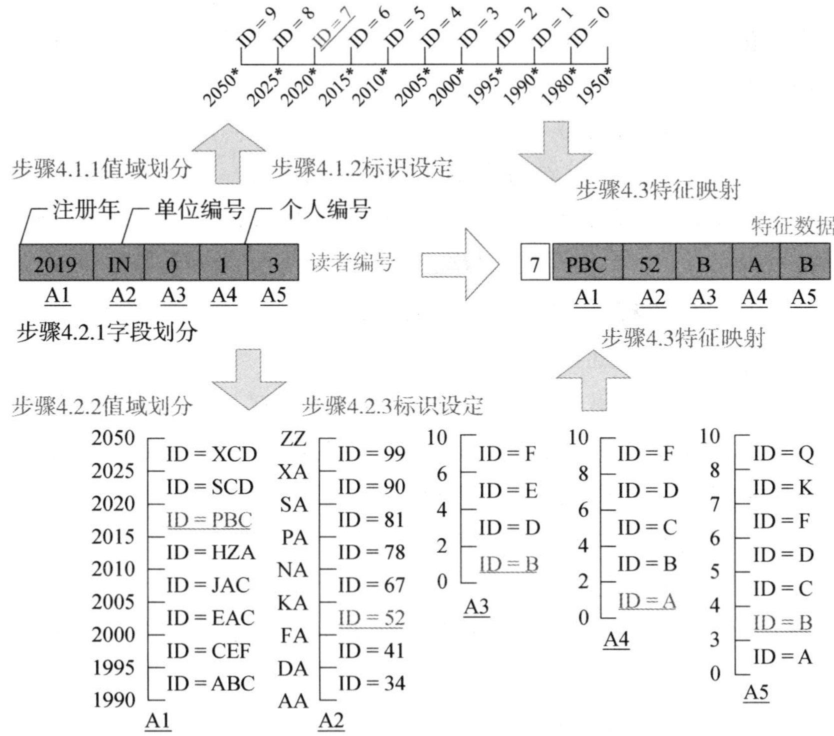

图 4.3　读者编号的特征数据生成过程示意

步骤 4.1.1（值域划分）：将读者编号值域 D 划分为 m 个子域（该划分由系统完成），分别记作 D_1，D_2，…，D_m。划分应满足以下条件：

（1）任一子域均不为空集（$D_k \neq \varnothing$）；

（2）任意两个子域不重叠（$D_k \cap D_j = \varnothing$）；

（3）所有子域并集等于读者编号值域本身（$\cup D_k = D$）；

（4）划分的子域数量不宜过大（建议不超过一万，以使其编码值能用一个 UNICODE 字符进行存储）。

步骤 4.1.2（整数标识）：为各子域D_k 分配整数标识 k，记作$\varpi_0(D_k) = k$。

基于步骤 4.1.1 和步骤 4.1.2 的设定，任意读者编号值 a 均可被映射为一个整数标识符，即确定了一个映射函数，记作 $F_0(a) = \varpi_0(D_k) = k$，其中$D_k$ 为包含 a 的子域。由于 k 为小于一万的整数，结合 UNICODE 编码规则，我们知道F_0（a）实际上唯一确定了一个 UNICODE 字符。

步骤 4.2.1（字段划分）：将读者编号字段 $R.A_0$ 划分为 n 个子段（该划分由系统完成），分别记作 A_1，A_2，…，A_n。划分应满足以下条件：

（1）任意两个子段不重叠；

（2）任意子段长度均不为零；

（3）各个子段长度之和等于读者编号字段本身。

步骤 4.2.2（子域划分）：将各个子段 A_k 的值域划分为m_k 个子域（该划分由系统完成），分别记作D_1^k，D_2^k，…，$D_{m_k}^k$。划分应满足以下条件：

（1）任一子域均不为空集（$D_i^k \neq \varnothing$）；

（2）任意子域不重叠（$D_i^k \cap D_j^k = \varnothing$）；

（3）所有子域并集等于该子段值域本身（$\cup D_i^k = D_k$）。

步骤 4.2.3（字符标识）：为各个子域D_i^k 分配字符标识，记作$\varpi_k(D_i^k)$。这些字符标识应满足以下条件：

（1）字符标识本身也是字符串；

（2）字符标识是随机无序的；

（3）来自同一子段 A_k 字符标识拥有相同长度（$|\varpi_k(D_i^k)| = |\bar{\omega}_k(D_j^k)|$）；

（4）所有子段的字符长度之和等于读者编号长度减 1（$|\varpi_1| + |\varpi_2| + \cdots + |\varpi_n| + 1 = |R.A_0|$）。

基于步骤 4.2.2 和步骤 4.2.3 的数据设定，子段 A_k 的任意具体数据值a_k（它由若干个字符构成）均可被映射为一个字符标识（确定了一个字符数据映射函数），记作F_k（a_k）$= \varpi_k$（D_i^k），其中，D_i^k 为包含a_k 的子域。至此，基于步骤 4.2.1、步骤 4.2.2 和步骤 4.2.3 的数据设定，我们

实际上为读者编号 $R.A_0$ 确定了 n 个映射函数，分别记作F_1，F_2，…，F_n（分别对应子段 A_1，A_2，…，A_n）。

步骤 4.3（特征映射）： 给定任意读者编号的具体值 a，基于步骤 4.2.1 的数据设定，假定它对应各个子段的取值分别是a_1，a_2，…，a_n（$a = a_1$，a_2，…，a_n）。则基于函数F_0，F_1，F_2，…，F_n，可将读者编号数据值 a 映射为一个新的字符串（特征数据），记作$a^* = F(a) = F_0(a)$，$F_1(a_1)$，$F_2(a_2)$，…，$F_n(a_n)$。基于步骤 4.1 和步骤 4.2 的数据设定，可看出特征数据与读者编号拥有相同的长度，因而，它可以直接存储到字段 $R^*.A_0$。

可以看出，特征映射函数并不是固定的。读者编号的特征映射结果取决于以上各步骤的参数数据设定，而各步骤的参数设定是开放的（只要符合相应约束即可）。参数由系统预先设置完成，并存储在移动图书信息服务平台的可信客户端，如图 4.1 所示。在数据查询时，系统会根据参数设定进行相应查询转换，以得到能在特征数据上执行的新查询（下文将介绍查询转换）。结合图 4.1 给出的基于标识加密的读者图书借阅资料隐私保护方案的基本框架，借阅记录在服务器端的存储过程可表述如下。当客户端读者界面向云端数据库提交一条读者借阅记录的时候，系统首先会对记录中“读者编号”和“借阅时间”两个字段进行联合加密，然后存入密文字段 $R^*.B_0$；同时，为记录中可标识读者身份的“读者编号”构建特征数据，然后存入到特征字段 $R^*.A_0$，剩余字段保持不变；最后，将变更后的读者借阅记录提交给云端数据库存储。需要重点指出的是：

（1）“读者编号”和“借阅时间”的联合加密借助于现有的传统加密算法完成（如 DES 算法等）。加密过程不是本章研究的内容，不再赘述。（2）这里采用两个字段联合加密（而不是直接加密读者编号）是为了打破密文和明文间“一对一”联系（以更好确保数据的安全性）。（3）服务器端攻击者在没有获知密钥（保存在移动图书信息服务平台可信客户端）的情况下，几乎不可能根据密文直接推测出明文（为此，密文在云端的安全性得到了充分保证，本章不再关注密文字段 $R^*.A_0^*$ 的安全问题）。

然而，特征数据携带着读者编号的部分关键性特征（如蕴含特征、范围特征等），这对读者隐私安全构成一定威胁。结合第二节给出的攻击模型，以下分两个层次简要分析特征数据的隐私安全问题（分析服务器端攻击者根据特征数据猜测出其对应读者编号数据的可能性）。

第一，通常，攻击者难以获知特征映射函数。特征数据取决于对应的特征映射函数，而特征函数又取决于前文各步骤的参数设定。然而，参数设定值存储在移动图书信息服务平台的可信客户端，服务器端攻击者无法获知，因而，也就无法获知特征映射函数，以及特征数据对应的明文数据。

第二，攻击者难以根据特征映射函数获知明文数据。读者编号与特征数据之间是一种“多对一”函数映射关系，因而，即使服务器端攻击者已经获知了特征映射函数，他根据特征数据进一步推测出明文的概率等于 $\frac{m}{|D|}$（针对范围特征）或 $\frac{1}{|D|}\prod_{k=1}^{n} m_k$（针对蕴含特征）。根据前文参数设定可知，这种概率值远小于1。

综上所述，我们得出结论：本章节所提出的特征数据生成方案具有良好的隐私安全性，攻击者难以根据特征数据推测出借阅记录对应的具体读者。

二　图书借阅查询转换

根据前文所述可知，在改造后的图书借阅记录表中，读者编号字段被特征字段和密文字段所替代，使得移动图书信息服务平台中原有的定义在读者编号上的数据库查询操作不再能够正确执行。为此，当读者通过移动图书客户端查询界面发布数据库查询语句（以获取读者相关借阅信息）时，系统首先将定义在读者编号字段上的原始查询转换为定义在特征字段上的新查询，以使得新查询能在服务器端数据库的借阅记录表上正确执行，并且要求新查询所返回的记录集必须包含所有的目标记录。为此，结合前文第三节所述，以下讨论如何将定义在读者编号字段（$R.A_0$）上的各类数据库查询操作转为定义在特征字段（$R^*.A_0$）上的新查询，通过移动图书信息服务平台服务器端和客户端之间的相互协作，以确保图书借阅记录相关数据查询的准确性。本节主要考虑读者编号字段相关的精确选择查询、模糊选择查询、范围选择查询和表连接查询。为了表述方便，我们以关系代数形式①描述查询变换。

转换4.1（精确选择查询 σ）：考虑定义在读者编号字段 $R.A_0$ 上的等值选择操作 $\sigma_{[A_0=a]}$（R）。由于读者编号在服务器端数据库中已被加密

① 何玉洁：《数据库系统教程》第二版，人民邮电出版社2022年版，第78—86页。

（密文数据存储在字段 $R^*.B_0$ 中），为此，选择操作最直接的实现方法就是将服务器端数据库中借阅记录表完整地传送回移动图书信息服务平台客户端，然后解密查询。然而，这显然会导致极低的数据查询效率（从而影响系统性能）。另一种可行的实现方法就是借助于读者编号字段的特征数据 $R^*.A_0$，将定义在读者编号上的等值选择条件转换为定义在特征数据上的新选择条件，从而使得绝大部分的选择操作可在服务器端数据库执行，减少返回客户端的借阅记录规模和数量（从而提高查询效率），最后客户端再解密查询。为此，等值选择查询可转换如下（下式中σ^*表示在服务器端数据库上执行的服务器端选择操作，σ 表示在客户端解密数据上执行的客户端选择操作，Y 表示密文字段 $R^*.B_0$ 的客户端解密操作）：

$$\sigma_{[A_0=a]}(R) \Longleftrightarrow \sigma_{[A_0=a]}\left(\mathrm{Y}\left(\sigma^*{}_{[A_0=F(a)]}(R^*)\right)\right)$$

转换 4.2（模糊选择查询 σ）：模糊查询条件建立在谓词 LIKE 基础上，其一般语法格式可描述为 LIKE <匹配字符串>。匹配字符串可以含有多种字符通配符，其中，“%”（代表匹配任意长度字符串）是最有代表性的通配符。以下讨论基于通配符“%”的模糊查询转换。从第三节中的映射步骤并结合图 4.3 的示例，可看出，特征数据保留了读者编号数据的部分关键性蕴含特征，利用它们可在移动图书信息服务平台服务器端过滤掉绝大部分不符合模糊查询条件的非目标记录。考虑定义在读者编号 $R.A_0$ 上的模糊选择操作$\sigma_{[A_0 LIKE a\%]}(R)$。假定字符串 a 从左靠右完整地覆盖了读者编号 r 个子段（依据步骤 4.2.1 的子段划分），且对应各子段的取值分别为a_1，a_2，…，a_r，则模糊选择查询可转换如下（下式“_”表示通配符，它可以匹配任意一个字符）：

$$\sigma_{[A_0 LIKE a\%]}(R) \Leftrightarrow \sigma_{[A_0 LIKE a\%]}\left(\mathrm{Y}\left(\sigma^*{}_{[A_0 LIKE -F_1(a_1)F_1(a_2)\cdots F_r(a_r)\%]}(R^*)\right)\right)$$

转换 4.3（范围选择查询 σ）：从第三节中的步骤 4.1.1 和步骤 4.1.2 可以看出，特征数据的第一位字符保留了读者编号的部分关键性范围特征（即顺序特征），即如果F_0（a_1）$\geqslant F_0$（a_2），则必然有$a_1 \geqslant a_2$。利用这种范围特征，我们可在服务器端过滤掉绝大部分不符合范围查询条件的非目标记录。考虑定义在读者编号字段 $R.A_0$ 上的范围选择操作$\sigma_{[A_0 \geqslant a]}(R)$，它可转换如下：

$$\sigma_{[A_0 \geqslant a]}(R) \Leftrightarrow \sigma_{[A_0 \geqslant a]}\left(\mathrm{Y}(\sigma^*{}_{[A_0 \geqslant F_0(a)]}(R^*))\right)$$

模糊查询和范围查询还存在其他的类型格式。然而，类似于上述转换4.2和转换4.3，它们的实现方法均可以借助于读者编号字段特征数据，转换为可服务器端数据库上执行的新查询，然后通过服务器端和客户端间的相互协作完成查询过程（不再赘述）。连接操作必须作用在多个关系数据表之上，为此，这里以借阅记录表与读者资料表之间的选择连接为例子，讨论连接操作的多种实施方案。

转换 4.4.1（云端等值连接$\bowtie$）：记读者资料数据表为 U。连接操作之前通常伴随着选择操作，为此，定义在读者编号字段 $R.A_0$ 上的等值连接可一般化表示为$\bowtie_{[R.A_0=U.A_0]}(\sigma_1(R), \sigma_2(U))$。为了让等值连接的部分操作可在服务器端数据库上执行（以减少返回客户端的数据规模），我们可以在读者资料数据表上也增加一列特征数据 $U.A_0^*$（与借阅记录表中的特征数据 $R.A_0$ 完全一致）。据此，等值连接操作可转换如下：

$$\bowtie_{[R.A_0=U.A_0]}(R, U) \Leftrightarrow \bowtie_{[R.A_0=U.A_0]}\left(\mathrm{Y}(\sigma^*{}_{[A_0 \in \pi[A_0^*](\sigma_2^*(U))]}(\sigma_1^*(R))), \sigma_2^*(U)\right)$$

然而，直接在服务器端数据库的读者资料表中增加特征字段，将无可避免地泄露读者编号和特征数据之间的“多对一”映射关系（从而使得攻击者据此可获知第三节构造的特征映射函数），从而极大地提高了攻击者根据特征数据猜测出对应读者编号的可能性，即降低了读者图书借阅隐私在不可信服务器端的安全性。此外，在服务器端执行连接的做法要求进一步改变服务器端数据库中读者资料表的关系模式，增加服务器端数据库的数据规模，也在一定程度上降低了方案的实用性。由于连接操作之前通常伴随着选择操作，为此，另一种实施方案是让读者资料表和借阅记录表的选择操作在服务器端数据库上执行（以降低返回客户端的数据规模），但让读者资料表和借阅记录表之间的等值连接操作在客户端执行（以避免对读者资料表的变更）。

转换 4.4.2（客户端等值连接$\bowtie$）：相比于借阅记录数据表，读者资料数据表的数据规模通常较小。为此，可在客户端预先存储一份读者资料表副本，使得读者资料表不用再从服务器端获取，以提高数据查询的执行效率。为此，对于等值连接操作$\bowtie_{[R.A_0=U.A_0]}(\sigma_1(R), \sigma_2(U))$，它存在两种基于客户端的实施方案（即是否在服务器端数据库执行读者资料表的选择操作）：

$$\bowtie_{[R.A_0=U.A_0]}(\sigma_1(R),\ \sigma_2(U))\Leftrightarrow\bowtie_{[R.A_0=U.A_0]}(\Upsilon(\sigma_1^*(R)),\ \sigma_2(U))\Leftrightarrow\bowtie_{[R.A_0=U.A_0]}(\Upsilon(\sigma_1^*(R)),\ \sigma_2^*(U))$$

至此，我们描述了如何将读者编号相关的各类数据库查询（精确选择、模糊选择、范围选择和选择连接）转换为相应的服务器端查询和客户端查询。根据第三节设定的约束条件，我们容易证明，对于任意图书借阅记录，如果它满足读者在客户端所发布的数据库查询条件，则它在服务器端数据库中的对应图书借阅记录必然满足根据转换 4.1 至转换 4.4 转换得到的相应服务器端数据库查询条件（证明过程略）。因此，服务器端数据库通过执行定义在特征数据上的服务器端查询所返回的图书借阅记录集，必定包含读者查询的所有目标记录集，从而确保了客户端查询必然可从中进一步过滤出目标记录，即确保了各类数据库查询的准确性。

三　查询协作

根据第三节的查询转换，结合图 4.1 给出的基于标识加密的读者借阅隐私保护系统框架模型，移动图书信息服务平台客户端和服务器端数据查询协作过程可一般化描述如下。对于管理员（或读者）通过移动图书信息服务平台客户端读者界面发布的定义在读者编号上的原始查询语句，系统将其转换成定义在服务器端数据库中特征数据上的新查询（依照第三节给出的查询转换方法），再提交给服务器端数据库执行（以借助特征数据，在移动图书信息服务平台的服务器端过滤掉绝大部分的非目标数据）；对于服务器端所返回的图书借阅记录粗糙集，系统将其中密文数据解密为明文数据后，再结合本地备份的临时数据库，在明文数据上执行读者原始查询语句进一步过滤掉非目标数据，将精确查询结果返回给客户端读者（以确保数据查询的准确性）。

数据库选择操作（包括精确选择操作、模糊选择操作和范围选择操作）移动图书信息服务平台客户端和服务器端的交互过程，如图 4.4 所示。对照图 4.4 的选择交互过程，以查询编号为“2019IN013”的读者的所有图书借阅记录信息为例子，描述了外部读者、客户端和服务器端三者之间的相互协作过程，以及数据库查询语句的改写变化过程。各步骤的具体数据处理流程如下。

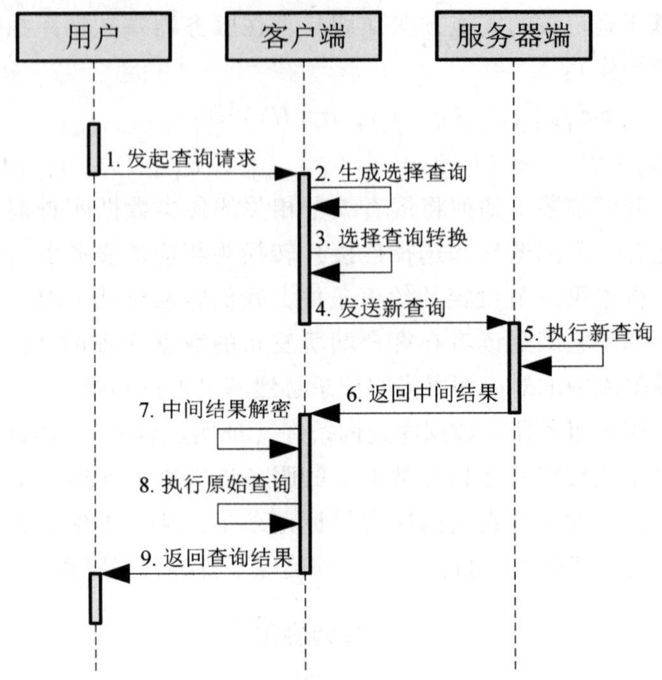

图 4.4　选择操作服务器端和客户端的交互示意

步骤1：读者向客户端发起数据查询请求。

步骤2：客户端发起定义在借阅记录表上的原始查询，查询语句如下。

SELECT * *FROM* 借阅记录表 *T*，图书资料表 *B*

WHERE T. BID = B. BID AND T. RID = 2019IN013

步骤3：客户端将查询转成定义在加密记录表上服务器端查询，查询语句如下。

SELECT * *FROM* 借阅记录表 *T* *，图书资料表 *B*

WHERE T *. *BID = B. BID AND T* *. *RID = 7PBC52BAB*

步骤4：客户端将服务器端查询替代原始查询提交给服务器。

步骤5：服务器在借阅记录表上执行客户端提交的服务器端查询。

步骤6：服务器向客户端返回中间查询结果集。

步骤7：客户端解密服务器返回的中间结果集。

步骤8：客户端在解密后的中间结果集上执行原始查询，查询语句如下。

SELECT * *FROM* 借阅记录表 *T*，图书资料表 *B*

WHERE T. BID = B. BID AND T. RID = 2019IN013

步骤9：客户端将精确查询结果返回给读者。

基于服务器端的数据库数据连接操作（要求服务器端数据库读者资料表R增加特征字段RFF）的移动图书信息服务平台客户端和服务器端的交互过程示意，如图4.5所示。对照图4.5的连接操作交互过程，以查询编号为“2019”开头的读者“2018年”之后发起的所有借阅记录信息为例，描述了基于服务器端的等值连接过程和基于客户端的等值连接过程。各个步骤的具体数据处理流程如下。

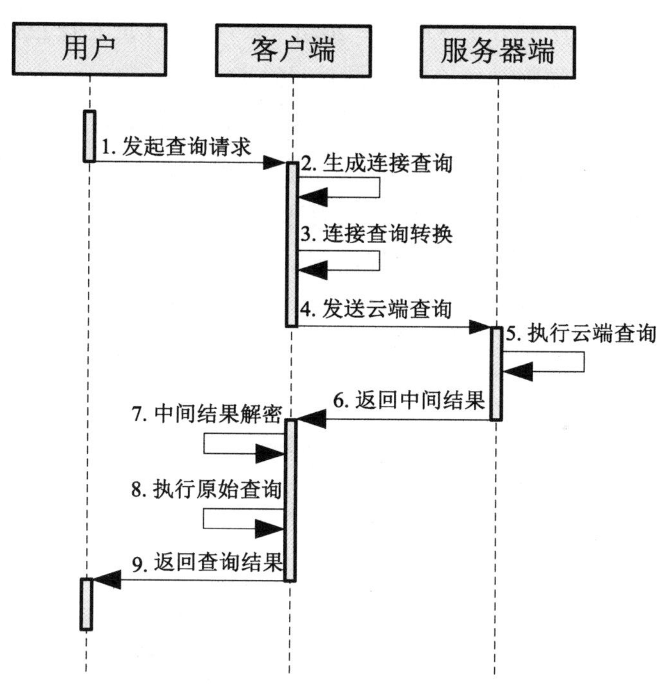

图4.5 基于服务器端的连接操作服务器端和客户端的交互示意

步骤1：读者向客户端发起数据查询请求。

步骤2：客户端发起定义在借阅记录表上的原始查询。

SELECT ∗ *FROM* 借阅记录表 *T*，读者资料表 *R WHERE*

T. RID = R. RID AND T. STA > = 2018 - 1 - 1 AND R. RID LIKE 2019%

步骤3：客户端将查询转成定义在加密记录表上的服务器端查询，查询语句如下。

SELECT ∗ *FROM* 读者资料表 *WHERE RID LIKE 2019%*；

*SELECT * FROM* 借阅记录表 *WHERE STA > = 2018 - 1 - 1 AND RID IN*（*SELECT RID FROM* 读者资料表 *WHERE RID LIKE 2019%*）

步骤4：客户端将服务器端查询替代原始查询提交给服务器。

步骤5：服务器在加密记录表上执行客户端提交的服务器端查询。

步骤6：服务器向客户端返回中间查询结果集。

步骤7：客户端解密服务器返回的中间结果集。

步骤8：客户端在解密后的中间结果集上执行原始查询，查询语句如下。

*SELECT * FROM* 借阅记录表 *T*，读者资料表 *R WHERE*

T. RID = R. RID AND T. STA > = 2018 - 1 - 1 AND R. RID LIKE 2019%

步骤9：客户端将精确查询结果返回给读者。

基于客户端的数据库数据连接操作（以客户端存储读者资料表备份为例）的移动图书信息服务平台客户端和服务器的交互过程示意，如图4.6所示。对照图4.6的连接操作交互过程，结合具体数据库查询实例，简要给出各个步骤的具体数据处理流程。

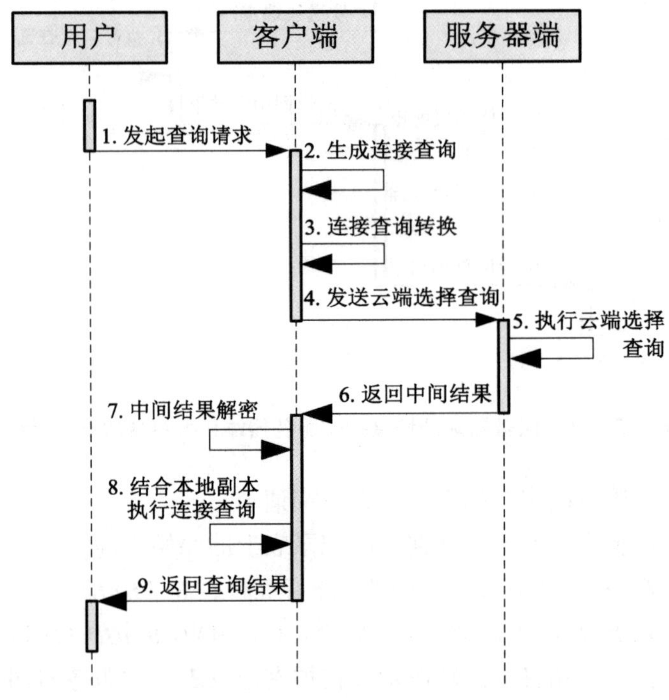

图4.6　基于客户端的连接操作服务器端和客户端的交互示意

步骤1：读者向客户端发起数据查询请求.

步骤2：客户端发起定义在借阅记录表上的原始查询，查询语句如下。

*SELECT * FROM* 借阅记录表 *T*，读者资料表 *R WHERE*

T. RID = R. RID AND T. STA > = 2018 - 1 - 1 AND R. RID LIKE 2019%

步骤3：客户端将查询转成定义在借阅记录表上的服务器端选择查询，查询语句如下。

*SELECT * FROM* 读者资料表 *WHERE RID LIKE 2019%*；

*SELECT * FROM* 借阅记录表 *WHERE STA > = 2018 - 1 - 1*

步骤4：客户端将服务器端选择查询替代原始查询提交给服务器。

步骤5：服务器在加密记录表上执行客户端提交的服务器端查询。

步骤6：服务器向客户端返回中间查询结果集。

步骤7：客户端解密服务器返回的中间结果集。

步骤8：客户端在结合本地存储的读者资料表，在解密后的中间结果集上执行与借阅记录表的连接查询，查询语句如下。

*SELECT * FROM* 借阅记录表 *T*，读者资料表 *R WHERE*

T. RID = R. RID AND T. STA > = 2018 - 1 - 1 AND R. RID LIKE 2019%

步骤9：客户端将精确查询结果返回给读者。

从以上这些例子可以看出，步骤6是数据查询效率的关键，即服务器端返回的中间结果集规模越接近于返回给读者的最终结果集规模，则整个数据查询过程的效率就越高，反之就越低。而服务器端返回的中间结果集规模（或者说服务器端过滤掉的非目标记录数量），取决于第三节所构造的特征映射函数。下一小节将通过实验手段评估数据查询效率。

第四节　实验评估

一　实验设置

本小节通过实验评估特征数据的查询高效性，即借助于特征数据，评估按照前文查询转换方法映射得到的新查询能否在服务器端过滤掉绝大部分的非目标数据，从而提高读者编号相关查询的执行效率。实验运行在图4.2所述的数据库模式上，其中读者资料表和图书资料表均包含随机生成的十万条记录，借阅记录表包含在读者资料表和图书资料表基础上随机生成的一百万条记录。

实验在两台电脑上进行，一台作为服务器端，另一台作为客户端。从图 4.1 所示的数据查询过程，结合图 4.4—4.6 的服务器端和客户端之间的数据协作过程，可以看出，特征数据的查询高效性依赖于步骤 6 返回给客户端的中间结果集规模（服务器端对非目标数据的过滤效果）。据此，结合前文给出的读者资料隐私保护的高效性约束（定义 2.2），引入高效性度量如下。让 N 表示数据库全体借阅记录的数量，N_1' 表示步骤 6 服务器端查询返回给客户端的中间记录的数量，N_2' 表示步骤 9 客户端查询返回给读者的最终记录数量。那么，特征数据的查询高效性可通过服务器端查询对非目标记录的过滤效果进行度量，即 $FR=\frac{(N-N_1')}{(N-N_2')}$，也可通过服务器端查询结果中包含目标记录的比率进行度量，即 $FE=N_2'/N_1'$。

二 实验结果

实验主要分四组——模糊选择查询、范围选择查询、基于服务器端的等值连接查询和基于客户端的等值连接查询（这里不考虑等值选择查询，因为它可看作特殊的模糊选择查询）。实验采用的数据查询语句见表 4.2（第三组和第四组实验使用相同的等值连接查询）。实验评估结果如图 4.7—4.10 所示，其中横坐标表示每条特征数据所对应的可能明文的数量（设定值通过调整特征构造过程各个步骤的相关参数获得）；纵坐标表示特征数据查询高效性度量（注意：各图的纵坐标设定互不相同）；每个数据点来自 20 次实验的平均值。

表 4.2　　借阅记录相关查询样例

模糊选择查询	SELECT T. RID FROM 借阅记录 T WHERE T. RID LIKE <匹配字符串>
范围选择查询	SELECT T. RID FROM 借阅记录 T WHERE T. RID > = <字符串常量>
等值连接查询	SELECT T. RID FROM 借阅记录 T,读者资料 R WHERE T. RID = R. RID AND R. RID > = <字符串常量> AND T. STA > = <时间常量>

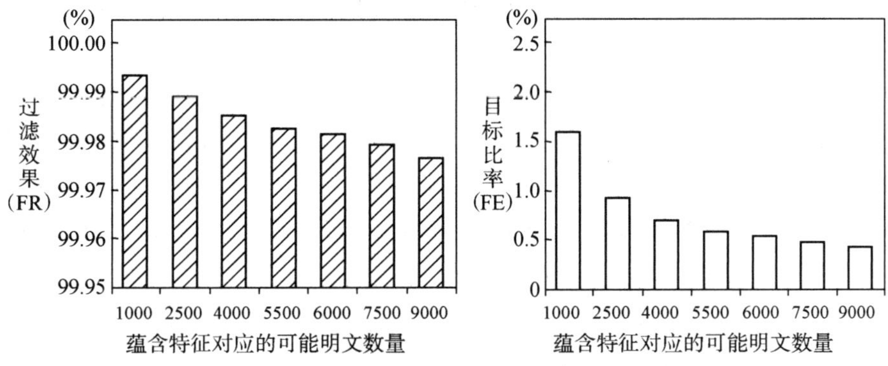

图 4.7 特征数据的模糊查询高效性评估结果

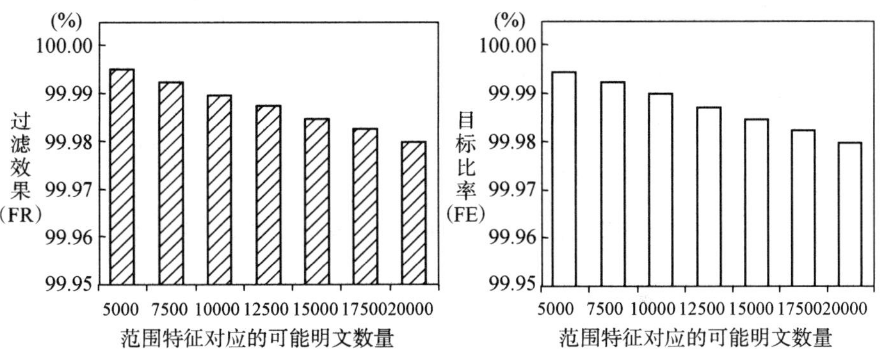

图 4.8 特征数据的范围查询高效性评估结果

第一，从图 4.7 可看出，服务器通过执行云端查询返回给客户端的中间记录集中包含大量的非目标记录（FE 比率值低于 2%），并且随着蕴含特征对应明文数量的增加，FE 比率值进一步降低；然而，云端查询对非目标记录的过滤效果极佳（FR 值超过 99.9%，即服务器通过执行云端查询可过滤掉 99.9% 以上的非目标记录），从而极大改善了模糊选择查询的实际执行效率。这里，FE 指标表现差，而 FR 指标表现好，主要原因是模糊查询的实际目标记录集规模极小（通常就十余条记录）。

第二，从图 4.8 可看出，相比于模糊查询，基于范围特征构建的服务器端范围查询不仅拥有极佳的 FR 值，还拥有极佳的 FE 值（极大改善了范围选择查询的实际执行效率）。这里，FE 指标表现好，主要原因是范围糊查询的实际目标记录集规模极大（平均约占全体图书借阅记录集的一半），使得服务器端返回的非目标记录在中间结果中的比率极小（小于99.9%）。

第三，从图4.9和图4.10可看出，相比于基于客户端的连接查询，基于服务器端的连接查询通过让等值连接的部分操作可以在服务器端数据库上执行，有效减少返回客户端的数据规模，因而，拥有良好的FR值和FE值（它们的值均大于99%）。然而，根据前文分析可知，基于客户端的连接查询具有更好的可用性和安全性。

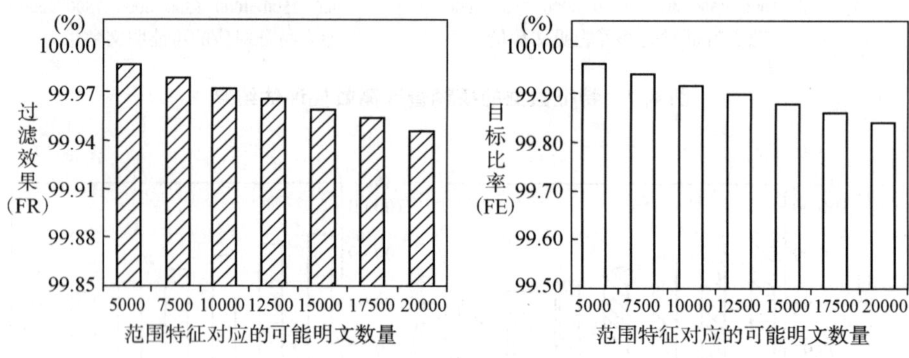

图4.9 特征数据的连接查询（基于服务器）高效性评估结果

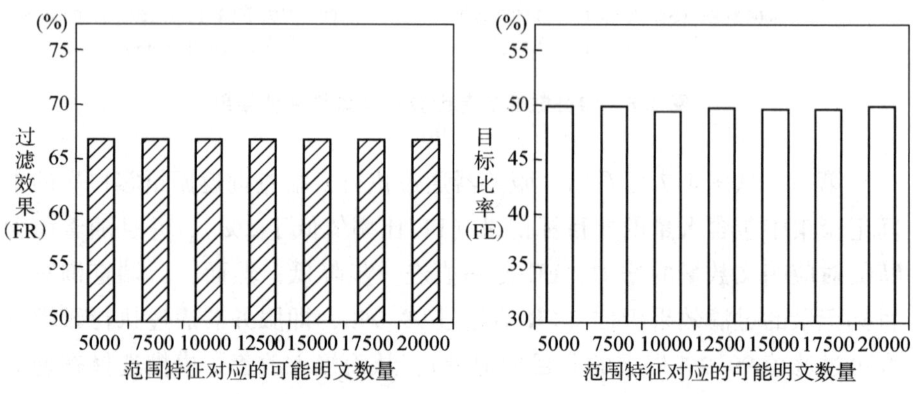

图4.10 特征数据的连接查询（基于客户端）高效性评估结果

根据以上的实验评估结果（尤其是根据FR指标评估结果），借助于特征数据，按照前文查询转换方法映射得到的新查询能在服务器端过滤掉绝大部分的非目标数据，从而提高读者编号相关查询的执行效率，有效地确保了数据查询的高效性。

第五节　分析评价

一　读者资料隐私保护拓展

前文研究构建的基于读者标识加密的读者图书借阅隐私保护策略，其基本思想是，通过加密图书借阅记录的读者标识字段，从而使得服务器端的攻击者难以获知每条图书借阅记录所关联的具体读者，从而保护读者借阅隐私安全。这种做法在本质上，与第三章的基于标识替换的读者隐私保护策略的基本思路有相似之处。那么，它是否也会像读者标识替换策略一样，难以有效满足读者资料隐私的安全性约束呢？我们知道，读者资料数据的形式和类型多种多样，如身份证号、手机号码、家庭地址、个人姓名等，而本章前文研究讨论的隐私数据加密查询策略仅针对读者标识这一特定的读者资料数据。为此，本小节讨论如何将读者资料隐私保护问题一并纳入隐私数据加密查询策略的范畴，构建基于数据加密的读者资料隐私保护的统一方案和统一策略。然后，下一小节再讨论基于数据加密的读者资料隐私保护策略的安全性约束问题。

我们采用的基于数据加密的读者资料隐私保护方法的基本框架，如图 4.11 所示与图 4.1 一致，建立在一个不可信的移动图书信息服务平台服务器端以及若干移动图书信息服务平台的可信客户端之上（客户端负责运行基于数据加密的读者资料隐私保护方法）。可看出，基于数据加密的读者资料隐私保护策略主要由“加密特征构造”部件、“数据查询转换”部件和“结果解密筛选”部件构成，其基本数据处理流程可简要描述如下。

第一，对于读者通过移动平台客户端提交的读者资料数据记录，运行在客户端的“加密特征构造”部件将其中的隐私数据（如身份证、家庭住址等）进行严格加密并为其构造特征数据，并生成新的读者资料数据记录（其中的读者隐私数据已被特征数据和密文数据所代替），再提交给服务器端后台数据库进行存储（使得移动平台服务器端的攻击者根据密文数据和特征数据，难以推测出对应的读者隐私数据，从而保护读者资料隐私）。

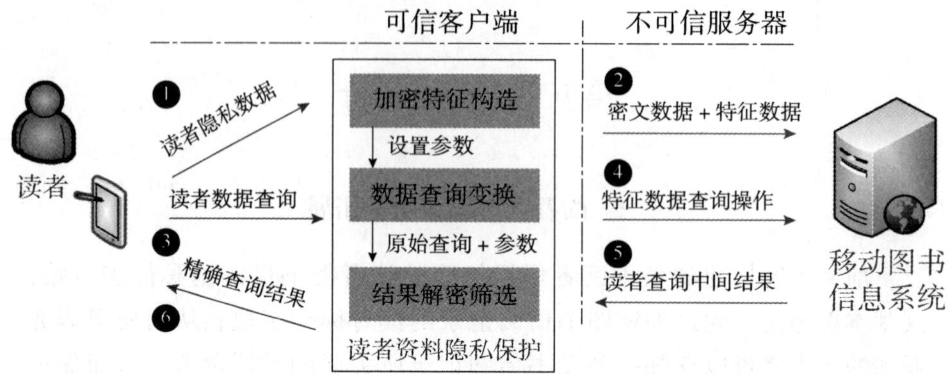

图 4.11　基于数据加密的图书馆读者资料隐私保护基本框架

第二，对于读者通过移动平台客户端“信息查询界面”发布的定义在读者隐私资料数据上的原始查询语句，运行在客户端的“数据查询转换”部件将其转换成定义在服务器端数据库中特征数据上的新查询，再提交给服务器端数据库执行（以借助特征数据，在服务器端过滤掉绝大部分的非目标数据，从而确保读者资料数据查询的高效性，以满足第二章定义的查询高效性约束和查询准确性约束)。

第三，对于移动图书信息服务平台服务器端数据库通过执行特征数据查询所返回的中间记录集合，运行在客户端的“结果解密筛选”部件根据自身保存的密钥等相关参数，将其中的密文数据解密为明文数据后(恢复为原来的读者数据)，再在明文数据上执行读者发布的原始查询语句，进一步过滤掉非目标数据，以获取读者数据查询操作的精确结果，并返回给客户端读者（以确保读者资料数据查询操作的准确性)。

在该基本框架模型中，如何为类型多种多样的读者隐私资料数据设计合理有效的特征数据构造方法，以及如何将定义在读者隐私数据上的各类数据库图书查询操作正确地转换为定义在相应特征数据上的新查询，以确保读者数据查询的高效性和读者数据查询的准确性，是读者资料隐私保护策略得以成功实施的关键。虽然读者资料数据的形式多样（如身份证号、手机号码、家庭地址、个人姓名等)，但它们的类型通常是定长文本型，而第三节所研究构建的基于标识加密的读者借阅隐私保护策略，也建立在读者标识为定长文本型的基础之上。为此，第三节所构建的特征构造方案和查询转换方案对其他的读者资料数据也同样高度适用。至于具体的值域划分、子域划分等操作，可根据读者数据的具体形式和具体情况进行综合考虑（这里不再展开叙述）。

二　方案分析与评价

上述内容扩展了基于标识加密的读者借阅隐私保护策略，研究构建了面向移动图书信息服务平台的基于数据加密的读者资料隐私保护策略。本小节结合第二章第二节所描述的读者资料隐私保护需求（查询高效性约束、查询准确性约束、策略安全性约束和策略可用性约束），分析评估方案的有效性。

观察 4.1：本章研究构建的面向移动图书信息服务平台的基于敏感数据加密的读者资料隐私保护策略，能很好地满足查询准确性约束（定义 2.1）和查询高效性约束（定义 2.2），能很好地满足策略安全性约束（定义 2.4），能很好地满足三个层次的策略可用性约束（定义 2.3）。

说明：根据图 4.1 和图 4.11 给出的基于标敏感数据加密的读者资料隐私保护基本框架，结合第三节和第五节的隐私策略描述，分别分析查询准确性约束、高效性约束、策略可用性约束以及策略安全性约束。

关于查询准确性约束。从第三节的特征构造方案可看出，从隐私数据到其特征数据的映射是“多对一”关系。结合第三节的查询转换方案可看出，根据转换 4.1 至转换 4.4 得到的定义在特征数据上的查询条件，其服务器端的执行结果，必然是读者真实查询条件执行结果的超集。因此，基于敏感数据加密的读者资料隐私保护策略可满足查询准确性约束（第三节的最后也分析了查询准确性约束）。

关于查询高效性约束。从第四节的实验评估结果可看出，借助于特征数据，根据读者资料隐私保护策略映射得到的新查询能在服务器端过滤掉绝大部分的非目标数据，从而提高读者数据查询的执行效率。并且这种对范围查询、相似查询等复杂的查询操作均表现出良好的过滤效果。因此，基于敏感数据加密的读者资料隐私保护策略可满足查询高效性约束。

关于策略可用性约束。根据图 4.1 和图 4.11 给出的基于数据加密的图书馆读者资料隐私保护基本框架可看出，本章研究构建的读者数据隐私保护机制，能实现对移动图书信息服务平台客户端外部读者和移动图书信息服务平台服务器端信息系统的透明操作（无须改变两者的使用习惯），也不会显著增加数据库的数据规模等，从而实现与现有移动图书信息服务平台的有效集成。并且数据加密策略不要求引入第三方中间服务器，不改变现有移动图书信息服务平台的服务器和客户端体系架构。因此，基于敏感数据加密的读者资料隐私保护策略可满足能很好地满足三个层次的策略可用性约束。

关于策略安全性约束。在本章策略中，读者隐私数据本身已经使用传统加密算法严格加密，而密钥存放在可信客户端。因此，服务器端的攻击者根据密文数据本身几乎不可能获知读者隐私数据。然而，为读者隐私数据构建的特征数据，它们对服务器端是可见的，并且为了满足查询高效性约束和查询准确性约束，特征数据需要反映读者隐私数据的部分范围特征和蕴含特征，以使得大部分数据查询过程可在服务器端进行。因此，特征数据本身也存在隐私泄露的风险。然而，从第三节的特征构造方案可看出，从隐私数据到其特征数据的映射是“多对一”关系。因此，即使攻击者完全掌握了这种数据特征映射关系，根据特征数据，他也仅能获知其可能对应的明文数据（而无法真正获知其具体的明文数据），即根据特征数据推测出读者隐私数据的概率值很低（概率值可根据读者需求调整）。因此，基于敏感数据加密的读者资料隐私保护策略可满足安全性约束（第三节的最后也详细分析了特征数据的安全性）。

图 4.12 给出了两个具体的读者图书借阅记录的加密特征构造实例（对照图 4.3 的特征数据构造参数设定），其中图上方是客户端提交的两条读者图书借阅记录（读者“2019IN013”借阅图书“11648080”，读者“2019ST259”借阅图书“11852072”）；图下方为经过客户端读者标识加密处理后提交给云端服务器端存储的两条对应的读者图书借阅记录（它们关联的读者标识字段分别被替换为特征数据“7PBC52BAB”和“7PBC90DCQ”，它们关联的读者标识数据已经被替换为密文形式存储的“读者密文”字段）。可看出，最终提交给云端服务器的图书借阅记录其关联的读者标识信息已经被加密，攻击者无法据此获知每条记录关联的具体读者，从而实现了良好的匿名化效果，进而实现对读者资料隐私的有效保护。

客户端发布的图书借阅记录

编号	图书编号	读者编号	借阅时间	…
1	11648080	2019IN013	2021-05-01 10:20:11	…
2	11852072	2019ST259	2021-05-01 10:22:23	…
…	…	…	…	…

编号加密
特征构造

服务器端存储的借阅记录表

编号	图书编号	读者编号	读者密文	借阅时间	…
1	11648080	7PBC52BAB	1011110011 01101010…	2021-05-01 10:20:11	…
2	11852072	7PBC90DCQ	1011110011 10100111…	2021-05-01 10:22:23	…
…	…	…	…	…	…

图 4.12　读者图书借阅记录读者标识加密实例

综合观察图 4.11、图 4.12，我们可以得出结论：本章提出的基于数据加密的读者资料隐私保护策略在查询高效性约束、查询准确性约束、策略安全性约束、策略可用性约束四个方面均有良好的表现，能很好满足移动图书信息服务平台的读者资料隐私保护需求，对构建读者资料隐私安全的移动图书信息服务平台具有重要意义。然而，可以看出本章研究构建的隐私策略仅适用于读者资料隐私保护，而不适用于读者服务隐私保护。因为加密读者请求数据（或者仅加密读者标识数据），会引起移动图书服务请求报文格式的改变，从而使得服务器端无法“读懂”移动图书信息服务请求，从而使得移动图书信息服务变得不可用。为此，关于移动图书信息服务平台的读者服务隐私保护问题还待进一步深入研究。

第六节　本章小结

本章以移动图书信息服务平台图书借阅服务为切入点，基于标识加密策略，构建了基于客户端的读者图书借阅隐私保护策略。其基本思路是，在移动图书信息服务平台可信客户端将图书借阅记录中的读者编号严格加密后，再提交给不可信云端数据库存储，使得云端攻击者难以获知借阅记录所关联的具体读者，从而确保读者图书借阅隐私的安全性。此外，本章还设计了一个图书借阅记录查询方案，以确保移动图书信息服务平台中定义在图书借阅记录读者编号上的各类数据库查询的有效性和高效性。最后，理论分析和实验评估验证了方法的有效性，能在确保读者图书借阅隐私在移动图书信息服务平台不可信服务器端安全性的基本前提下，有效确保读者借阅记录相关数据库查询操作的有效性和高效性。

本章是针对移动图书信息服务平台读者借阅隐私保护的首次研究尝试。本章工作虽然是针对读者图书借阅隐私保护问题而提出，但其提出的读者隐私加密查询策略，对整个移动图书信息服务平台中的读者资料隐私保护问题同样具有高度的适用性，对构建读者资料隐私安全的移动图书信息服务平台具有重要而积极的意义，可推广到读者资料隐私保护的全体场景。

第五章　基于区域扩展的读者位置隐私保护

位置服务是移动图书信息服务平台各类图书信息服务的基础。为了弥补第三章标识替换策略面向位置服务可用性和安全性较差的不足，基于第二章定义的读者服务隐私保护需求，本章基于读者请求位置区域扩展策略，试图构建移动图书信息服务平台读者位置隐私保护的统一模型和策略。具体地，第一节简要回顾分析了现有隐私技术在移动图书信息服务平台读者位置隐私保护中的应用局限，并提出了本章的研究对象和研究问题。第二节提出了基于区域扩展的读者位置隐私保护基本框架，并分析了该框架需考虑的关键问题，以及相关的攻击模型。基于该基本框架和攻击模型，第三节研究了读者位置隐私的安全性度量和读者位置服务的高效性度量，进而建立了基于区域扩展的读者位置隐私保护模型，并建立了读者位置隐私保护模型的优化求解算法，以改善读者位置隐私在移动图书信息服务平台不可信服务器端的安全性。第四节通过实验分析，评估了读者位置隐私保护方法的有效性。第五节深入分析了本章构建的基于区域扩展的读者位置隐私保护方法策略的优缺点，讨论其在移动图书信息服务平台其他类型移动图书信息服务隐私保护中的应用局限。第六节总结本章的研究工作。此外，本章的主要相关内容，已正式发表于交通管理领域国际权威期刊 *IEEE Transactions on Vehicular Technology*（SCI 一区）①，并成功授权国家发明专利 1 项。

---

① Zongda Wu，Ruiqing Wang，Qi Li，et al.，"A Location Privacy - Preserving System Based on Query Range Cover - Up for Location - Based Services"，*IEEE Transactions on Vehicular Technology*，Vol. 69，No. 5，2020.

第一节 问题引入

随着无线通信技术和移动定位技术的迅速发展，越来越多的移动智能终端设备具备了卫星定位功能，使得基于位置的信息服务日益流行，已经成为人们日常生活的重要组成部分。① 基于位置的信息服务是指基于移动设备定位功能所提供的地理位置信息，为用户提供的各类信息服务(如基于位置的信息推荐服务等)。② 目前，基于位置信息服务已经在社会经济领域取得了巨大成功③，据报道，全球位置相关商业应用年收益已经超过2000 亿美元。④ 为此，随着智能手机等移动终端设备的迅速普及，以移动图书信息服务为核心业务的移动图书信息服务平台也已成为数字图书馆的重要形式，成为人们日常社会生活不可或缺的重要组成部分。所谓移动图书信息服务是指，基于通信网络平台，通过各种移动智能终端设备，以无线接入网络的方式，实现读者与图书馆平台之间的双向图书知识信息传播。⑤ 移动图书信息服务形式多种多样（具体包括图书阅读服务、图书检索服务、图书推荐服务、图书借阅服务、图书阅读服务、图书位置服务等)⑥，它们能根据读者的背景资料和兴趣偏好，并结合读者的实时地理位置，为读者提供满足其个性化需求的知识信息资源。可以看出，移动图书信息服务平台为读者提供的移动图书信息服务，也可看作一种特殊的位置服务。

因而，位置服务是移动图书信息服务平台各类移动图书信息服务的

---

① 张学军、桂小林、伍忠东：《位置服务隐私保护研究综述》，《软件学报》2015 年第 9 期。

② 王黎明、夏清国、张永峰：《基于个性化移动位置服务中自适应地图的研究》，《计算机工程与科学》2009 年第 2 期。

③ Tao Peng, Qin Liu, Guojun Wang, "Enhanced Location Privacy Preserving Scheme in Location – Based Services", *IEEE Systems Journal*, Vol. 11, No. 1, 2017.

④ Zongda Wu, Ruiqing Wang, Qi Li, et al., "A Location Privacy – preserving System Based on Query Range Cover – up for Location – based Services", *IEEE Transactions on Vehicular Technology*, Vol. 69, No. 5, 2020.

⑤ 张坤、查先进：《我国智慧图书馆的发展沿革及构建策略研究》，《国家图书馆学刊》2021 年第 2 期。

⑥ 王志红：《移动互联视域下图书馆泛在化阅读推广服务模式研究》，《河南图书馆学刊》2021 年第 4 期。

基础支撑，即无论是哪种形式的移动图书信息服务，读者发布的服务请求背后通常都蕴含着读者位置偏好信息。这些位置信息敏感而机密，根据它们可推测出读者位置行踪、社会关系等敏感隐私信息（称作读者位置偏好隐私）。这些敏感机密的读者位置信息被不可信的移动图书信息服务平台服务器端大量的收集，势必会对读者的位置隐私安全构成严重的威胁。而现有用户隐私保护方法（如数据加密、数据泛化、数据模糊化、用户匿名化等）并不是针对移动图书信息服务而提出，在准确性、高效性、实用性、安全性等多个方面仍无法满足移动图书信息服务平台的实际应用需求，难以直接应用于保护移动图书信息服务平台读者服务隐私安全（具体请见第二章的现有方法分析评价）。第四章构建的读者数据加密策略仅针对读者资料隐私，无法应有于读者位置隐私。第三章构建的读者标识替换策略，无法满足可用性约束。

并且，读者位置偏好隐私是一种高度敏感的读者服务隐私，即不同于其他一般的读者服务隐私，它无须关联具体读者，根据位置本身便可推测出读者的可能身份。例如，根据读者在某段时间内频繁发布服务请求的位置轨迹，并结合背景知识，可推测出读者的家庭地址和工作单位等敏感身份信息。① 第三章构建的读者标识替换策略并没有改变服务请求内容本身（包括读者位置信息），使得它虽然能较好满足读者图书偏好隐私（图书信息服务请求背后蕴含的读者偏好图书类别）的安全性需求，但对于位置偏好这种高度敏感的服务隐私，并不能有效地满足其安全性需求。为此，本章以移动图书信息服务背后的读者位置隐私为研究对象，研究构建基于位置区域扩展的读者位置隐私保护模型和策略。具体来说，本章的研究工作主要包括以下三个方面。

第一，研究构建面向移动图书信息服务的基于区域扩展的读者位置隐私保护框架。其基本思想是，基于客户端，通过为读者提交的位置服务请求构造生成一个新的位置服务请求（其中，读者位置区域被一个精心设计的“扩展位置区域”所替代），使得不可信服务器端难以获知读者的具体位置；然后，客户端从服务器端返回的服务结果中过滤出对应读者真实位置服务请求的结果，从而确保读者能最终得到准确的服务结果。

---

① 宋成、金彤、贺军义：《多值预测位置隐私保护机制》，《北京邮电大学学报》2021 年第 6 期。

第二，基于上述框架，研究构建基于区域扩展的读者位置隐私保护模型，它形式化定义了框架中客户端为读者位置服务请求构造生成的扩展位置区域需满足的条件约束，以确保图书信息服务的高效性和读者位置隐私的安全性。隐私模型还考虑了读者位置区域间的关联性条件约束，使得攻击者即使掌握了读者位置分布规律和完整的位置请求序列，仍难以分析出读者具体位置，进一步确保了位置隐私的安全性。

第三，基于上述区域扩展的位置隐私保护框架和位置隐私保护模型，提出基于区域扩展的读者位置隐私保护算法。它运行在移动图书信息服务平台的可信客户端，能为读者提交的位置服务请求序列构造生成一组满足隐私模型条件约束的新位置请求序列，很好地满足移动图书信息服务的位置隐私保护需求。

通过理论分析和实验评估，验证了隐私模型和隐私算法的有效性，即能在不改变移动图书信息服务的平台构架、不改变外部读者的使用习惯、不改变移动图书服务算法、不改变移动图书服务准确性、不改变移动图书信息服务高效性的基本前提下，改善读者位置隐私在不可信服务器端的安全性。为了方便阅读，表5.1给出了本章隐私模型涉及的主要数学符号及其含义说明。

表5.1　　隐私模型的相关符号及含义

符号	具体含义说明
p_0	移动图书信息服务请求
p_0^*	位置扩展后的移动图书信息服务请求
a_0	服务请求关联的读者位置区域
$p@a_0$	位置区域a_0的请求位置（中心点）
$r@a_0$	位置区域a_0的半径
a_0^*	为位置区域a_0构造生成的拓展位置区域
$PE(a_0^*, a_0)$	扩展位置区域a_0^*关于读者位置区域a_0的高效性度量
$PR(a_0^*, a_0)$	扩展位置区域a_0^*关于读者位置区域a_0的安全性度量

续　表

符号	具体含义说明
A	位置区域序列 $A=(a_1,\cdots,a_n)$
P	区域中心序列 $P=(p_1,\cdots,p_n)$,其中 $p_k=p@a_k$
D_k	位置区块(即同一层次位置单元的集合)
D^r	位置区块集合,即属于同一层次 r 的位置区块集合
A^*	扩展位置区域序列 $A^*=(a_1^*,\cdots,a_n^*)$
P^*	扩展区域中心序列 $P^*=(p_1^*,\cdots,p_n^*)$,其中 $p_k=p@a_k^*$
$a_0\subseteq a_0^*$	扩展位置区域a_0^* 包含读者位置区域a_0
$PE(A^*,A)$	扩展位置区域序列 A^* 关于 A 的高效性度量
$PR(A^*,A)$	扩展位置区域序列 A^* 关于 A 的安全性度量

第二节　基于区域扩展的位置隐私保护框架

一　系统框架

在第三章中，我们为了简化问题描述，将移动图书信息服务平台的读者移动图书信息服务请求 p_0，表示为由读者标识 u_0 和请求内容 n_0 两个部分构成的二元组，即记作 $p_0=(u_0,n_0)$。然而，移动图书信息服务平台为读者提供的移动图书信息服务请求 p_0 无论是哪种具体形式（如移动图书阅读服务、图书浏览服务、图书检索服务、图书收藏服务等），除了读者标识信息 u_0 之外，信息服务请求内容 n_0 必然包含标识读者当前位置的信息。而本章节主要研究移动图书信息服务请求背后的读者位置隐私保护问题，为此，为了简化问题描述，本章节进一步将读者移动图书信息服务请求表示为 $p_0=(u_0,n_0,a_0)$，其中：

（1）u_0 表示移动图书信息服务请求 p_0 所关联的读者标识信息；

（2）n_0 表示除位置信息之外的图书信息服务请求内容，表征读者的信息服务请求兴趣点（如查询读者当前位置附近书店、读者当前城市相关图书）；

（3）a_0 表示读者当前位置及其相关的参数。它是移动读者位置隐私保护的关键（因而也是本章节研究的主要对象）。下文将移动图书信息请求 p_0 所关联的位置信息a_0 称作读者位置请求。

在读者移动图书信息服务请求中，读者位置信息a_0 主要由读者当前具体位置（经度值和维度值）和位置参数两个部分构成。位置参数的含义要看具体的应用场景。根据位置参数的具体含义，移动图书信息服务可分为范围查询服务（如查询读者当前城市相关图书）和近邻查询服务（如查询读者当前位置最近的三家书店）。这里，我们主要关注范围查询，近邻查询将在本章的最后小节做简要讨论。因此在本章中，a_0 由读者位置和区域半径两个部分构成（以下称a_0 为读者位置区域）。

图 5.1 结合一个具体移动图书信息服务请求实例（张三查询当前 100 米范围内的所有阅读亭）描述了本章所采用的面向移动图书信息服务的读者位置隐私保护框架和基本数据处理流程。此外，图 5.2 示例了移动图书信息服务过程，其中图 5.2 左半部分展示了读者精确区域（读者实际位置信息）和读者拓展区域（经过客户端的“读者区域扩展”处理后得到）；图 5.2 的右半部分展示了相应的精确服务结果（对应精确区域的服务结果）和粗糙服务结果（对应拓展区域的服务结果）。

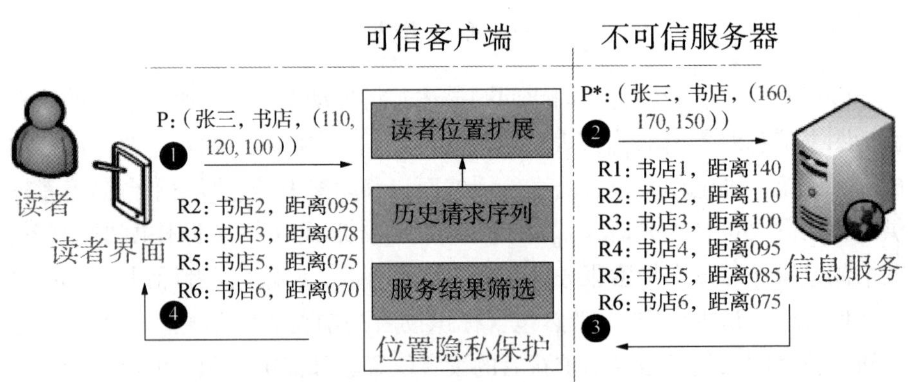

图 5.1　面向移动图书信息服务的读者位置隐私保护框架

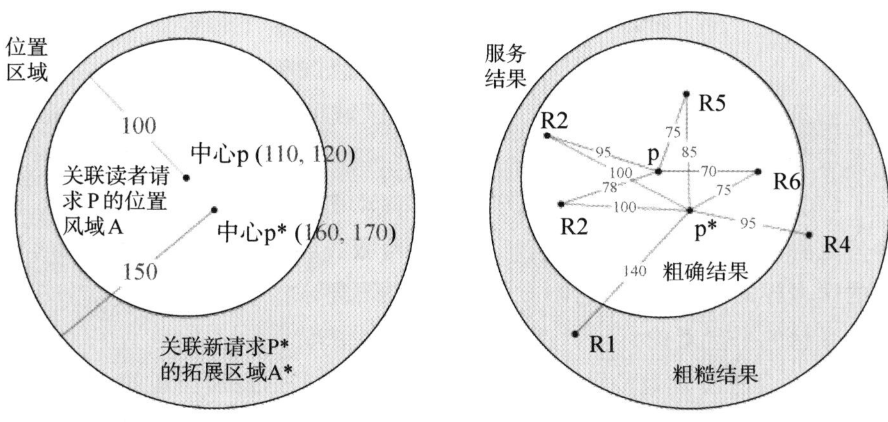

图 5.2　读者位置区域范围和拓展区域范围（位置坐标不是真实经纬度）

根据图 5.1 和图 5.2 可以看出，该框架由一个不可信的移动图书信息服务平台服务器端和一组可信客户端（客户端运行读者移动图书界面和位置隐私保护算法）组成，该框架的一般化数据处理过程可简要描述如下：

（1）运行在移动图书信息服务平台客户端的“读者区域扩展”部件（它运行在移动图书信息服务平台服务器端和客户端读者界面之间）通过分析客户端外部读者发布的移动图书信息服务请求 $p_0=(u_0,\ n_0,\ a_0)$，经过位置区域扩展之后，构造生成一个新的移动图书信息服务请求 $p_0^*=(u_0,\ n_0,\ a_0^*)$。在新图书信息服务请求 p_0^* 中，读者感兴趣的查询区域a_0被新构造的扩展区域a_0^* 所替代，然后，将新图书信息服务请求提交给移动图书信息服务平台服务器端，并获取相应的移动图书信息服务。

（2）运行在移动图书信息服务平台客户端的“服务结果筛选”部件（它运行在移动图书信息服务平台服务器端和客户端读者界面之间）从移动图书信息服务平台服务器端返回的粗糙服务结果的集合 R^*（由落在读者扩展区域范围a_0^* 内的所有读者兴趣点构成），筛选出精确的移动图书信息服务结果集 R（由落在读者精确区域范围a_0 内的所有读者兴趣点构成），然后，将 R 返回给移动图书信息服务平台客户端的外部读者，作为读者的最终服务结果。

二　问题陈述

从图 5.1 所示的面向移动图书信息服务的基于区域扩展的读者位置隐

私保护框架，可以看出，运行在移动图书信息服务平台客户端的“位置区域扩展”部件仅仅改写了读者移动图书信息服务请求中 p_0 的读者位置区域信息a_0（更换了读者位置，并扩大了区域半径），没有改变移动图书信息服务请求的数据组织形式格式。为此，我们可以得出以下几个结论：

（1）读者位置隐私保护不伤害现有移动图书信息服务的可用性。读者位置隐私保护对移动图书信息服务平台服务器端信息服务算法和客户端的读者界面均实现透明操作，因而，它不要求改变现有移动图书信息服务平台的平台架构。

（2）读者位置隐私保护不伤害现有移动图书信息服务的准确性。移动图书信息服务平台服务器端所返回的服务结果必然是读者精确服务结果的超集（只要构造的读者扩展区域a_0^* 包含读者实际的精确区域a_0），因而，它不改变移动图书信息服务结果的准确性。

（3）读者位置隐私保护不伤害现有移动图书信息服务的高效性。读者位置隐私保护所造成的移动图书信息服务性能损失程度基本线性相关于移动图书信息服务平台客户端构造的读者扩展区域的面积大小，即线性相关于读者位置隐私保护的强度（通常，读者位置隐私保护强度正比于扩展区域的面积），信息服务性能损失可控，因而，不会显著降低移动图书信息服务效率。

然而，从图5.1所示的面向移动图书信息服务的基于区域扩展的读者位置隐私保护框架，还可以看出，为了保证移动图书信息服务平台客户端外部读者最终能得到准确的服务结果，“读者位置扩展”部件所生成的读者扩展区域至关重要，它是确保读者位置隐私安全性以及读者信息服务高效性和准确性的关键。具体来说，为了生成理想的读者扩展区域，客户端在其构造过程需要重点考虑以下几个方面的问题：

其一，移动图书信息服务的准确性问题，即移动图书信息服务平台客户端构造生成的读者扩展区域必须包含读者实际的位置区域（以确保范围查询服务的准确性）；否则，读者移动图书信息服务的准确性将无法得到保证。

其二，移动图书信息服务的高效性问题。通常，读者位置区域面积越大，落在位置区域里的读者相关兴趣点就越多，从而返回给移动图书信息服务平台客户端的粗糙结果集也就越大，读者基于位置的移动图书信息服务的执行效率也就越差。因此，为了提高移动图书信息服务效率，构造生成的读者扩展区域的面积不宜过大，应尽可能接近实际的读者精确位置区域。

其三，读者位置隐私在不可信服务器端的安全性问题。为了让移动图书信息服务平台服务器端的攻击者无法获知读者的精确位置，客户端构造生成读者扩展区域的面积越大越好，扩展区域的中心位置距离读者精确位置越远越好。这样，读者位置隐私在不可信服务器端的安全性也就越好。为此，服务高效性和隐私安全性是一对矛盾体，如何平衡两者构造一个合适的读者扩展区域是读者位置隐私方法必须要考虑的关键问题。

其四，移动位置信息服务过程读者位置之间的关联性问题。通常，移动读者在一段时间内会连续地或周期性地提交移动图书信息服务请求，而这些图书信息请求之间存在着很强的位置关联性。例如，读者常常喜欢围绕某些固定的位置区域（如住宅或单位）连续性地发起移动图书信息服务请求。因此，掌握着读者完整图书请求序列和丰富背景知识的攻击者，可以根据读者请求位置之间的关联性，极大地缩小客户端所构造的“位置扩展区域”的有效面积，这会严重降低读者位置隐私的安全性。这就要求，客户端构造生成的位置扩展区域序列的中心位置之间也应该表现出高度符合读者真实位置分布规律的关联性特征，从而使得攻击者难以据此排除缩小位置扩展区域面积，确保位置扩展区域对读者位置隐私的掩盖保护效果。

三　攻击模型

在本章研究工作中，移动图书信息服务平台的后台服务器端同样被认为是不可信的。我们假定攻击者已经获得了移动图书信息服务平台服务器端的控制权。从图5.1给出的面向移动图书信息服务的基于区域扩展的读者位置隐私保护框架，明确来自移动图书信息服务平台服务器端的攻击者的攻击能力。

攻击者能够获得客户端提交所有的移动图书信息服务请求序列（即可获知读者位置请求序列），但它们是由读者位置隐私算法构造生成的新位置请求序列（而非读者真实位置请求序列，其中的读者位置区域已经被客户端生成的“位置扩展区域”所代替）。所以，读者位置隐私保护方法需要防止攻击者从读者扩展区域序列识别出移动读者的真实位置或位置区域。

攻击者获取了移动图书信息服务平台的服务器端控制权，因而攻击者拥有着强大的攻击者能力，他可能已经掌握了读者的位置分布规律。例如，攻击者可以获知先验知识——读者常常喜欢围绕某些固定的位置区域（如住宅或单位）连续性地发起移动图书信息服务请求等。此时，攻击者可以根据读者位置请求之间的这种关联性缩小其掌握的位置扩展区域面积，以降低位置扩展区域对读者位置隐私的掩盖保护效果。

攻击者还可能获取了运行在移动图书信息服务平台客户端的读者位置隐私保护算法的副本，然后将自己掌握的读者扩展位置区域序列输入隐私保护算法，并观察算法输出结果，据此猜测读者真实位置或位置区域。

总之，掌握了移动图书信息服务平台的服务器端控制权的攻击者具有非常强大的攻击能力。但在本章研究工作中，我们只关注读者位置隐私保护问题（而不关注移动图书信息服务请求背后的其他类型的读者隐私保护问题），因而，攻击者的背景知识也是有限的，我们对其攻击能力做了以下两个方面的假设：

（1）攻击者无法预先获取移动读者的任何背景资料信息（如读者的家庭或地址信息）。读者的背景资料隐私安全问题可通过第四章构建的数据加密查询策略加以解决，为此，这里假定它们的安全性已经得到了充分保证。

（2）攻击者无法预先获取读者真实位置（或位置区域）的正确样本。尽管上述假设看起来较为强制，但在实践中是合理的，因为在本章研究工作中，我们只关注读者位置隐私本身，即攻击者的攻击目标和攻击能力主要来自其掌握的读者位置请求序列本身。

第三节　基于区域扩展的位置隐私保护策略

一　位置区域扩展模型

在第二节的问题陈述中，我们简要讨论了位于移动图书信息服务平台客户端的读者位置隐私方法，在构造读者位置扩展区域时，需要着重考虑的一些关键性问题，本小节将通过公式进一步形式化描述理想读者位置扩展区域应满足的条件约束，从而为读者位置扩展区域生成算法的设计和实现提供参照依据。这里主要关注范围查询，以下先形式化定义位置区域的概念。

定义 5.1（位置区域）：对于读者发布的基于位置的移动图书信息服务请求 p_0，其蕴含的读者位置区域a_0 可表示为一个圆形的位置区域，即 a_0 可表示为$a_0 = (p@a_0, r@a_0)$，其中，$p@a_0$ 表示读者请求位置，即读者位置区域的中心点位置（它由经度值和维度值构成），$r@a_0$ 表示读者位置区域的半径。

根据前文所述，读者位置隐私保护算法在为读者位置区域a_0 构造生成扩展位置区域a_0^* 的时候，需要着重考虑移动图书信息服务的准确性问题和高效性问题、读者位置隐私的安全性问题以及读者请求位置之间的关联性问题。我们给出定义 5.2 来形式化描述基于位置的移动图书信息服务的准确性问题。根据图 5.2 可以看出，只要客户端生成的读者扩展区域包含读者发布的实际位置区域，则读者图书信息服务的准确性就能得到有效的保证。

定义 5.2（扩展区域的准确性）：假设a_0 为读者移动图书信息服务请求所蕴含的真实读者位置区域，a_0^* 为客户端读者位置隐私保护方法为a_0 构造生成的拓展位置区域。那么，a_0^* 能有效确保读者图书信息服务的准确性，当且仅当拓展位置区域a_0^* 包含读者位置区域a_0，即$a_0 \subseteq a_0^*$。

基于读者位置的移动图书信息服务的高效性主要取决于客户端生成的读者拓展位置区域的面积大小。通常，读者位置区域面积越大，落在位置区域里的读者相关兴趣点就越多，从而返回给移动图书信息服务平台客户端的粗糙结果集也就越大，基于位置的移动图书信息服务的执行效率也就越差。因此，为了提高移动图书信息服务效率，构造生成的读者扩展区域的面积不宜过大，应尽可能接近实际的读者精确位置区域。以下形式化定义量化读者位置扩展区域对读者移动图书信息服务高效性的影响。

定义 5.3（扩展区域的高效性）：假设a_0 为读者移动图书信息服务请求所蕴含的真实读者位置区域，a_0^* 为客户端读者位置隐私保护方法为a_0 构造生成的拓展位置区域。那么，扩展位置区域a_0^* 关于读者位置区域a_0 所造成的移动图书信息服务效率损失，可通过两个区域的面积进行度量，即可计算如下：

$$PE(a_0^*, a_0)=\frac{\pi \cdot r@a_0{}^2}{\pi \cdot r@a_0^{*2}}=\frac{r@a_0{}^2}{r@a_0^{*2}}$$

读者位置隐私的安全性，反比例于攻击者根据扩展区域推测出读者真实位置（或位置区域）的概率。它主要取决于扩展位置区域的面积和扩展位置区域的中心位置，即扩展位置区域的面积越大，扩展位置区域中心距离读者真实位置越远，读者位置隐私安全性就越高。因此，可通过以下定义量化扩展位置区域对位置隐私安全性的影响。

定义 5.4（扩展区域的安全性）： 假设a_0为读者移动图书信息服务请求所蕴含的真实读者位置区域，a_0^*为客户端读者位置隐私保护方法为a_0构造生成的拓展位置区域。那么，扩展位置区域a_0^*关于读者位置区域a_0的读者位置隐私安全性可计算如下：

当$|P@a_0^*-P@a_0|\geqslant\alpha^2$时，$PR(a_0^*, a_0)=1.0$

当$|P@a_0^*-P@a_0|<\alpha^2$时，$PR(a_0^*, a_0)=\frac{\sqrt{|P@a_0^*-P@a_0|}}{\alpha r@a_0^{*2}}$

$(r@a_0^{*2}-r@a_0^2)$

其一，$|p@a_0^*-p@a_0|$表示两个位置$p@a_0^*$（扩展区域中心位置）和$p@a_0$（读者区域中心位置）之间的物理距离。

其二，α^2为物理距离阈值。当读者扩展区域中心位置$p@a_0^*$与读者真实区域中心位置$p@a_0$之间的距离超过该距离阈值时，攻击者基本无法获知读者真实位置（或位置区域），此时，位置隐私的安全性达到了最高值（1.0）。

在定义5.4中，我们在描述读者扩展位置区域安全性的时候，是以单个位置请求为研究单位的。但实际上，移动读者在一段时间内会连续地或周期性地提交移动图书信息服务请求，而这些图书信息请求之间存在着很强的位置关联性。主要表现为，读者常常喜欢围绕某些固定的位置区域（如住宅或公司）连续性地发起移动图书信息服务请求。掌握着丰富背景知识的攻击者很容易获知读者位置请求之间的这种关联性分布规律，并据此来缩小客户端生成的读者扩展位置区域的面积，从而降低扩展区域读者位置隐私的掩盖保护效果。

以下通过一个简单的例子说明该问题。假设攻击者已经掌握到，读者在两个不同时间点所提交的移动图书信息请求均围绕同一固定位置发起（我们假设它为 $p@a_0$）。假设客户端位置隐私保护方法为这两个图书请求构造生成的扩展位置区域分别为a_1^* 和a_2^*。由于a_1^* 和a_2^* 必须满足移动图书信息服务的准确性约束。因此，我们有 $p@a_0 \in a_1^* \wedge p@a_0 \in a_2^*$。那么根据先验知识，攻击者可进一步得出结论，$p@a_0 \in a_1^* \cap a_2^*$。因此，扩展位置区域对读者位置隐私的安全保护效果缩小为$a_1^* \cap a_2^*$（而不是原来的a_1^* 和a_2^*），即在两次移动图书信息服务中，攻击者可排除的扩展区域范围分别为$a_1^* - a_1^* \cap a_2^*$ 和$a_2^* - a_1^* \cap a_2^*$，从而使得定义 5.4 给出的拓展区域安全性约束无法得到保证。

为了解决该问题，我们接下来考虑读者请求位置之间的关联性问题，即以读者在一段时间内所发起的位置请求序列为研究单位，使得构造生成的扩展位置序列表现出符合读者请求分布规律的位置关联性（如在前述例子中，拓展位置区域a_1^* 和a_2^* 也同样围绕相同的位置，即 $p@a_1^* = p@a_2^*$），从而使得攻击者难以缩小客户端构造生成的扩展位置区域的有效范围，从而确保位置拓展区域的安全性。以下，先扩展定义 5.1（位置区域），以形式化定义读者位置区域序列和读者位置序列。

定义 5.5（位置区域序列）： 读者位置区域序列由读者在一段时间内发起的图书信息服务请求所蕴含的读者位置区域所构成，记作 $A=(a_1, a_2, \cdots, a_n)$，其中$a_k$ 表示一个读者位置区域。

定义 5.6（读者位置序列）： 读者位置区域序列由读者在一段时间内发起的图书信息服务请求蕴含的位置区域中心位置构成，记作：$P=(p_1, p_2, \cdots, p_n)$，其中 $p_k=p@a_k$ 表示读者区域的中心位置。

为了捕获读者请求位置序列之间的关联性分布特征，我们引入位置区块的概念（定义 5.7）。它不同于前面提到的位置区域，但它也是位置单元（代表一个基本请求位置）的集合，并且处在同一个层次的所有位置区块构成了整个地图的一个划分（即它们将整个地图划分为若干个互不相交的物理区块）。

定义 5.7（位置区块）： 位置区块即位置单元的集合。每个位置区块 D 均拥有一个层次，记作 r。位置区块的层次越高，它包含的位置单元也就越多。显然，整个地图也是一个位置区块，它拥有最高的层次，记作 r^m。记属于同一层次 r 位置区块集合为D^r，它满足以下条件。

（1）任意两个同层次位置区块不相交，即：

$$\forall D_1 \forall D_2 (D_1, D_2 \in D^r \rightarrow D_1 \cap D_2 = \varnothing)$$

（2）任意两个同层次区块面积相等（其中，AR 表示区块面积）：

$$\forall D_1 \forall D_2 (D_1, D_2 \in D^r \rightarrow AR(D_1) = AR(D_2))$$

（3）同层次位置区块的并集等于地图本身，即：

$$D^{r^m} = \cup_{D \in D^r} D$$

（4）任意区块均包含于某个更高层的区块，即：

$$\forall D_1 \exists D_2 (D_1 \in D^r \wedge D_2 \in D^{r+1} \wedge D_1 \subseteq D_2)$$

读者位置相关性约束如图 5.3 所示。

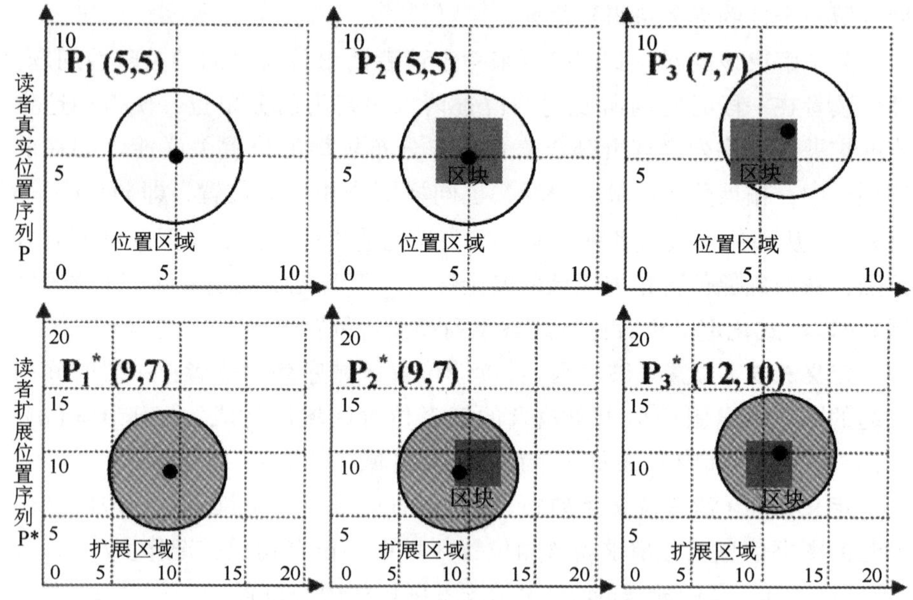

图 5.3 读者位置相关性约束（数字标识位置坐标）

读者请求位置之间的关联性主要是指，同一读者在一段时间内所发起的移动图书信息服务请求通常围绕若干固定的位置（或位置区域）而发起。借助以上位置区块、位置区域序列和读者位置序列的概念，以下定义形式化描述读者扩展区域的中心位置应满足的关联性约束。

定义 5.8（位置序列的关联性）：对于读者位置序列 $P = (p_1, p_2, \cdots, p_n)$，假定客户端位置隐私保护方法为其构造生成的扩展位置区域所对应的扩展位置序列为 $P^* = (p_1^*, p_2^*, \cdots, p_n^*)$（其中，扩展位置 p_k^* 对应于读者位置 p_k）。为了使得服务器端的攻击者根据先验知识可排除的拓展区域面积最小化，扩展位置序列 P^* 关于读者位置序列 P 应满足以下两方面的约束。

第一，任意扩展位置 p_a^* 和 p_b^*，如果 p_a 和 p_b（假定它们是对应 p_a^* 和 p_b^* 的读者位置）为同一位置，则 p_a^* 和 p_b^* 也应为同一个位置，即：

$$\forall p_a^* \forall p_b^* (p_a^*, p_b^* \in P^* \wedge p_a = p_b \rightarrow p_a^* = p_b^*)$$

第二，任意扩展位置 p_a^* 和 p_b^*，如果 p_a 和 p_b 同属于层次为 r 的区块 D_1，则也应存在一个层次为 r 的位置区块 D_2，使得 p_a^* 和 p_b^* 同属于 D_2，即：

$$\forall p_a^* \forall p_b^* \forall D_1 (p_a^*, p_b^* \in P^* \wedge D_1 \in D^r \wedge p_a, p_b \in D_1 \rightarrow \exists D_2 (D_2 \in D^r \wedge p_a^*, p_b^* \in D_2))$$

图 5.3 举例展示出了定义 5.8 给出的位置序列相关性约束，其中上半部分表示读者位置序列 P，它由三个读者位置组成，即 $P=(p_1, p_2, p_3)$，同时给出三个读者位置相关的位置区域（即图中的三个圆形区域）；下半部分表示相应的扩展位置序列，即 $P^*=(p_1^*, p_2^*, p_3^*)$，同时给出了相关的三个扩展位置区域（图中的三个圆形阴影区域）。从图 5.3，我们可以看出以下两点：

（1）扩展位置 p_1^* 和 p_2^* 可以很好地满足定义 5.8 的第一个约束，即它们属于相同的位置（9，7），正如它们对应读者位置 p_1 和 p_2 属于相同的位置（5，5）。

（2）扩展位置 p_2^* 和 p_3^* 可以很好地满足定义 5.8 的第二个约束，因为它们属于相同的蓝色标注区块，正如它们对应的读者位置 p_2 和 p_3 属于相同的红色区块一样，并且红色区块和蓝色区块具有相同的层次（参考坐标单位值，可以看出四个区块具有相同的面积）。

此外，根据图 5.3 并结合定义 5.8，可以看出，位置序列关联性约束的直观解释是，如果在某一段时间内来自同一个读者的两个请求位置在物理上彼此接近，则它们对应的扩展位置也应该在物理上彼此接近，从而使得扩展位置序列也能够很好地表现出读者请求位置之间的这种规律性分布特征。最终，使得攻击者难以缩减扩展位置区域的掩盖面积，进而保证定义 5.4 所描述的扩展区域的安全性约束。

以下，基于以上的定义 5.2（准确性）、定义 5.3（高效性）、定义 5.4（安全性）和定义 5.8（位置关联性），我们进一步形式化定义移动图书信息服务平台客户端位置隐私保护方法构造生成的读者扩展区域需要满足的条件约束。

定义 5.9（读者位置隐私保护）：任意给定一个来自同一读者的位置区域序列 $A=(a_1, a_2, \cdots, a_n)$，以及移动图书信息服务平台客户端为其构造生成的扩展位置区域序列 $A^*=(a_1^*, a_2^*, \cdots, a_n^*)$，若两者满足以下四个条件，则称读者位置隐私得到了有效保护（其中，ρ 和 μ 为读者给定的阈值参数）。

第一，记 P 和 P^* 为分别对应 A 和 A^* 的位置序列（读者位置序列和扩展位置序列），则 P 和 P^* 满足定义 5.8 描述的位置关联性约束。

第二，$\forall(a_k, a_k^*)\in(A, A^*)$ 满足区域准确性约束（a_k^* 对应 a_k），即 $a_k \subseteq a_k^*$。

第三，$\forall(a_k, a_k^*)\in(A, A^*)$ 满足区域高效性约束，即 $PE(a_k^*, a_k)\geqslant\rho$。

第四，$\forall(a_k, a_k^*)\in(A, A^*)$ 满足区域安全性约束，即 $PR(a_k^*, a_k)\geqslant\mu$。

以上 9 个定义构成了本小节所构建的基于区域扩展的读者位置隐私保护模型，它通过公式形式化描述图 5.1 所示的系统框架下，移动图书信息服务平台客服端所构造生成的读者扩展区域应满足的约束条件，从而为后续扩展区域构造算法的设计提供参照和依据。

二　位置区域扩展算法

基于上一小节给出的基于区域扩展的读者位置隐私保护模型，本小节讨论其算法实现，即如何为读者当前的服务请求位置区域 a_0 构造生成一个扩展位置区域 a_0^*，使得最终得到的扩展位置区域序列 A^* 与读者位置区域序列 A 之间满足定义 5.9 给出的四个条件约束（位置关联性约束、区域准确性约束、区域高效性约束和区域安全性约束）。对于给定的隐私保护参数 (ρ, μ)，同时满足四个条件的扩展位置区域 a_0^* 可能并不存在（例如，当同时将安全性参数 μ 和高效性参数 ρ 设置得较大的时候），但是也可能存在很多的可行解。以下给出三个策略，分别从不同角度搜索最优解。

策略 5.1（安全性优先）：所谓"安全性优先"策略是指，对于读者当前位置区域 a_0，在满足定义 5.9 所列的条件（1）的基础上，搜索使安全性约束取值最大的扩展位置区域 a_0^*，可形式化表示为：

$$a_0^* = arg \max_{a_k} PR(a_k, a_0)\, s.t.$$
$$PR(a_k, a_0)\geqslant\mu \wedge PE(a_k, a_0)\geqslant\rho \wedge a_0 \subseteq a_k$$

策略5.2（高效性优先）：所谓“高效性优先”策略是指，对于读者当前位置区域a_0，在满足定义5.9所列的条件（1）的基础上，搜索使高效性约束取值最大的扩展位置区域a_0^*，可形式化表示为：

$$a_0^* = \arg\max_{a_k} PE(a_k, a_0)\ s.t.$$
$$PR(a_k, a_0) \geqslant \mu \wedge PE(a_k, a_0) \geqslant \rho \wedge a_0 \subseteq a_k$$

策略5.3（均衡性优先）：所谓“均衡性优先”策略是指，对于读者当前位置区域a_0，在满足定义5.9所列的条件（1）的基础上，综合考虑“安全性约束”和“高效性约束”，搜索使两个约束取值平衡的扩展位置区域a_0^*，可形式化表示为：

$$a_0^* = \arg\max_{a_k} PE(a_k, a_0) \cdot PR(a_k, a_0)\ s.t.$$
$$PR(a_k, a_0) \geqslant \mu \wedge PE(a_k, a_0) \geqslant \rho \wedge a_0 \subseteq a_k$$

算法5.1 读者扩展位置区域构造生成算法

输入：

（1）读者当前位置请求区域a_0

（2）读者历史请求区域序列 A

（3）对应读者历史请求区域序列 A 的历史扩展位置区域序列 A^*

（4）选用的搜索策略，以及位置隐私保护强度参数（ρ，μ）等

输出：构造生成的读者当前扩展区域a_0^*

FOREACH（$a_k \in A$）DO

IF（$p@a_k = p@a_0$）THEN

  SET $a_0^* \leftarrow$ SEARCH（a_0，$p@a_k^*$）/ * a_k^* 是 A^* 中对应a_k 扩展区域 * /

  SET $r@a_0^* \leftarrow r@a_0^* \cdot (1.0+\theta)$/ * θ 为 0 到 0.2 之间的随机值 * /

  RETURN a_0^*

FOR（$r = 1, 2, \cdots, r^m$）DO FOREACH（$D \in D^r$）DO

FOREACH（$a_k \in A$）DO IF（$p@a_k \in D \wedge p@a_0 \in D$）THEN

  记a_k^* 是对应a_k 扩展区域，记D^* 是 $p@a_k^*$ 所属的与 D 同一层次区块

  SET $a_0^* \leftarrow$ SEARCH（a_0，D^*）

  SET $r@a_0^* \leftarrow r@a_0^* \cdot (1.0+\theta)$/ * θ 为 0 到 0.2 之间的随机值 * /

  RETURN a_0^*

PROC SEARCH（a_0，D^*）

13 SET $A_0 \leftarrow \{a_k \mid PR(a_k, a_0) \geqslant \mu \wedge PE(a_k, a_0) \geqslant \rho \wedge a_0 \subseteq a_k \wedge p@a_k \in D^*\}$

14 IF 读者选择“安全性优先”策略 THEN

15 　RETURN $a_0^* \leftarrow arg \max\limits_{a_k \in A_0} PR(a_k, a_0)$

16 IF 读者选择“高效性优先”策略 THEN

17 　RETURN $a_0^* \leftarrow arg \max\limits_{a_k \in A_0} PE(a_k, a_0)$

18 IF 读者选择“平衡性优先”策略 THEN

19 　RETURN $a_0^* \leftarrow arg \max\limits_{a_k \in A_0} PR(a_k, a_0)$? $PE(a_k, a_0)$

20 END PROC.

算法 5.1 简要描述了运行在移动图书信息服务平台后台客户端“位置区域扩展”部件的读者扩展位置区域的构造生成过程。运行算法 5.1 一次，我们就能为读者当前位置请求区域a_0 构造生成一个扩展位置区域a_0^*。从算法 5.1 可以看出，算法的主体部分主要基于读者请求位置之间的关联性约束，确定拟构造生成的扩展位置区域a_0^* 中心 $p@a_0^*$ 的位置区块（语句 1 至语句 11）。这里，我们主要考虑两种情况。

第一种情况对应定义 5.8 的条件一，即如果读者历史请求位置区域序列 A 中存在位置区域a_k 与读者当前位置请求区域a_0 落在同一位置单元，则构造生成的读者当前扩展区域a_0^* 也应与对应a_k 的历史扩展区域a_k^* 落在同一个位置单元。

第二种情况对应定义 5.8 的条件二，即如果第一种情况不成立，则对于任意层次为 r 的位置区块 D，如果它同时包含读者当前位置区域a_0 和历史位置区域a_k，则构造生成的扩展区域a_0^* 也应与历史扩展区域a_k^*（历史位置区域a_k）落在一个层次为 r 的位置区块D^* 中。

算法 5.1 的 SEARCH 函数（句子 12 至句子 19）主要对应前文给出的三个搜索策略，即在满足读者位置之间的关联性约束的基本前提条件下，按照安全性优先、高效性优先或者均衡性优先，搜索最优解。以下，我们通过定理 5.1 进一步论证，通过多次运行算法 5.1 得到的读者扩展位置区域序列 A^* 和相应的读者历史请求区域序列 A 间能很好地满足定义 5.8 的位置关联性约束（定义 5.9 的条件一）。

定理 5.1：如果读者扩展位置序列 $P^* = (p_1^*, p_2^*, \cdots, p_n^*)$，以及读

者真实位置序列 $P=(p_1, p_2, \cdots, p_n)$，满足定义 5.8 给出的位置序列关联性约束，记 p_0^* 为算法 5.1 为读者当前请求位置 p_0 构造生成的扩展区域位置，则读者扩展位置序列 $P_0^*=(p_1^*, p_2^*, \cdots, p_n^*)$，以及读者真实位置序列 $P_0=(p_1, p_2, \cdots, p_n)$，也满足定义 5.8 给出的位置序列关联性约束。

证明：定义 5.8 的位置序列的关联约束由条件一和条件二组成。首先证明：如果位置序列 P^* 和 P 满足条件一约束，则加入 p_0^* 和 p_0 后的 P_0^* 和 P_0 也满足条件一约束。假设 $p_k \in P$ 系算法 5.1 为 p_0 找到的处在同一位置单元的历史位置（具体见算法 5.1 的语句 2），即 $p_k=p_0$，则根据算法 5.1（语句 3 和句子 13）可知，算法构造生成的 p_0^* 必然也与对应 p_0 的扩展位置 $p_k^* \in P^*$ 相等，即 $p_k^*=p_0^*$。现在只需证明：任意 $p_j \in P \wedge j \neq k$ 且 $p_j=p_0$，则 $p_j^*=p_0^*$（p_j^* 是序列 P^* 中对应 p_j 的历史扩展位置）。因为，$p_j=p_k=p_0$ 且 P^* 和 P 满足条件一约束，所以，$p_j^*=p_k^*$，即 $p_j^*=p_0^*$。结论成立。

接下来证明，如果位置序列 P^* 和 P 满足条件二约束，则加入 p_0^* 和 p_0 后的 P_0^* 和 P_0 也满足条件二约束。假设 $p_k \in P$ 和 $D_1 \in D$ 系算法 5.1 为 p_0 所确定的历史位置和共同区块（语句 6 和语句 7），即 $p_k \in D_1 \wedge p_0 \in D_1$。记 D_1^* 是对应 p_k 的扩展位置 $p_k^* \in P^*$ 所属的，且与 D_1 拥有相等层次的位置区块（见语句 8），即 $p_k^* \in D_1^*$。根据算法 5.1（见语句 13）可知，算法构造生成的 p_0^* 必然也落在区域 D_1^* 内，即 $p_0^* \in D_1^*$。以下分两种情况证明。

证明一：如果存在位置区块 D_2 使得 $p_k \in D_2 \wedge p_0 \in D_2$，则必定存在位置区块 D_2^* 使得 $p_k^* \in D_2^* \wedge p_0^* \in D_2^*$。从算法 5.1 可以看出，由于 D_1 是同时包含 p_k 和 p_0 最低层次的位置区块（具体见语句 6），所以，$r_2 \geqslant r_1$（r_1 和 r_2 分别是 D_1 和 D_2 的层次）。结合位置区块的性质（具体请见定义 5.8）可知：必定可以找到与 D_2 处于同一层次的位置区块 D_2^*，使得 $D_1^* \subseteq D_2^*$，即存在位置区块 D_2^* 使得 $p_k^* \in D_2^* \wedge p_0^* \in D_2^*$。

证明二：任意 $p_j \in P \wedge j \neq k$，且 $p_j \in D_1 \wedge p_0 \in D_1$，则对应 p_j 的扩展位置 p_j^* 必定也包含于 D_1^*（即 $p_j^* \in D_1^* \wedge p_0^* \in D_1^*$）。因为 $p_j \in D_1 \wedge p_k \in D_1$，且位置序列 P^* 和 P 满足条件二约束，所以有 $p_j^* \in D_1^* \wedge p_k^* \in D_1^*$。基于情况一和情况二容易证明：加入 p_0^* 和 p_0 后的 P_0^* 和 P_0 也满足条件（2）的位置关联性约束。结论成立。

基于定理 5.1 结合算法 5.1 得出结论，多次运行算法所生成的扩展位置区域序列能很好地满足定义 5.8 的四个条件约束，使得移动图书信息服

务平台的读者位置隐私在服务器端的安全性得到有效保护。从算法 5.1 可以看出，该算法的时间复杂度为 $O(r^m|A|)$，其中，r^m 为位置区块的最高层次，A 为读者历史位置区域序列（算法输入）。

此外，算法 5.1 仅关注基于范围查询的移动图书信息服务请求，而没有关注基于近邻查询的移动图书信息服务请求。为了将算法 5.1 成功应用于近邻查询，只需要将读者提交的基于近邻查询的位置请求 $a_0 = (p@a_0, n@a_0)$（$n@a_0$ 表示数量，即请求距离位置 $p@a_0$ 最近的 $n@a_0$ 个兴趣点）改写成基于范围查询的位置请求 $a_0 = (p@a_0, r@a_0)$。其中，$r@a_0$ 可通过预先建立的评估函数估算，即估算由距离当前位置 $p@a_0$ 最近的 $n@a_0$ 个兴趣点所组成的圆形区域的半径（即 $r@a_0$）。

第四节　实验评估

一　实验设置

本小节旨在验证本章提出的基于区域扩展的位置隐私保护框架和模型的有效性。对于实验中的位置数据，我们构建了一个虚拟平面空间，它是一个由 80000^2 个位置单元构成的正方形区域（组建位置空间 $\mathbb{P}^*$），每个位置单元的横坐标和纵坐标均落在 1 到 80000 之间。此外，我们还将整个位置空间划分为 4 层的位置区块，其中第一层（D^1）由 800^2 个位置区块组成第二层（D^2）由 200^2 个位置区块组成第三层（D^3）由 50^2 个位置区块组成第四层（D^4）即地图本身。

由于本章的研究工作仅考虑读者位置隐私保护问题（具体以基于范围查询为切入点）。所以，为了简化实验，将每个移动图书信息服务请求简化为一个位置区域（即 a_0）。为了构造生成读者位置请求区域序列 A，其关联的读者位置序列 P 按照正太分布随机选取自参考位置空间（以体现富有规律的位置特征分布规律），而各个位置区域关联的半径值即 $r@a_k$，则在一定的范围内随机设定。并且，读者位置请求区域序列 A 长度（所包含的位置区域数量）是可动态调整的实验参数。此外，实验中所有算法均用 Java 语言编写完成。

本节实验所采用的候选方法包括以下几个。

“安全优先”策略，即基于安全性优先策略（前文的策略 5.1）的读者位置隐私保护方法。

“效率优先”策略，即基于高效性优先策略（前文的策略 5.2）的读者位置隐私保护方法。

“平衡优先”策略，即基于均衡性优先策略（前文的策略 5.3）的读者位置隐私保护方法。以上三个方法都是本章所提出。

“随机构造”策略，其基本思路和框架与算法 5.1 基本一致，但其扩展位置区域 a_k^* 的中心位置 $p@a_k^*$ 是随机构造的。

“哑元构造”策略，即通过为各个读者请求位置 $p@a_k$ 构造若干个哑元位置（数量由读者自行设定）一起提交给移动图书信息服务平台服务器端，以保护读者位置隐私。在下一章中，我们将继续讨论该策略。

“噪音构造”策略，其基本框架和思路也与算法 5.1 保持一致（以位置 $p@a_k^*$ 代替 $p@a_k$），但要求位置 $p@a_k^*$ 和 $p@a_k$ 之间必须满足位置的不可区分性（一个基于“差分隐私”构建的概念）。

二　实验结果

实验一旨在评估基于本章方法各个策略所构造的扩展位置区域的对读者位置隐私安全性和图书信息服务高效性的影响。这里参考定义 5.3（扩展位置区域的高效性）和定义 5.4（扩展位置区域的安全性），重新定义了扩展位置区域序列 A^* 关于其读者位置区域序列的高效性和安全性度量，即：

$$PE(A^*,A) = \min_{(a_k^*,a_k)\in(A^*,A)} PE(a_k^*,a_k);PR(A^*,A)$$
$$= \min_{(a_k^*,a_k)\in(A^*,A)} PR(a_k^*,a_k)$$

显然，两个度量值均越大越好。度量值越大，意味着扩展位置区域对读者位置隐私的保护效果越好，以及对图书信息服务效率的影响越小。从以上公式可以看出，度量值主要取决于设定的安全性参数和高效性参数（即 μ 和 ρ）。在实验中，我们发现扩展位置序列长度（或读者位置序列长度）对度量值基本没什么影响，为此将扩展位置序列长度固定为 1000。实验结果如图 5.4（安全性评估结果）和图 5.5（高效性评估结果）所示，其中图 5.4 高效性参数设定为 0.1，图 5.5 安全性参数设定为 0.1。

从图 5.4 给出的安全性评估结果，可以看出，随着安全性阈值参数值

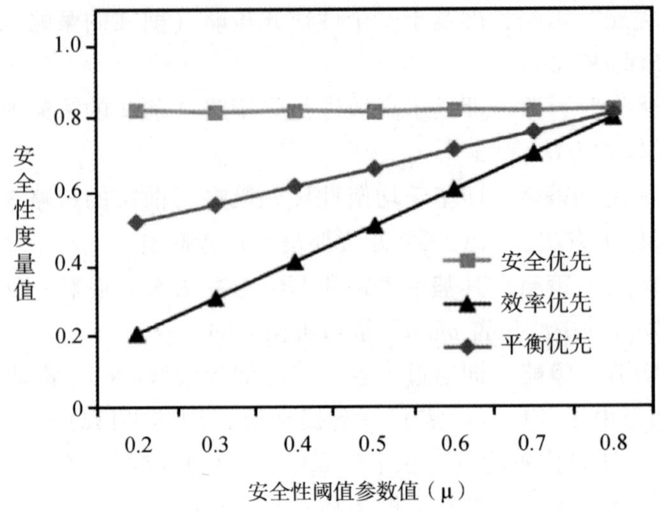

图 5.4　安全性评估结果

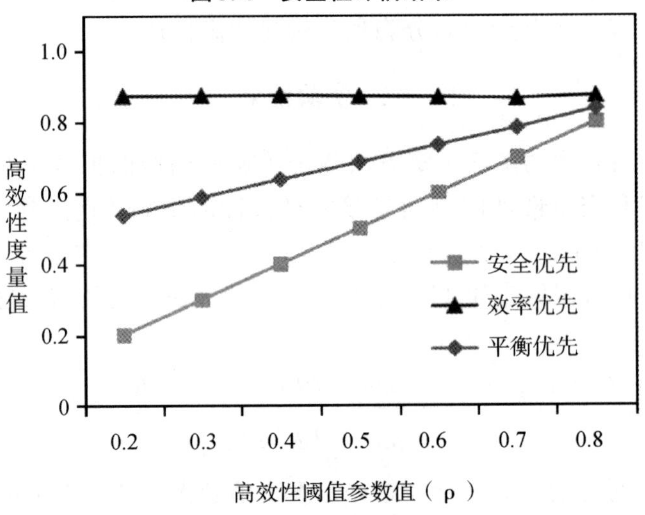

图 5.5　高效性评估结果

的不断增加，“效率优先”策略和“平衡优先”策略构造生成的扩展位置区域的安全性也随之增加，其中，“效率优先”策略还基本呈线性增加，这是因为高效性最大化原则使得生成的扩展位置区域均刚好达到安全性基本约束要求（位置区域面积由μ控制，不受高效性影响）。“安全优先”策略生成的扩展位置区域的安全性并不随安全性参数值变化，这是因为此时算法执行安全性最大化原则，使得扩展位置区域的构造是在不违背高效性的基本前提下，尽可能最大化区域面积（区域面积由 ρ 控制，而在该组实验中 ρ 值不变）。

从图5.5 给出的高效性评估结果，可以看出，随着高效性阈值参数值的不断增加，“安全优先”策略和“平衡优先”策略构造生成的扩展位置区域的高效性也均随之增加，其中，“安全优先”策略基本呈线性增加（因为此时位置区域面积由参数 ρ 控制）。“效率优先”策略构造生成的扩展位置区域的高效性不随高效性参数值变化，这是因为此时扩展位置区域的构造是按照高效性最大化的原则进行。

综上所述，算法5.1 所构造的扩展位置区域序列关于其读者位置区域序列能够很好地满足定义5.9 给出的高效性和安全性约束。

实验二通过对比“随机策略”，旨在评估本章方法（本书策略）所构造生成的扩展位置区域是否能有效地满足位置关联性约束。这里参考定义5.8（位置序列的关联性），计算扩展位置区域序列 A^* 关于其读者位置区域序列不满足位置关联性约束的位置单元数量，即：

$RN1\ (A^*)$ = 扩展位置区域序列 A^* 中不满足定义5.8 约束一的位置数量

$RN2\ (A^*)$ = 扩展位置区域序列 A^* 中不满足定义5.8 约束二的位置数量

对于 $RN2\ (A^*)$，为了不使度量值过大，我们仅统计在第一层区域层次上不满足约束（2）的位置单元数量。可以看出，度量值主要取决于扩展位置区域序列的长度。实验任意选定一个策略（策略5.1 至策略5.3）来构造生成扩展位置区域，因为，这三个策略所确定生成的扩展区域位置彼此相同。此外，在实验中，扩展位置区域序列长度从200 变化到2000。实验结果如图5.6 所示。

从图5.6 给出的位置相关性评估结果可以看出，我们的方法所构造生成的扩展区域序列能够很好地满足位置关联性约束（接近1.0），并且随着扩展区域序列长度的增长，仍能很好地满足位置关联性约束条件。相比于我们的方法，随机方法所确定的扩展区域序列对位置关联性约束的满足效果则并不理想，其中，对约束条件二的满足情况尤其不理想，这主要是因为不满足约束一的位置肯定也不满足约束二，所以，我们有 $RN2\ (A^*) \geqslant RN1\ (A^*)$。

实验三通过对比“哑元构造”策略和“噪音构造”策略，旨在评估

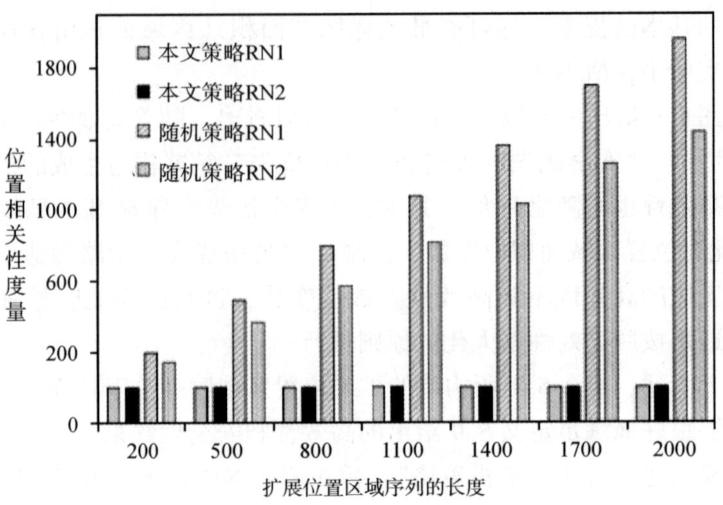

图 5.6 位置相关性评估结果

本章策略在位置隐私安全性和信息服务高效性上的综合性能表现。为了让比较结果更加公平，这里参照“哑元构造”策略的安全性度量标准（由于“噪音构造”策略的方法框架与我们的策略基本一致，因此，其隐私度量可以直接沿用前文的定义），并结合定义 5.4（扩展区域的安全性），重新定义了位置隐私安全性度量标准，即扩展位置区域a_k^* 和 k 个哑元请求位置对位置隐私安全性的影响分别计算如下：

$$PR(a_k^*) = |a_k^*|\sqrt{|p@\ a_k^* - p@\ a_k|}$$

$$PR(k) = \frac{k+1}{k}\sum_{i=1}^{k} \sqrt{|p_i - p@\ a_k|}$$

其中，$|a_k^*|$表示扩展位置区域包含的位置单元数量，p_i 表示一个哑元请求位置。显然，度量值越大，意味着位置隐私得到越好的保护。

实验中，我们选择使用了“高效优先”策略，因为它构造生成的扩展位置区域在三个本章策略中（策略 5.1 至策略 5.3）具有最差的安全性。实验中，我们通过调整相关参数（“高效优先”策略是ρ，而“哑元构造”策略是 k）使得位置隐私方法所造成的移动图书信息服务效率损失逐渐增大（相比没有引入读者隐私保护机制之前），然后观察并计算安全性度量值。实验评估结果如图 5.7 所示。

从图 5.7 给出的安全性和高效性整体评估结果可以看出，随着位置隐

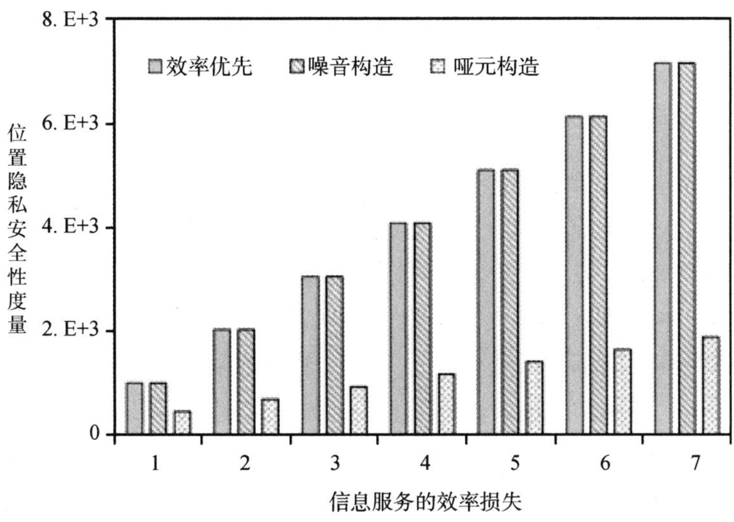

图 5.7　安全性和高效性整体评估结果

私保护所付出的信息服务效率损失增大，三种策略方法的安全性度量值都得到了不同程度的提高，但是相比“哑元构造”策略，本章方法和“噪音构造”策略获得了更好的隐私安全性。这主要是因为在相同的信息服务效率损失下，相比于“哑元构造”策略，本章方法和“噪音构造”策略所构造生成的扩展位置区域能覆盖更多的位置单元。例如，当移动图书信息服务效率损失等于 1 的时候，“哑元构造”策略构造生成的哑元数量等于 1，因此攻击者获知读者真实请求位置的概率等于 0.5。但此时，本章方法或“噪音构造”策略所构造生成的扩展位置区域却能覆盖数百个位置单元，因此攻击者从中猜测出读者真实请求位置的概率是几百分之一，这极大地提高了读者位置隐私的保护效果。

然而，从图 5.7 中还可以看出，本章方法和“噪音构造”策略在位置隐私安全性度量和信息服务高效性度量上均有着类似的综合表现性能。但是在“噪音构造”策略中，图书信息服务效率无法动态调整。并且为了确保位置不可区分性（基于“差分隐私”构建的概念），“噪音构造”策略方法无法保证扩展位置区域总是掩盖其对应的读者真实请求位置，从而使得信息服务准确性约束无法得到确保（无法满足定义 5.9 的准确性约束）。所以，本章方法在安全性、高效性和准确性约束上拥有更好的综合性能。

第五节 分析评价

第二章描述了移动图书信息服务平台下的读者服务隐私保护框架，并从可用性约束、准确性约束、高效性约束、安全性约束等方面，形式化描述了相应的读者服务隐私保护需求，为读者服务隐私策略的构建提供了参考和依据。本小节首先结合前文给出的现有用户隐私保护策略，分析评价本章所研究构建的基于区域扩展的读者位置隐私保护策略的有效性。然后，再讨论区域扩展策略在读者服务隐私整体性保护中的应用局限。

观察 5.1：本章研究构建的面向移动图书信息服务平台的基于区域扩展的读者位置隐私保护策略，能很好地满足服务准确性约束和服务高效性约束，能很好地满足三个层次的策略可用性约束，能很好地满足三个层次的位置隐私安全性约束（仅针对位置隐私，而不能扩展到全体服务隐私）。

说明：关于服务准确性约束（定义 2.5）和三个层次的策略可用性约束（定义 2.7），根据前文第二节给出的基于区域扩展的读者位置隐私保护的基本框架，可以很容易地证明（小节 5.2.2 也对此做了较为详细的陈述）。关于服务高效性约束（定义 2.6），根据前文的区域扩展策略可看出，读者位置隐私保护对位置服务高效性的影响取决于扩展区域面积，即扩展区域面积越大，位置服务高效性越差。然而，区域面积又将影响位置隐私的安全性，即面积越大，位置隐私暴露的风险就越低。所以，读者位置隐私保护所造成的服务性能损失线性正相关于客户端构造生成的扩展位置区域面积，因而不会显著降低服务的执行效率，即能确保位置服务的高效性。接下来，我们分三种情况分析策略安全性约束（定义 2.8）。

情况一：攻击者能否根据隐私策略构造的扩展位置区域a_0^* 本身推测出读者具体位置 $p@a_0$ 或位置区域a_0 呢？在扩展位置区域a_0^* 中，读者位置区域中心已被隐私策略更换，使得攻击者根据a_0^* 推测出读者具体位置 $p@a_0$ 的概率值等于$1/|a_0^*|$（概率极低）。由于服务器端攻击者不知道读者位置区域a_0 的半径长度 $r@a_0$，其推测出完整读者位置区域a_0 的概率要更低。当然，如果攻击者掌握了算法副本（掌握了算法原理、当前采用的搜索策略以及相关参数），并知道了读者位置区域的具体半径 $r@a_0$，攻击者可推测出读者具体位置 $p@a_0$ 大致会落在扩展位置区域a_0^* 的外圈区域，但算法在

确定扩展区域半径的时候（语句4和语句10），加入了一个随机值θ，使得攻击者猜测出$p@a_0$的概率仍极低，约等于$1/(\theta\cdot|a_0^*|)$。

情况二：攻击者能否根据客户端在一段时间内提交的扩展位置区域序列A^*推测出读者具体位置$p@a_0$或位置区域a_0呢？这与前述情况最大不同在于，攻击者可以根据预先掌握的读者位置分布规律来缩小扩展区域面积，提高推测出读者具体位置的概率。例如，第三节提到的例子，攻击者根据先验知识可以得出结论：读者位置$p@a_0$必然落在两个扩展位置区域a_1^*和a_2^*之内。此时，扩展位置区域对位置隐私的保护效果变为$a_1^*\cap a_2^*$，即攻击者推测出$p@a_0$的概率值等于$1/|a_1^*\cap a_2^*|$。如果$a_1^*\cap a_2^*$面积远小于a_1^*或a_2^*，这将极大影响对位置隐私的掩盖保护效果。然而，由于本章隐私策略考虑到了这种情况，即构造的扩展位置区域也很好地体现了这种位置间的关联性（例如，扩展位置区域a_1^*和a_2^*将满足$p@a_1^*=p@a_2^*$），使得$a_1^*\cap a_2^*\approx a_1^*$或$a_2^*$，即攻击者难以据此降低扩展位置区域的掩盖保护效果。

情况三：攻击者获取运行在客户端的隐私保护算法副本后，能否根据扩展位置区域序列A^*推测出读者具体位置$p@a_0$或位置区域a_0呢？此时，攻击者可以向算法副本逐个输入扩展位置区域a_k^*中的各个位置单元$p_i\in a_k^*$（这里假设攻击者已经掌握了当前采用的搜索策略以及相关的阈值参数），然后，观测算法能否构造输出掩盖范围a_k^*。如果成功，则表明p_i是读者真实位置。然而，这样的尝试并不会成功（并且即使成功也得不出上述结论），因为我们的方法在确定扩展位置区域a_k^*半径时加入了一个随机值（语句4和10），使得两次相同输入也会得到不同输出（即使输出相同，也无法得出输入相同的结论）。

综上所述，攻击者虽然拥有强大的攻击能力，但还是难以从服务器端记录的历史移动图书信息服务请求数据中识别出读者的具体位置（或位置区域），因而本章研究构建的基于区域扩展的读者位置隐私保护策略，能很好地满足三个层次的位置隐私安全性约束。然而，区域扩展策略仅针对位置隐私，并不能扩展到读者服务隐私保护的全体场景，因而并不能在真正意义上满足隐私安全性约束（不满足定义2.8给出的策略安全性约束）。

三个具体的基于位置区域扩展的读者位置隐私保护实例，如图5.8所示。其中：图上方是客户端提交的由同一读者“张三”在某段时间内发布的三条移动图书信息服务请求记录（它们关联的位置区域已经用三个圆形区域标识）；图下方为经过客户端位置区域扩展处理后提交给云端服务器端处理的三条对应移动图书信息服务请求记录（它们关联的读者位置区域分别被面积更大的掩盖区域替换）。可看出，最终提交给云端服务器的移动图书信息服务请求所关联的读者具体位置信息已经被新位置替换，攻击者无法据此获知读者的真实位置，从而实现对读者位置隐私的有效保护。

①来自客户端的三个移动图书信息服务请求

客服端请求一：(张三, 书店, ((5, 5),2.5))　客服端请求二：(张三, 书店, ((15, 3),2.5))　客服端请求三：(张三, 报亭, ((27, 7),2.5))

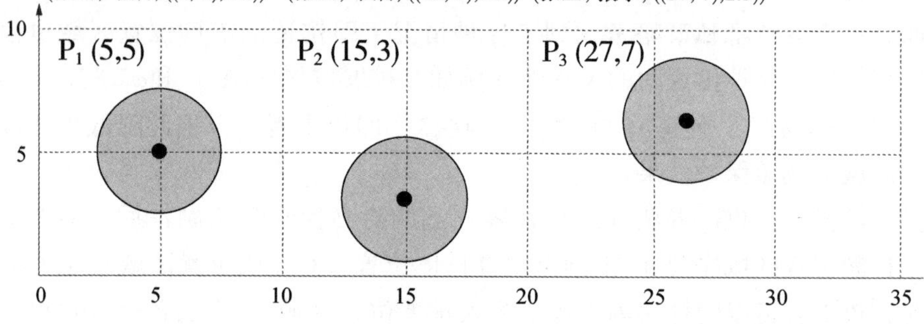

位置区域扩展

②区域扩展后提交服务器端的新信息服务请求

服务器端请求一：(张三, 书店, ((5, 7.5), 5))　服务器端请求二：(张三, 书店, ((16, 5.2), 5))　服务器端请求三：(张三, 报亭, ((28, 8), 5))

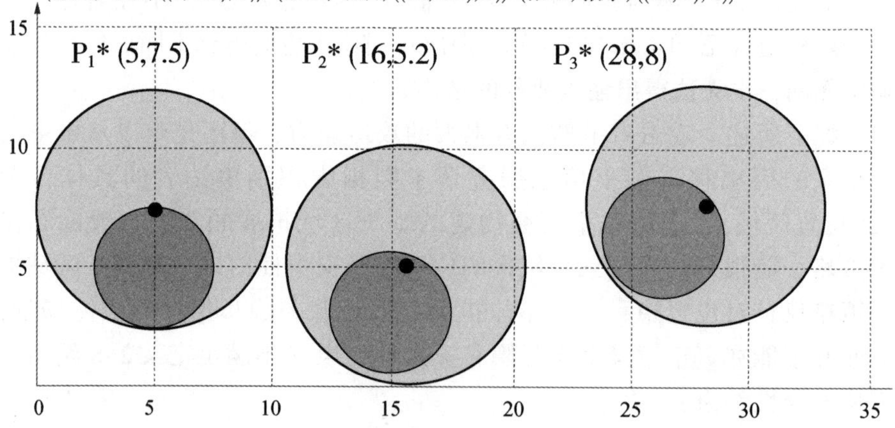

图 5.8　基于位置扩展的读者位置隐私保护实例

根据第二章第四节的现有方法评价可以看出以下几点。第一，数据安全策略虽然能很好地满足可用性约束、高效性约束和准确性约束，但其“对外部对内”的特点使其无法满足安全性约束；第二，加密法能很好地满足安全性约束、高效性约束和准确性约束，但它需要更改现有移动图书信息服务平台架构和图书信息服务算法，因而无法满足可用性约束；第三，匿名法容易遭受到数据挖掘威胁，无法满足安全性约束，并且它需要牺牲系统的用户身份认证功能，也降低了它的实际可用性（无法满足可用性约束）；第四，模糊法通常会影响服务准确性，并且对第三方匿名服务器的依赖也容易导致性能瓶颈和隐私瓶颈；第五，泛化法能很好地满足高效性约束和可用性约束，但它改写了服务请求数据，对服务准确性会造成一定的负面影响（无法满足准确性约束），并且现有泛化法通常只针对单一类型的服务请求数据，仍无法完全满足读者服务隐私保护的安全性约束。综上，可以看出，本章研究构建的区域扩展策略，针对移动图书信息服务平台的读者位置隐私保护问题，在可用性约束、高效性约束、准确性约束和安全性约束上，具有更好的综合性能。

然而，本章研究构建的位置区域扩展策略，其核心是要找到合适的、能覆盖读者真实位置区域的“扩展位置区域”（以满足服务准确性约束）。对于其他类型的移动图书信息服务请求数据，很多时候并不容易找到覆盖读者当前数据的“扩展数据”。例如，对于读者图书检索数据（检索关键词），在满足服务准确性约束的前提条件下，很多时候并不容易找到覆盖读者当前检索词的“拓展检索词”（例如，单字检索词“猫”就不存在拓展关键词）。因此，位置区域扩展策略的基本思想，并不容易扩展到其他的读者服务隐私保护场景，即难以应用于保护其他类型的读者服务隐私（如图书推荐隐私、检索隐私、浏览隐私等），这限制了区域扩展策略在读者服务隐私保护中的普适性，并不能在真正意义上满足读者服务隐私安全性约束。

第六节　本章小结

前面第四章的研究工作仅关注读者资料隐私问题，而没有关注读者服务隐私安全问题。移动图书信息服务平台使得读者可以在任何时间、任何地点均能享受到图书馆为其提供的内容丰富的图书信息服务（移动图书信息服务）。当前，在手机等移动智能终端设备上使用图书馆信息服务已是图书馆发展的大势所趋。位置服务是读者移动图书信息服务的重要基础。本章研究构建了移动图书信息服务平台读者位置隐私保护的统一模型和策略，通过构造“扩展位置区域”，以掩盖保护移动图书信息服务请求涉及的读者真实位置区域，从而改善读者位置隐私在不可信服务器端的安全性。

首先，面向移动图书信息服务平台，基于客户端的体系结构，提出了基于读者位置区域扩展策略的移动位置隐私保护基本框架，它既不改变移动图书信息服务的实用性，也不影响移动图书信息服务的准确性。其次，定义了基于区域扩展的读者位置隐私保护模型，它形式化描述了移动图书信息服务平台客户端为读者请求位置区域、构造生成的扩展位置区域应满足的条件约束，以确保移动图书信息服务的高效性和安全性。基于前述的基本框架和隐私模型，设计实现了面向移动图书信息服务的读者位置隐私保护算法。最后，理论分析和实验评估，验证了读者位置区域扩展策略的实际有效性，即能在不损害移动图书信息服务实用性的前提下，确保读者位置隐私在移动图书信息服务平台不可信服务器端的安全性。

本章提出的读者位置隐私保护方法同时兼具良好的实用性和安全性，但它是基于读者请求位置区域扩展策略而构建的。位置区域扩展策略难以应用于其他类型的读者图书信息服务数据，即难以应用于保护其他类型的读者服务隐私（如图书推荐隐私、检索隐私、浏览隐私等），这限制了本章方法在读者移动图书信息服务隐私保护中的普适性。

第六章　基于哑元构造的读者服务隐私保护

不同于第五章仅关注读者位置隐私，本章基于哑元构造策略，试图构建面向读者移动图书信息服务隐私保护的统一模型和策略。具体地，第一节简要回顾分析了现有隐私技术在移动图书信息服务平台读者服务隐私保护中的应用局限，并提出了本章的研究对象和研究问题。第二节给出了基于哑元构造的读者移动图书信息服务隐私保护的基本框架，明确了该框架模型下哑元请求构建时应考虑的若干关键问题，并描述了相关攻击模型。然后，基于该框架模型，第三节定义了面向移动图书信息服务的读者偏好隐私保护模型，形式化描述了理想哑元请求应满足约束条件，讨论了基于哑元构造的读者服务隐私保护算法的具体设计与实现。第四节通过实验评估和理论分析，评估了读者服务隐私模型及其实现算法的有效性。第五节深入分析了本章构建的基于哑元构造的读者服务隐私保护方法在读者移动图书信息服务中的有效性。第六节总结了本章的研究工作。此外，本章的主要相关内容，已正式发表于知识系统领域的国际权威期刊 *Knowledge Based Systems*（SCI 一区）①，并成功授权国家发明专利 1 项。

第一节　问题引入

第五章针对移动图书信息服务的读者位置隐私保护问题，研究构建的区域扩展策略，相比于现有的数据安全策略（如身份认证、访问

---

① Zongda Wu, Dongdong Zou, Shigen Shen, et al.,"An Effective Approach for the Protection of User Commodity Viewing Privacy in Ecommerce Website", *Knowledge Based Systems*, Vol. 220, 2021.

控制等)①和现有的隐私保护方法（如加密法、模糊法、泛化法、匿名法等)②，在可用性约束、高效性约束、准确性约束、安全性约束等读者服务隐私保护需求上表现出更好的综合性能。第五章研究构建的位置区域扩展策略，其核心是要找到合适的完全覆盖读者真实位置区域的“扩展位置区域”，以在满足移动图书信息服务准确性约束的同时，掩盖保护读者位置隐私。对于任意的位置区域，找出完全覆盖它的扩展位置区域（以确保位置服务准确性)，显然是容易的，但对于其他类型的移动图书信息服务请求数据（如图书检索请求数据、图书浏览请求数据等)，找出覆盖它的“扩展数据”并不容易（有时甚至无解)。例如，中文单字词通常就不存在完全覆盖它的中文扩展词（类似于扩展位置区域，中文单词的扩展词是指，包含该单词的任意文档，必然包含该扩展词)。为此，读者请求数据扩展策略并不适用于读者图书检索服务。因此，数据扩展策略并不容易扩展到其他的读者服务隐私保护场景，即难以应用于保护其他类型的移动图书信息服务隐私（如图书推荐隐私、图书检索隐私、图书浏览隐私等)，限制了该策略在移动图书信息服务平台读者服务隐私保护中的普适性，并不能在真正意义上满足读者服务隐私的安全性约束（定义2.8)。

为此，本章不以移动图书信息服务平台为读者提供的某种具体移动图书信息服务为研究对象，而是以移动图书信息服务背后蕴含的读者位置偏好隐私和读者图书偏好隐私为研究对象，研究构建基于哑元构造的读者服务隐私保护的统一模型和策略。其研究目标可概括为：面向移动图书信息服务平台，研究构建基于哑元构造的读者服务隐私保护模型和策略，有效突破位置区域扩展策略和现有隐私保护方法在移动图书信息服务平台读者服务隐私保护中的应用局限性；在不损害移动图书信息服务的实用性、准确性和高效性的基本前提下，有效改善读者位置偏好隐

① Dželila Mehanović, Dino Kečo, Jasmin Kevrić, et al., “Feature Selection Using Cloud－Based Parallel Genetic Algorithm for Intrusion Detection Data Classification”, *Neural Computing and Applications*, Vol. 11, 2021.

② Sheng Gao, Jianfeng Ma, Weisong Shi, et al., “TrPF: A Trajectory Privacy Preserving Framework for Participatory Sensing”, *IEEE Transactions on Information Forensics and Security*, Vol. 8, No. 6, 2017.

私和读者图书偏好隐私在不可信移动图书信息服务平台服务器端的安全性。具体来说，本章研究工作主要包括以下几个方面。

第一，研究构建面向移动图书信息服务平台的基于哑元构造的读者服务隐私保护框架，其基本思想是，通过在移动图书信息服务平台可信客户端构造生成一组“真假难辨”的移动图书服务哑元请求，连同读者真实请求，一起提交给移动图书信息服务平台的不可信服务器端，“以假乱真”混淆保护移动图书信息服务请求背后的读者图书偏好隐私和读者位置偏好隐私。

第二，研究构建基于哑元构造的读者服务隐私保护模型。它通过引入移动图书信息服务概率熵（包括图书信息熵、位置信息熵、图书位置联合信息熵），以度量哑元请求对读者请求的混淆效果；通过引入图书类别距离和位置区域距离等概念，以度量哑元请求对读者服务隐私（即读者位置偏好隐私和读者图书偏好隐私）的混淆效果，从而为理想哑元请求的构建提供参考依据。

第三，研究构建基于哑元构造的读者服务隐私保护算法。它运行在移动图书信息服务平台的可信客户端，作为服务器端信息服务算法和客户端用户界面之间的一层中间件，能为读者提交的移动图书信息服务请求，构造生成一组满足隐私模型约束的哑元请求，以满足移动图书信息服务平台读者服务隐私保护的实际需求。

理论分析结合实验评估，验证了本章研究构建的读者移动图书服务隐私保护模型及其实现算法的有效性，它在可用性约束、准确性约束、高效性约束和安全性约束方面表现出良好的综合性能，能很好地满足读者服务隐私保护实际需求。总之，随着智能手机等移动设备的广泛普及，移动图书信息服务平台的重要性日益显著，而从技术角度来看，现在仍缺乏专门针对读者移动图书信息服务隐私保护问题的研究。为此，本章研究是针对移动图书信息服务平台读者服务隐私保护的重要研究尝试，其构建的策略在移动图书信息服务平台读者服务隐私保护中具有很好的整体性和普适性，对构建新兴移动网络时代下读者服务隐私安全的移动图书信息服务平台具有重要意义。为了方便阅读，本章隐私模型涉及的主要数学符号及其含义说明见表 6. 1。

表 6.1　　　　隐私模型的相关符号及含义

符号	具体含义说明
$g@p_0$	读者请求 p_0 关联的图书请求 b_0 所属的图书类别
$d@p_0$	读者请求 p_0 关联的位置请求 a_0 所属的位置区域
EN（$\mathbb{P}$）	请求集合$\mathbb{P}$信息熵 EN（$\mathbb{P}$）$=EN$（$\mathbb{B}$）$+EN$（$\mathbb{A}$）$+EN$（$\mathbb{K}$）
DM（$\mathbb{P}$）	请求集合$\mathbb{P}$区域距离 DM（$\mathbb{P}$）$=DM$（$\mathbb{B}$）$+DM$（$\mathbb{A}$）
DM（$\mathbb{A}$）	位置集合$\mathbb{A}$区域距离
DM（$\mathbb{B}$）	图书集合$\mathbb{B}$类别区域距离
EN（$\mathbb{K}$）	位置和图书二元组集合$\mathbb{K}$的信息熵
EN（$\mathbb{B}$）	图书集合$\mathbb{B}$的图书信息熵
EN（$\mathbb{A}$）	位置集合$\mathbb{A}$的位置信息熵
PR（a）	读者发起位置请求 a 的概率
PR（d）	读者请求所关联的位置区域为 d 的概率
PR（b）	读者发起图书请求 b 的概率
PR（g）	读者请求所关联的图书类别为 g 的概率
PR（b，a）	同时发起位置请求 a 和图书请求 b 的联合概率
PR（g，d）	读者请求关联的区域为 d 和类别为 g 的联合概率
DM（g_1，g_2）	图书类别 g_1 和 g_2 之间的语义距离
DM（a_1，a_2）	位置单元 a_1 和 a_2 之间的语义距离

第二节　基于哑元构造的服务隐私保护框架

一　系统模型

通常，为了获取移动图书信息服务（例如，获取读者感兴趣的某本图书的概要，即移动图书浏览服务），读者需要通过移动图书信息服务平台的客户端向服务器端发送移动图书信息服务请求。移动图书信息服务平台能为读者提供的移动图书信息服务形式多样，主要包括移动图书阅读服务、移动图书浏览服务、移动图书检索服务、移动图书收藏服务等。然而，无论是哪种移动图书信息服务，读者发布的一条移动图书信息服务请求通常对应一本具体的读者目标图书和一个具体的读者当前位置。

为此，读者发布的一条移动图书信息服务请求主要包括以下组成因素，即读者标识（标识发起请求的读者）、位置信息（标识发起请求的读者当前位置信息）、图书信息（标识请求相关的读者目标图书）、服务类型（标识具体的移动图书信息服务请求类型，如移动图书阅读服务等）、时间信息（标识发起该请求的具体时间点）等。据此，为了更好对读者服务隐私进行保护，本章对第五章所描述的移动图书信息服务请求进行了扩展，即读者发布的任意一条移动图书信息服务请求被可进一步抽象表示为 p_0 = （u_0，e_0，t_0，a_0，b_0），其中：

（1）u_0 表示移动图书信息服务请求 p_0 所关联的读者标识信息；

（2）e_0 表示移动图书信息服务请求 p_0 所关联的移动图书信息服务类型；

（3）t_0 表示移动图书信息服务请求 p_0 所关联的时间信息（读者发布该服务请求的时间点）；

（4）a_0 表示移动图书信息服务请求 p_0 所关联的位置信息（这里仅关注位置点，即不再考虑位置区域，因而它由经纬度二元值构成），其背后所蕴含的读者隐私，称作读者位置偏好隐私（它是本章研究工作的重点）；

（5）b_0 表示移动图书信息服务请求 p_0 所关联的具体图书信息（读者感兴趣的图书信息），其背后所蕴含的读者隐私，称作读者图书偏好隐私（它也是本章研究工作的重点）。

如图 6.1 结合具体实例，展示了本章所采用的面向移动图书信息服务的基于哑元构造的读者偏好隐私保护的系统模型。从图 6.1 可以看出，该系统模型由一个不可信移动图书信息服务平台服务器端和一组可信的移动图书信息服务平台客户端组成，其一般化数据处理过程可简要描述如下。

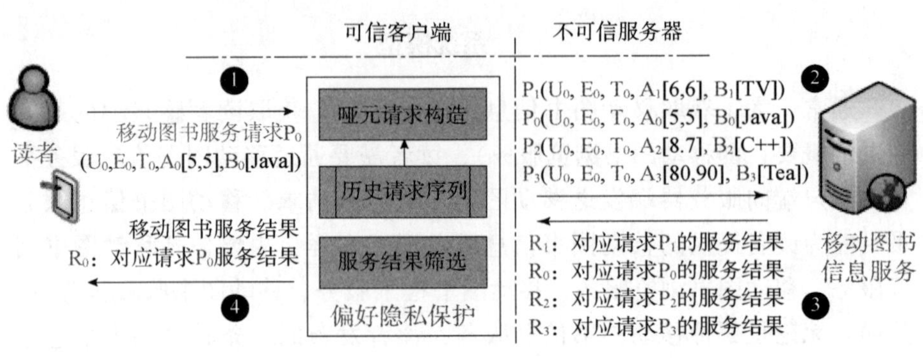

图 6.1 面向移动图书信息服务的读者偏好隐私保护框架模型

（1）对于读者通过移动图书信息服务平台客户端发布的移动图书信息服务请求 p_0，运行在客户端的“哑元请求构造”部件根据 p_0 的分布特征（包括位置偏好特征分布、图书偏好特征分布等），结合移动图书信息服务平台客户端保存的关于该读者的“历史移动图书信息服务请求序列”，构造生成一组与读者请求特征分布高度相似的哑元请求：p_1，p_2，…，p_n。可以看出，每个哑元请求与读者请求拥有相同的读者标识（均为 u_0）、服务类型（均为e_0）和时间信息（均为t_0），但拥有不同的位置信息（分别为a_k）和图书信息（分别为b_k），以混淆保护读者的位置偏好隐私和图书偏好隐私。然后，将这些哑元请求连同读者真实请求，以随机的次序逐个提交给移动图书信息服务平台服务器端，分别获取相应的移动图书信息服务。

（2）运行在移动图书信息服务平台客户端的“服务结果筛选”部件从移动图书信息服务平台服务器端返回的中间结果 R_0，R_1，R_2，…，R_n（R_k 为对应 p_k 的服务结果）中，筛选出对应读者真实请求 p_0 的服务结果 R_0（同时抛弃其他多余中间结果）。然后，将 R_0 作为最终结果返回给客户端读者。

从图 6.1 所示的移动图书信息服务的基于哑元构造的读者偏好隐私保护系统模型，我们可以得出如下结论。

（1）在该系统模型架构下，运行在移动图书信息服务平台客户端的读者移动图书偏好隐私保护方法并不要求改变客户端的移动图书读者界面，也不要求改变服务器端的移动图书信息服务算法，即不改变现有移动图书信息服务平台的体系架构。

（2）在该系统模型架构下，在每次移动图书信息服务过程中，移动图书信息服务平台服务器端所返回的图书服务结果必然是读者真实结果的超集，即不改变移动图书信息服务的准确性。

因为引入读者偏好隐私方法所造成的服务性能下降程度，线性相关于移动图书信息服务平台客户端构造生成的哑元请求数量，因而，基本不改变移动图书信息服务的高效性。

（3）综上所述，本章所采用的面向移动图书信息服务的读者偏好隐私保护系统模型不牺牲现有移动图书信息服务的可用性，因而，可很好地集成到现有移动图书信息服务平台。

二　问题陈述

从图 6. 1 的系统模型，还可以看出，运行在客户端的“哑元请求构造”部件为读者移动图书信息服务请求所构造生成的哑元请求至关重要，它们是改善读者位置偏好隐私和图书偏好隐私在不可信移动图书信息服务平台服务器端安全性的关键所在，即它们应难以被服务器端的攻击者识别和排除，应能有效模糊掩盖读者偏好隐私。然而，随机构造生成的哑元请求通常很容易被具有丰富背景知识的攻击者识别和剔除。通常，理想哑元请求应满足以下几个基本要求。

（1）哑元请求应难以区分于读者请求，以确保哑元请求对读者请求的混淆效果。假设客户端为一个读者请求构造生成的哑元请求数量为 n，最理想情况是所有哑元请求均难以被服务器端攻击者识别和排除，此时，攻击成功获知读者请求的概率等于$\frac{1}{n+1}$（这是最理想的结果）。然而，读者真实的移动图书信息服务请求在图书分布和位置分布上富有规律性特征。例如，读者在某段时间内通常会偏好于某一类或某几类图书（读者对每类图书的偏好概率分布并不均匀），读者在某段时间内通常会偏好在某些固定位置或固定区域发起服务请求（读者的位置分布概率并不均匀），读者在某段时间内可能会喜欢在某些固定位置区域请求某几类图书信息（读者的位置图书分布概率并不均匀）。然而，对于随机伪造的哑元请求，其分布规律通常是均匀的，无法反映出读者真实请求的这种富有规律的分布特征（具体包括位置分布规律、图书分布规律、位置图书分布规律等）。所以，攻击者根据这样的观察，可排除随机伪造的哑元请求。让我们考虑图6.1的读者偏好隐私保护示例。假设读者在某段时间内偏好“编程语言”和“饮料食品”类图书，但查阅“电器”类图书的概率较小（接近于0）。对于图6.1中客户端伪造的三个哑元请求（p_1，p_2，p_3），从图书分布规律的角度看，p_2 和 p_3是理想的，但 p_1 是不理想的（因为它们对应的图书类别“电器”是读者不感兴趣的，它很可能是随机构造的），很容易被掌握了读者请求规律的攻击者排除掉。此时，攻击者成功获知读者真实请求概率上升为$\frac{1}{3}\left(\text{而不是期望的}\frac{1}{4}\right)$。

（2）哑元请求应与读者图书偏好语义无关，以降低读者图书偏好隐私在移动图书信息服务平台不可信服务器端的暴露程度。系统模型引入哑元请求一个很重要的目的就是模糊掩盖读者的真实图书偏好，以保护读者图书偏好隐私。这要求哑元请求本身关联的图书信息应与读者真实图书偏好语义无关（或较少语义相关）。让我们考虑图6.1的示例，假设移动读者不想让攻击者获知其对图书类别“编程语言”感兴趣（“编程语言”为敏感图书偏好），则对于客户端伪造生成的三个哑元请求（p_1，p_2，p_3），p_1 和 p_3是理想的，但 p_2 是不理想的。因为 p_2 关联的图书“C++”直接与读者敏感偏好语义相关，因而其本身也会破坏读者敏感图书偏好构造，无法有效模糊掩盖读者图书偏好隐私。

（3）哑元请求应与读者位置偏好保持距离，以降低读者位置偏好隐私在移动图书信息服务平台不可信服务器端的暴露程度。系统模型引入哑元请求一个很重要的目的就是模糊掩盖读者的真实位置偏好，以保护读者位置偏好隐私。这要求哑元请求本身所关联的位置信息应与读者真实位置保持较远的物理距离。让我们考虑图6.1给出的示例，对于移动图书信息服务平台客户端为读者请求 p_0 伪造生成的三个哑元请求（p_1，p_2，p_3），仅 p_3是理想的，而 p_1 和 p_2 是不理想的。因为这两个哑元请求所关联的位置信息均太接近于读者的真实位置，因而，这些哑元请求本身也会在不同程度上暴露读者的真实位置信息，无法有效模糊掩盖读者位置偏好隐私。

三　攻击模型

攻击者的目标是获取关于某一特定读者的敏感隐私信息（这里主要是指读者感兴趣的图书类别信息，即读者图书偏好；以及读者具体的位置轨迹，即读者位置偏好）。攻击者可分为两类——被动攻击者和主动攻击者。其中，主动攻击者拥有更强大的能力，他可能完全掌握了移动图书信息服务平台服务器端，获取了服务器端所记录的所有读者的完整移动图书信息服务请求记录。为此，本章直接将移动图书信息服务平台服务器端视为主动攻击者，即他可以获取客户端提交的所有读者移动图书服务请求序列。

我们还假定攻击者掌握了丰富的背景知识，图书馆的所有图书的基本信息和分类信息，以及所有位置的基本信息和区域信息，即给定任意移动图书服务请求，攻击者可获知其对应的图书名称和所属的图书类别，以及对应的具体位置和所属的位置区域。因此，攻击者可以根据读者请求富有规律的图书特征分布和位置特征分布，以及两者的联合特征分布来识别猜测读者真实请求。此外，攻击者可能还知道了客户端读者偏好隐私保护算法的存在，并且还获取了副本。因此，他可以将掌握的移动图书服务请求输入隐私算法中，通过分析观察输出，识别读者真实请求。然而，攻击者的背景知识也是限的。为此，我们做了以下两个基本假设。

第一，攻击者无法预先获知特定读者的背景资料信息（如职业、学历、年龄等），即不考虑攻击者直接绕过读者服务请求本身，基于读者其他资料信息猜测读者兴趣偏好的情形。

第二，攻击者无法预先掌握特定读者的一部分真实移动图书服务请求（无法预先掌握真实样本），即不考虑已知明文攻击的情形。

第三节　基于哑元构造的服务隐私保护策略

一　服务隐私保护模型

基于第一节给出的移动图书信息服务的基于哑元构造的读者偏好隐私保护系统模型，本章将定义一个移动图书信息服务的读者偏好隐私保护模型，以形式化描述理想哑元请求应满足的约束条件。据第二节的问题分析可知，理想哑元请求应“真假难辨”（哑元请求应难区分于读者真实请求），能“以假乱真”掩盖读者图书偏好隐私和位置偏好隐私（有效降低读者偏好隐私在移动图书信息服务平台不可信服务器端的暴露程度）。

为此，假定攻击者已提前获知读者真实请求的历史分布规律，隐私模型首先定义读者图书请求概率（定义 6.1）、位置请求概率（定义 6.3）和图书位置概率（定义 6.5），以捕获特定读者的图书分布规律、位置分布规律和图书位置规律。然后，隐私模型进一步定义图书信息熵（定义 6.2）、位置信息熵（定义 6.4）和图书位置熵（定义 6.6），以形式化度量哑元服务请求对读者请求的混淆效果（“真假难辨”效果）。随后，隐私模型还将定义图书类别区域距离（定义 6.7），以形式化度量哑元图书请求对读者图书偏好的掩盖效果（“以假乱真”效果），以及位置区域距离（定义 6.8），以形式化度量哑元位置请求对读者位置偏好的掩盖效果。最后，基于前面两类度量，隐私模型进一步形式化定义运行在移动图书信息服务平台客户端的读者隐私保护方法所构造生成的理想哑元请求应满足的约束条件（定义 6.9）。

定义 6.1（图书请求概率）：让 $PR(b)$ 表示读者发起图书请求 b 的概率。让 $PR(g)$ 表示读者发起的任意图书请求背后所关联的图书类别为 g 的概率（每个图书请求都会关联一个具体的图书类别）。显然，任意图书类别的请求概率值等于它所包含的所有图书的请求概率值总和，所有图书的请求概率值总和等于 1，所有图书类别的请求概率值总和等于 1，即：

$$PR(g) = \sum_{b \in g} PR(b);\ \sum_{b \in \mathbb{B}^*} PR(b) = 1;\ \sum_{g \in \mathbb{G}^*} PR(g) = \sum_{g \in \mathbb{G}^*} \sum_{b \in g} PR(b) = 1$$

其中，$\mathbb{B}^*$ 表示全体图书的集合，$\mathbb{G}^*$ 表示全体图书类别的集合，$b \in g$ 表示图书类别所包含的一本具体图书 b。

根据前文分析可知，读者历史图书请求是富有规律的。例如，读者在某段时间内通常会偏好于请求某类或某几类图书、某本或某几本图书，即读者对每类或每本图书的请求概率值并不相同。为此，我们用图书请求概率和图书类别请求概率来捕获读者图书请求的历史规律特征，并进一步借助于图书信息熵概念①，以形式化度量哑元图书请求对读者图书请

① 马峥：《基于信息熵的科技学术期刊评价方法研究》，科学技术文献出版社 2022 年版，第 13—24 页。

求的混淆效果。对于客户端为读者一个图书请求所提交的请求集合（它包括一个读者请求及其对应的若干哑元请求），其信息熵可视为从中找出读者真实请求的不确定性。为此，一个图书请求集合的信息熵可通过其包含的各个请求被读者发布的概率值进行计算。

定义 6.2（图书请求信息熵）：让$\mathbb{B}$表示图书集合，让$\mathbb{G}=\{g \mid u\in g\wedge u\in\mathbb{U}\}$表示集合$\mathbb{B}$所对应的图书类别集合。那么对于集合$\mathbb{B}$中的任意图书服务请求，其余图书请求对它的混淆效果（即从$\mathbb{B}$中找出该图书请求的不确定）可通过信息熵进行度量，即从集合$\mathbb{B}$中识别出任意图书请求的信息熵可计算如下：

$$EN(\mathbb{B})=ENB(\mathbb{B})+ENG(\mathbb{G})$$

其中，ENB（$\mathbb{B}$）和 ENG（$\mathbb{G}$）分别称作图书请求熵和图书类别熵，计算如下：

$$ENB(\mathbb{B}) = -\sum_{b\in\mathbb{B}}\frac{PR(b)}{H_B^*}\cdot\log_2\left(\frac{PR(b)}{H_B^*}\right);H_B^* = \sum_{b\in\mathbb{B}}PR(b)$$

$$\mathrm{ENG}(\mathbb{G}) = -\sum_{g\in\mathbb{G}}\frac{\mathrm{PR}(g)}{\mathrm{H}_G^*}\cdot log_2\left(\frac{\mathrm{PR}(g)}{\mathrm{H}_G^*}\right);\mathrm{H}_G^* = \sum_{g\in\mathbb{G}}\mathrm{PR}(g)$$

从定义6.2可看出，图书信息熵越高越好，这意味着攻击者从图书集合$\mathbb{B}$中找出读者图书请求的不确定性越高，即哑元服务请求对读者请求的混淆效果越好。还可看出，当且仅当集合$\mathbb{B}$中的各个元素具有相同的图书请求概率值和相同的图书种类请求概率值时，集合$\mathbb{B}$获得最高的图书信息熵，达到了最好的混淆效果。

定义 6.3（位置请求概率）：让 PR（a）表示读者发起位置请求 a 的概率。让 PR（d）表示读者发起的任意位置请求背后所关联的位置区域为 d 的概率（每个位置请求都会关联一个具体的位置区域）。显然有，任意位置区域的请求概率值等于它包含的所有位置单元的请求概率值的总和，所有位置的请求概率值总和等于1，所有位置区域的请求概率值总和等于1，即：

$$PR(d) = \sum_{a\in d}PR(a);\sum_{a\in\mathbb{A}^*}PR(a) = 1;\sum_{d\in\mathbb{D}^*}PR(d) = \sum_{d\in\mathbb{D}^*}\sum_{a\in d}PR(a) = 1$$

其中，$\mathbb{A}^*$表示全体位置的集合，$\mathbb{D}^*$表示全体位置区域的集合，$a\in d$表示位置区域所包含的一个位置单元 a。

根据前文分析可知，读者请求序列背后关联的位置信息序列是富有特征规律的。例如，读者在某段时间内通常会偏好在某些固定位置或固定区域发起信息服务请求，即读者的位置分布概率并不均匀。为此，我们用位置单元请求概率和位置区域请求概率，来捕获读者移动图书服务请求背后的这种位置规律分布特征。并进一步借助于信息熵概念，以形式化度量哑元位置请求对读者真实位置请求的混淆效果。类似于前文的定义，一个位置请求集合的信息熵可通过其包含的各个位置请求被读者发布的概率值进行计算。

定义 6.4（位置请求信息熵）：让$\mathbb{A}$表示位置集合，让$\mathbb{D}=\{d \mid a \in d \wedge a \in \mathbb{A}\}$表示集合$\mathbb{A}$所对应的一个位置区域集合。那么对于集合$\mathbb{A}$中的任意位置请求，其余位置请求对其混淆效果（从$\mathbb{A}$中找出该位置请求的不确定）可通过信息熵进行度量，即从集合$\mathbb{A}$中识别出任意位置请求的信息熵可计算如下：

$$EN(\mathbb{A} = ENA(\mathbb{A}) + END(\mathbb{D})$$

其中，ENA（$\mathbb{A}$）和 END（$\mathbb{D}$）分别称作位置请求熵和位置区域熵，计算如下：

$$ENA(\mathbb{A}) = -\sum_{a \in \mathbb{A}} \frac{PR(a)}{H_A^*} \cdot \log_2\left(\frac{PR(a)}{H_A^*}\right); H_A^* = \sum_{a \in \mathbb{A}} PR(a)$$

$$END(\mathbb{D}) = -\sum_{d \in \mathbb{D}} \frac{PR(d)}{H_D^*} \cdot \log_2\left(\frac{PR(d)}{H_D^*}\right); H_D^* = \sum_{d \in \mathbb{D}} PR(d)$$

定义 6.5（位置图书概率）：让 PR（b，a）表示某个读者同时发起位置请求 a 和图书请求 b 的联合概率。让 PR（g，d）表示读者发起的任意移动图书服务请求背后所关联位置区域为 d 和图书类别为 g 的联合概率。显然有：

$$PR(b, a) = PR(b) \cdot PR(a); \; PR(g, d) = PR(g) \cdot PR(d)$$

此外，所有位置请求和图书请求的联合概率值总和等于 1，所有位置区域和图书类别的联合概率值总和等于 1，即：

$$\sum_{b \in \mathbb{B}^*} \sum_{a \in \mathbb{A}^*} PR(b,a) = \sum_{b \in \mathbb{B}^*} \sum_{a \in \mathbb{A}^*} PR(b) \cdot PR(a) = 1$$

$$\sum_{g \in \mathbb{G}^*} \sum_{d \in \mathbb{D}^*} PR(g,d) = \sum_{g \in \mathbb{G}^*} \sum_{d \in \mathbb{D}^*} PR(g) \cdot PR(d) = 1$$

根据前文分析可知，读者请求序列背后所关联的位置信息和图书信息之间通常也会表现出富有规律的分布特征。读者在某段时间内可能会喜欢在某些固定位置区域请求某几类固定图书信息，即来自同一读者的位置图书分布概率并不均匀。为此，我们用位置图书请求概率和位置区域图书类别请求概率，来捕获读者移动图书请求序列的这种联合特征分布。然后，我们进一步借助于信息熵概念，以形式化度量哑元请求对读者请求的混淆效果。类似地，一个移动图书请求集合的位置图书联合信息熵可通过其包含的各个请求的位置图书的联合概率值进行计算。

定义 6.6（位置图书信息熵）：让$\mathbb{K} = \{(b, a)\}$表示位置请求和图书请求的二元组集合，让$\mathbb{M} = \{(g, d) \mid a \in d \wedge b \in g \wedge (b, a) \in \mathbb{K}\}$表示所对应的位置区域和图书类别的二元组集合。那么对于集合$\mathbb{K}$中的任意请求，其余请求对其混淆效果（从$\mathbb{K}$中找出该请求的不确定）可通过信息熵进行度量，即从集合$\mathbb{K}$中识别出任意请求的信息熵可计算如下：

$$EN(\mathbb{K}) = EBA(\mathbb{K}) + EGD(\mathbb{M})$$

其中，$EBA(\mathbb{K})$和$EGD(\mathbb{M})$分别称作位置请求和图书请求联合熵和图书类别和位置区域联合熵，计算如下：

$$EBA(\mathbb{K}) = -\sum_{(b,a) \in \mathbb{K}} \frac{PR(b,a)}{H_{BA}^*} \cdot \log_2\left(\frac{PR(b,a)}{H_{BA}^*}\right); H_{BA}^* = \sum_{(b,a) \in \mathbb{K}} PR(b,a)$$

$$EGD(\mathbb{M}) = -\sum_{(g,d) \in \mathbb{M}} \frac{PR(g,d)}{H_{GD}^*} \cdot \log_2\left(\frac{PR(g,d)}{H_{GD}^*}\right); H_{GD}^* = \sum_{(g,d) \in} PR(g,d)$$

根据前文的分析，我们知道，哑元请求关于其相应的读者请求具有较高的信息熵（图书请求熵、位置请求熵和位置图书熵）只能保证哑元请求对读者请求的“真假难辨”效果。为了确保哑元请求对读者图书请求背后蕴含的图书偏好隐私的掩盖效果（“以假乱真”效果），哑元图书请求与读者图书请求之间的类别无关性应尽可能高，即哑元图书请求与读者图书请求共同所围成的“区域”的语义距离应尽可能远。为此，下文引入候选图书请求集合的区域距离概念，以形式化度量哑元图书请求对读者图书偏好隐私的掩盖效果。

定义 6.7（图书区域距离）：让$\mathbb{B}$表示图书集合，$\mathbb{G}$表示集合$\mathbb{B}$所对应的图书类别集合。对于任意两个图书类别$g_1 \in \mathbb{G}$和$g_2 \in \mathbb{G}$，让$g_1 \cap g_2$表示图书类别包含图书构成的交集，让$g_1 \cup g_2$表示图书类别所包含图书集合并集。则图书类别间的语义距离，可表示为：可分别$DM(g_1, g_2) = 1 - |g_1 \cap g_2| \cdot |g_1 \cup g_2|^{-1}$。据此，图书集合$\mathbb{B}$所有图书请求所围成的类别区域距离可通过任意图书类别之间语义距离的累加和进行度量，即：

$$DM(\mathbb{B}) = \sum_{g_1,g_2 \in \mathbb{G}} DM(g_1, g_2) = \sum_{g_1,g_2 \in \mathbb{G}} 1 - |g_1 \cap g_2| \cdot |g_1 \cup g_2|^{-1}$$

类似地，为了确保哑元位置请求对读者位置请求背后蕴含的位置隐私的掩盖效果（“以假乱真”效果），哑元位置请求与读者位置请求之间的语义距离应尽量远，即哑元位置请求与读者位置请求共同围成的区域面积应尽量大。为此，下文引入候选位置请求集合的区域距离概念，以形式化度量哑元位置请求对移动图书服务中读者位置隐私的掩盖效果。

定义 6.8（位置区域距离）：让$\mathbb{A}$表示位置单元的集合。对于任意的两个位置单元$a_1 \in \mathbb{A}$和$a_2 \in \mathbb{A}$，则它们之间的语义距离可表示为：

$$\text{当} |a_1 - a_2| \geqslant \omega \text{ 时，} DM(a_1, a_2) = 1.0$$

$$\text{当} |a_1 - a_2| < \omega \text{ 时，} DM(a_1, a_2) = |a_1 - a_2| \cdot \omega^{-1}$$

其中，$|a_1 - a_2|$表示两个位置单元之间的物理距离，ω为位置隐私安全距离阈值（如果两个位置之间的距离超过了该阈值，则两者不会对彼此位置隐私构成伤害）。据此，位置集合$\mathbb{A}$所有位置请求构成的区域距离，可通过任意位置单元之间语义距离的累加和进行度量，即：

$$DM(\mathbb{A}) = \sum_{a_1,a_2 \in \mathbb{A}} DM(a_1, a_2)$$

综上，我们可以看出，理想的哑元请求应该在上述两个方面度量上均有最优化表现，即移动图书信息熵最大化（图书请求熵最大化、位置请求熵最大化和位置图书信息熵最大化），图书区域距离最大化和位置区域距离最大化。可看出，这是多目标优化问题。据此，基于前文所述的系统模型，下面定义给出理想哑元请求应满足的约束条件，以形式描述何为读者移动图书隐私在移动图书平台不可信服务器端的安全性得到了有效改善。

定义 6.9（移动图书隐私保护）：基于前文系统模型，对于读者发布的任意移动图书服务请求 p_0（读者请求）和移动图书信息服务平台客户端隐私算法为其构造的哑元请求 p_1，p_2，…，p_n，让 $\mathbb{P}=\{p_0, p_1, \cdots, p_n\}$，让 $\mathbb{B}=\{b@p_k \mid p_k\in\mathbb{P}\}$ 表示集合 $\mathbb{P}$ 所关联的图书请求集合（其中，$b@p_k$ 表示读者请求关联的图书信息），让 $\mathbb{A}=\{a@p_k \mid p_k\in\mathbb{P}\}$ 表示关联的位置请求集合，让 $\mathbb{K}=\{(b@p_k, a@p_k) \mid p_k\in\mathbb{P}\}$ 表示关联的位置请求和图书请求二元组集合。如果 $\mathbb{P}$ 满足以下多目标最优化模型，则称这些哑元请求能有效改善读者请求 p_0 背后蕴含的读者移动图书隐私在移动平台不可信服务器端的安全性。如果该读者在设定时间内发起的每次移动图书服务请求，读者隐私保护算法均能为其生成满足优化模型的哑元请求，则称该读者隐私在移动图书信息服务平台不可信服务器端的安全性得到了有效改善。

$$\arg\max[EN(\mathbb{P}), DM(\mathbb{P})]; \text{其中}$$

$$EN(\mathbb{P})=EN(\mathbb{B})+EN(\mathbb{A})+EN(\mathbb{K}); \ DM(\mathbb{B})=DM(\mathbb{B})+DM(\mathbb{A})$$

可以看出，该多目标优化模型涉及两个优化目标，即：

（1）移动图书信息熵最大化，即 arg max EN（$\mathbb{P}$）。该目标使得攻击者无论是根据图书分布规律，还是位置分布规律特征，均难以区分哑元请求与读者请求（难以排除哑元请求），从而确保哑元请求对读者请求的混淆效果。

（2）区域距离最大化目标，即 arg max DM（$\mathbb{P}$）。该目标使得哑元请求对读者位置隐私和图书隐私具有良好的掩盖效果，使得攻击者在没有排除哑元请求的前提下，难以获知读者感兴趣的图书类别或具体位置信息，从而确保读者移动图书隐私在不可信服务器端的安全性。

二　服务隐私保护算法

基于第一节给出的移动图书信息服务的基于哑元构造的读者隐私保护模型，本小节讨论其具体实现算法，为给定读者移动图书信息服务请求，构造生成一组哑元请求，要求哑元请求应尽可能地满足隐私模型定义 6.9 给出的约束目标（包括移动图书信息熵最大化、图书区域距离最大化和位置区域距离最大化）。显然，这是一个多目标优化问题，想获得同时满足多个优化目标的哑元请求集合是非常困难的。为此，引入以下的启发式搜索策略，以获取近似最优解。

策略 6.1（启发式搜索策略）：对于某读者发布的任意移动图书信息服务请求 p_0（读者请求），在其对应的移动图书信息服务哑元请求 p_1，p_2，…，p_n（哑元请求）的搜索过程中：

第一，优先考虑如何使候选移动图书信息服务请求集合 $\mathbb{P}=\{p_0, p_1, \cdots, p_n\}$ 满足移动图书信息熵的最大化目标，即优先考虑如何使候选图书信息服务请求集合 $\mathbb{B}=\{b@p_k \mid p_k \in \mathbb{P}\}$ 尽可能满足图书信息熵最大化目标，如何使候选位置请求集合 $\mathbb{A}=\{a@p_k \mid p_k \in \mathbb{P}\}$ 尽可能满足位置信息熵最大化目标，以及如何使候选图书位置请求集合 $\mathbb{K}=\{(b@p_k, a@p_k) \mid p_k \in \mathbb{P}\}$ 尽可能满足图书位置信息熵最大化目标。

第二，在满足信息熵最大化目标的基础上，再进一步考虑如何使候选移动图书信息服务请求集合 $\mathbb{P}$ 满足区域距离最大化目标，即如何使候选图书请求集合 $\mathbb{B}$ 尽可能地满足图书区域距离最大化目标，以及如何使候选位置请求集合 $\mathbb{A}$ 尽可能地满足位置区域距离的最大化目标。为此，该启发式搜索策略可形式化表述如下。

$\underset{p_1,p_2,\cdots,p_n}{arg\ max}\ DM(\mathbb{P})\ s.t.\ p_1, p_2, \cdots, p_n$ 为有效请求且 $EN(\mathbb{P}) \leqslant EN(\mathbb{P}')$；其中 $\mathbb{P}' = \underset{p_1,p_2,\cdots,p_n}{arg\ max} EN(\mathbb{P})\ s.t.\ p_1, p_2, \cdots, p_n$ 为有效请求

从第三节的读者偏好隐私保护模型可看出，在图书信息熵（定义 6.2）和位置信息熵（定义 6.4）的计算过程中，需要预先获知各个图书请求被读者发布的概率值，以及各个位置请求被读者发布的概率值（定义 6.1 和 6.3）。此外，位置图书信息熵（定义 6.6）依赖于读者图书位置联合概率值（定义 6.5），而读者图书位置联合概率值可通过图书请求概率值和位置请求概率值进行计算。

读者对某本图书的请求概率正相关于该读者对该本图书的历史请求频率，即某本图书在历史上被该读者请求得越频繁，则该本图书在将来被该读者继续请求的可能性也就越高。为此，我们可以根据特定读者的历史图书服务请求记录，来估算各本具体图书被该读者请求的概率值。对于读者位置请求概率值，也有类似规律，也可以按照同样的方法进行估算。

然而，从第一节的系统模型可看出，移动图书信息服务平台服务器端所收集的读者“历史移动图书信息服务请求序列”实际上包括读者真实请求和隐私算法为它们构造生成的哑元请求。为此，在图书请求概率和位置请求概率的估算过程中，我们将哑元请求也当作该读者发布的服务请求一并计算在内。

策略6.2（图书请求概率估算）：假定$\mathbb{P}$为移动图书信息服务平台服务器端收集的来自某个特定读者的历史服务请求序列（包括读者请求以及客户端为其伪造生成的哑元请求），对于任意给定的一个图书请求b_0，则该图书被该读者请求的概率值，可通过历史服务请求序列$\mathbb{P}$包含b_0的图书请求数量进行大概估算如下：

$$PR(b_0)=\frac{|\{p_k \mid b@p_k=b_0 \wedge p_k \in \mathbb{P}\}|}{|\mathbb{P}|}$$

策略6.3（位置请求概率估算）：假定$\mathbb{P}$为移动图书信息服务平台服务器端收集的来自某个特定读者的历史服务请求序列（包括读者请求以及客户端为其伪造生成的哑元请求），对于任意给定的一个位置请求a_0，则该位置被该读者请求的概率值，可通过历史服务请求序列$\mathbb{P}$包含a_0的位置请求数量进行大概估算如下：

$$PR(a_0)=\frac{|\{p_k \mid a@p_k=a_0 \wedge p_k \in \mathbb{P}\}|}{|\mathbb{P}|}$$

基于图书请求概率和位置请求概率，并结合前文的定义6.1、定义6.3和定义6.5，我们可进一步计算出图书类别概率和位置区域概率，以及图书位置请求联合概率和图书类别位置区域联合概率。基于上述策略，算法6.1给出了面向移动图书信息服务的读者偏好隐私保护模型的形式描述。从定义6.2、定义6.4和定义6.6可以看出，哑元请求与读者请求拥有的移动图书请求概率越一致（具体包括图书请求概率、位置请求概率和图书位置请求概率），则它们所构成的候选集合的信息熵也就越高（当各候选请求的概率值彼此相同时，候选集合的信息熵达到最高）。因此，算法6.1通过为读者当前移动图书信息服务请求p_0搜索一组拥有高度相似概率值（具体包括图书请求概率、位置请求概率和图书位置联合概率）的候选请求，以实现移动图书信息熵最大化目标（语句3至语句7）。这里为读者请求生成的候选请求数量被设定为 $4n$（其中，n 为期望最终生成的哑元请求数量），主要基于两种考虑。

第一，当基于图书空间$\mathbb{B}^*$和位置空间$\mathbb{A}^*$中与读者请求拥有相同的图书概率值、位置请求概率值或位置图书概率值的请求数量小于 $4n$ 时，算法仍坚持选择足够多的候选请求是为了后续的区域距离最大化目标能在一定程度上得到实现（否则，后续操作可能无法挑选出区域距离足够大的候选请求）。

第二，当基于图书空间$\mathbb{B}^*$和位置空间$\mathbb{A}^*$中与读者请求拥有相同移动图书信息概率值的请求数量大于 $4n$ 时，算法却不找出所有的这些请求是为了确保后续区域距离最大化操作的执行效率。

此外，在语句 9 和语句 10 的候选请求挑选过程中，引入随机操作是为了进一步增加目标哑元请求集合的不确定性（从而进一步降低攻击者猜测出读者请求的可能性），使得即使面对相同的输入，两次运行算法也有可能会得到完全不同的输出（具体请见后文的安全性分析）。

算法 6.1　为读者当前移动图书信息服务请求构造一组哑元请求

输入：

（1）读者历史移动图书请求序列$\mathbb{P}_0$（包括历史读者请求和对应历史哑元请求）

（2）哑元请求的数量 n 和内部知识空间（由$\mathbb{B}^*$，$\mathbb{G}^*$，$\mathbb{D}^*$，$\mathbb{A}^*$构成的数据结构）

（3）读者当前移动图书信息服务请求 p_0

输出： 读者请求及为其生成的一组哑元请求$\mathbb{P}_t=\{p_0, p_1, p_2, \cdots, p_n\}$

01　基于读者请求序列$\mathbb{P}_0$，计算读者对内部知识空间中各图书的请求概率 $PR(b)$ 和各图书类别的请求概率 $PR(g)$；

02　基于读者请求序列$\mathbb{P}_0$，计算读者对内部知识空间中各位置的请求概率 $PR(a)$ 和各位置区域的请求概率 $PR(d)$；

03　FOR（$\theta\leftarrow$极小正值，$\mathbb{B}\leftarrow$空集，$\mathbb{A}\leftarrow$空集；$\mathbb{P}=$空集；$\theta\leftarrow 2\theta$）DO

04　　设置$\mathbb{B}\leftarrow$从图书空间$\mathbb{B}^*$中随机抽取的 $4n$ 本图书，要求满足

$$\forall b_k \in \mathbb{B} \rightarrow |(PR(b_0)+PR(g_0))-(PR(b_k)+PR(g_k))| \leqslant \theta$$

05　　设置$\mathbb{A}\leftarrow$从位置空间$\mathbb{A}^*$中随机抽取的 $4n$ 个位置，要求满足：

$$\forall a_k \in \mathbb{A} \rightarrow |(PR(a_0)+PR(d_0))-(PR(a_k)+PR(d_k))| \leqslant \theta$$

设置$\mathbb{P}$←基于$\mathbb{B}$和$\mathbb{A}$并结合 p_0，随机构建 $4n$ 个候选请求，要求满足：

$$\forall p_k \in \mathbb{P} \rightarrow$$

$$|(PR(b@p_0,\ a@p_0)+PR(g_0,\ d_0))-(PR(b@p_k,\ a@p_k)+PR(g_k,\ d_k))| \leq \theta$$

END. / * 获取一个拥有极大信息熵的候选请求集合 * /

FOR ($\mathbb{P}_t \leftarrow \{p_0\}$；$|\mathbb{P}_t| < n+1$；$\mathbb{P}_t \leftarrow \mathbb{P}_t \cup \{p_k\}$，从$\mathbb{P}$中移除 p_k) DO

为候选集合$\mathbb{P}$中的各请求 p_k 计算一个图书选择概率值：

$$\sum_{p_t \in \mathbb{P}_t}(1-DM(g@p_t, g@p_k)) \Big/ \sum_{p_i \in \mathbb{P}} \sum_{p_t \in \mathbb{P}_t}(1-DM(g@p_t, g@p_i))$$

为候选集合$\mathbb{P}$中的各请求 p_k 计算一个位置选择概率值：

$$\sum_{p_t \in \mathbb{P}_t}(1-DM(a@p_1, a@p_k)) \Big/ \sum_{p_i \in \mathbb{P}} \sum_{p_t \in \mathbb{P}_t}(1-DM(a@p_t, a@p_i))$$

基于$\mathbb{P}$中各请求位置概率和图书概率之和，选择确定一个哑元 p_k；

END. / * 进一步筛选出一个拥有极大类别区域距离的哑元集合 * /

RETURN $\mathbb{P}_t$

第四节　实验评估

一　实验设置

本小节旨在验证前述的面向移动图书信息服务的读者偏好隐私保护方法的有效性，即评估本章方法产生的哑元请求对读者移动图书信息服务请求的混淆效果，以及哑元请求对读者图书偏好和位置偏好的掩盖效果。在开始实验评估之前，首先简要描述实验相关设置，包括图书数据、位置数据、读者请求、候选算法等。

实验数据。对于实验中的图书数据，我们挑选图书分类目录中处于次顶层的共 209 个图书目录组建读者图书类别空间$\mathbb{G}^*$，我们收集了约50万本图书标题组建图书标题空间$\mathbb{B}^*$，并建立了图书标题与图书主题间的映射联系，使得我们可快速地确定给定图书标题对应的图书类别。对于实验中位置数据，我们构建了一个虚拟平面空间，它是一个由10000^2个位置单元构成的正方形区域（组建位置空间$\mathbb{A}^*$），每个位置单元的横坐标和纵坐标均落在1—10000。此外，还将位置空间划分为100^2个位置区域（即组建区域空间$\mathbb{D}^*$），每个区域都是面积彼此相等的正方形。

读者请求。实验中，读者的数量被设定为50，每个读者的移动图书信息请求序列长度被设定为1000，平均覆盖约10个不同图书类别，约20个不同位置区域。对于每个读者移动图书信息请求，其中的时间信息和类别信息均随机设置（因为它们不是本章研究的重点），其中的位置信息按照正太分布选取自位置空间$\mathbb{A}^*$（以体现富有规律的位置特征分布），其中的图书信息按照正太分布选取自图书空间$\mathbb{B}^*$（以体现富有规律的图书特征分布）。

候选算法。本章构建的方法将与随机方法进行有效性比较（在随机方法中，我们为每个读者请求从图书空间和位置空间中随机选取图书和位置，以生成相应的随机哑元请求）。下文将用“哑元构造”表示本章提出的方法，用“随机构造”表示作为基准的随机方法。

二　实验结果

第一组实验评估本章构建的方法所产生的移动图书信息服务哑元请求对读者请求的混淆效果，即评估读者请求及其对应哑元请求的信息熵大小。为了方便比较，我们也给出了理论上最优信息熵的结果（记作“最优方法”）。结合第三节的相关定义（图书请求信息熵、位置请求信息熵和图书位置信息熵），我们主要考虑四类信息熵指标，即图书请求信息熵、位置请求信息熵、图书位置信息熵以及综合请求信息熵（前面三类信息熵的累加和）。实验评估结果如图6.2所示，其中每个子图的左下角指示该组实验采用的熵指标，X轴为单个读者请求构造的哑元请求数量，Y轴为信息熵度量（其值越高越好）。

第一，从图6.2的实验结果可以看出，总体来说，随着哑元数量

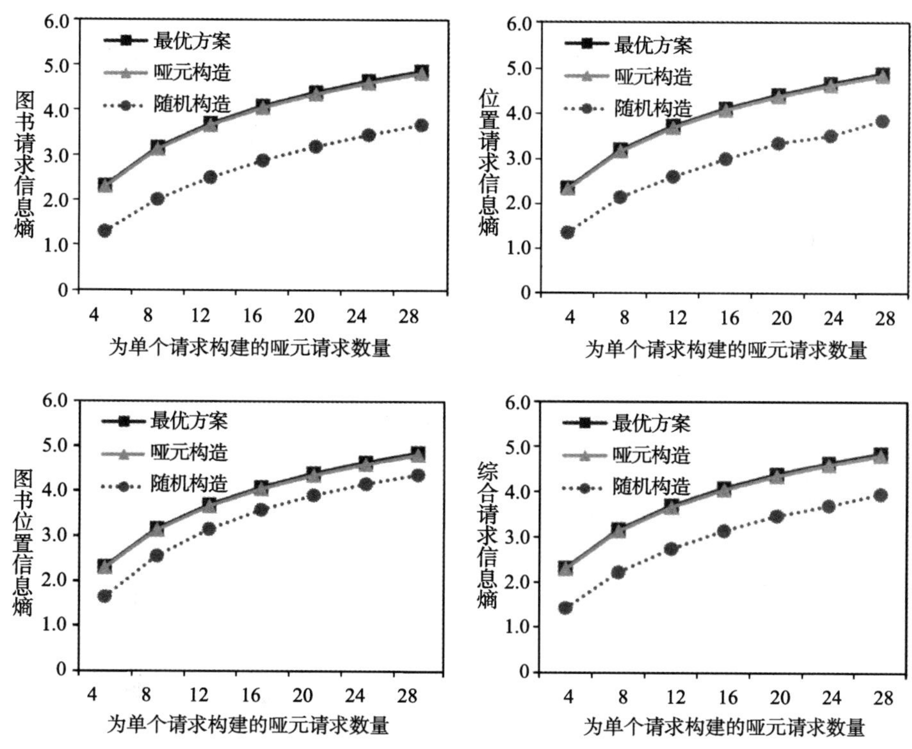

图 6.2　哑元请求关于读者请求的混淆效果评估

(n) 的不断增加，各候选方案确定的信息熵（包括图书请求信息熵、位置请求信息熵、图书位置信息熵以及综合请求信息熵）也随之增加。其中，“最优构造”方法拥有最高的信息熵值（$\log_2 n$），因为该方案生成的各个哑元请求与其对应的读者请求拥有相同的概率（具体包括图书请求概率、位置请求概率、图书位置请求概率）。作为基准的“随机构造”方案拥有最差的信息熵值，其哑元构造没有考虑读者的任何历史信息（如读者图书偏好、位置偏好以及两者的联合），使得其哑元请求很可能拥有非常低的读者请求概率，从而很容易被攻击者过滤掉。相比于“随机构造”方案，本章方法生成的哑元请求能实现更好的混淆效果（基本接近于“最优构造”方案），因为在本章方法中，哑元均选取自图书空间和位置空间中与读者请求拥有图书请求概率、位置请求概率、图书位置概率的候选图书和候选位置，从而确保了非常高的信息熵值。

第二，对比图 6.2 各个子图的实验结果可看出，“随机构造”方案在图书位置熵上的性能表现较好（基本接近于本章方案），在图书请求信息熵和位置请求信息熵表现较差（明显低于本章方案）。这主要是因为各个读者请求的图书位置联合概率值基本较小（彼此都比较接近），明显小于图书请求概率值和位置请求概率值（根据第三节的相关定义可看出），从而使得随机哑元请求与读者请求在图书位置联合概率上的差异性较小，在图书请求概率和位置请求概率上的差异性较大。

综上所述，信息熵可视为从服务请求集合中找出某一个具体请求的不确定性，该组实验结果表明，本章方法所生成的哑元请求与其读者请求构成的集合拥有极高的信息熵，验证了本章方法所生成的哑元请求对读者请求拥有良好的混淆效果。

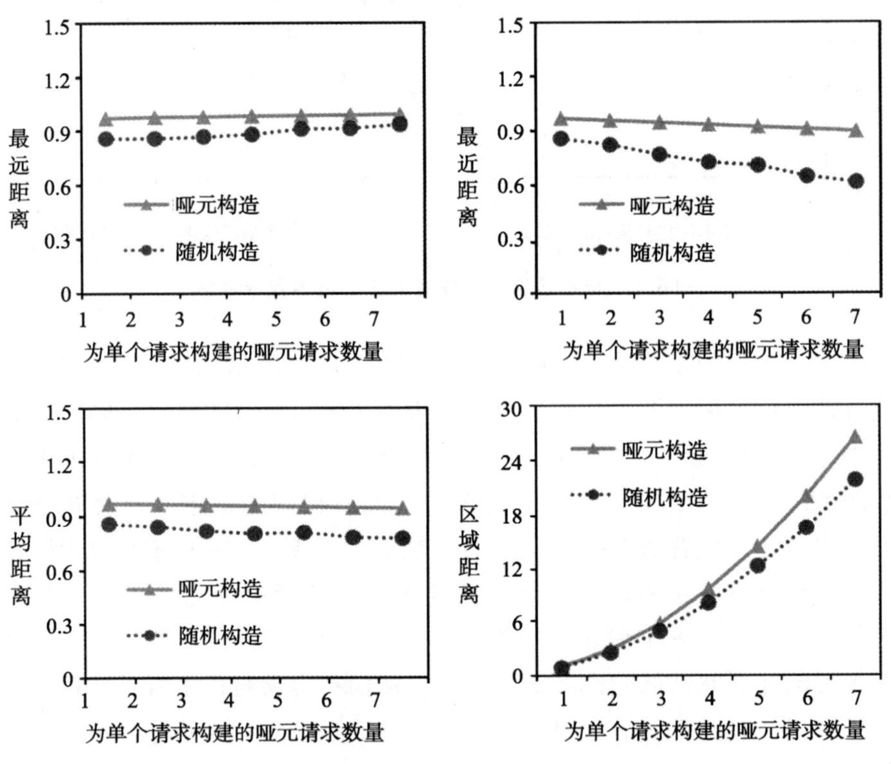

图 6.3 哑元请求对读者图书偏好的掩盖效果评估

第二组实验评估方法所产生的移动图书信息服务哑元请求对读者偏好（包括位置偏好和图书偏好）的掩盖保护效果，即评估读者请求及其对应哑元请求的图书区域距离和位置区域距离。对于一组移动图书服务请求的集合$\mathbb{P}$，记$\mathbb{B}$为其关联的图书请求集合，除了计算其图书类别区域距离 $DM(\mathbb{B})$外，我们还额外考虑了另外三个语义距离指标（最远距离、最短距离和平均距离），以评价候选方案对读者图书偏好掩盖性能的稳定性：

$$DMAX(\mathbb{B}) = \max_{p_k \in \mathbb{P}}(1 - DM(g@p_k, g@p_0))$$

$$DMIN(\mathbb{B}) = \min_{p_k \in \mathbb{P}}(1 - DM(g@p_k, g@p_0))$$

$$DAVG(\mathbb{B}) = \underset{p_k \in \mathbb{P}}{avg}(1 - DM(g@p_k, g@p_0))$$

对读者图书偏好的实验评估结果如图6.3所示，其中每个子图的左下角指示该组实验所采用的指标，X轴为单个读者请求构造的哑元请求数量，Y轴为指标度量值（显然，其值越高越好）。

从图6.3的实验结果可以看出，无论是本章方法还是“随机构造”方法，随着其构造的哑元数量的不断增加，哑元请求与读者请求之间的区域距离会随之明显增加，最远距离会随之稍稍增加，最短距离和平均距离会随之稍稍降低。通过对比最远距离和最短距离指标，可以看出，相比于“随机构造”方法，本章方法不仅具有更良好的性能（在最短距离、最近距离和平均距离三项指标上均接近于1.0），还具有更稳定的性能，即本章方法所生成的哑元请求与读者请求之间的图书类别语义距离较为稳定，并不会随着哑元数量的增加而发生较大的变化，从而确保了每个哑元对读者图书偏好较好的掩盖效果。

此外，通过对比图书区域距离指标值，还可看出，本章方法与“随机构造”方法的性能差距并不明显，这主要是因为本章方法在选取哑元请求的时候，除了考虑区域距离最大化目标外，还需要考虑信息熵最大化目标，这在一定程度上限制了哑元请求的选取空间（具体请见前文的算法6.1）。

综上所述，该组实验结果表明，本章方法所产生的哑元请求与其读者请求构成的集合拥有极高的图书类别区域距离，验证了本章方法所产生的哑元请求对读者图书偏好拥有良好的掩盖保护效果。

对于一组移动图书信息服务请求的集合$\mathbb{P}$，记$\mathbb{A}$为其关联的位置请求集合，我们除了计算其位置区域距离 *DM*（$\mathbb{A}$）外，还额外考虑了另外三个位置距离指标（最远距离、最短距离和平均距离），以评价候选方案对读者位置偏好掩盖性能的稳定性。它们分别计算如下：

$$DMAX(\mathbb{A}) = \max_{p_k \in \mathbb{P}}(1 - DM(a@p_k,\ a@p_0))$$

$$DMIN(\mathbb{A}) = \min_{p_k \in \mathbb{P}}(1 - DM(a@p_k,\ a@p_0))$$

$$DAVG(\mathbb{A}) = \underset{p_k \in \mathbb{P}}{avg}(1 - DM(a@p_k,\ a@p_0))$$

关于读者位置偏好的实验评估结果如图 6.4 所示。从图中可以看出，整体性能与前面的图书偏好掩盖评估类似，即相比于“随机构造”方法，本章方法不仅具有更良好的性能（在最短距离、最近距离和平均距离三项指标上均接近于 1），还具有更稳定的性能，即本章方法所生成的哑元请求与读者请求之间的距离较为稳定，并不会随着哑元数量的增加而发

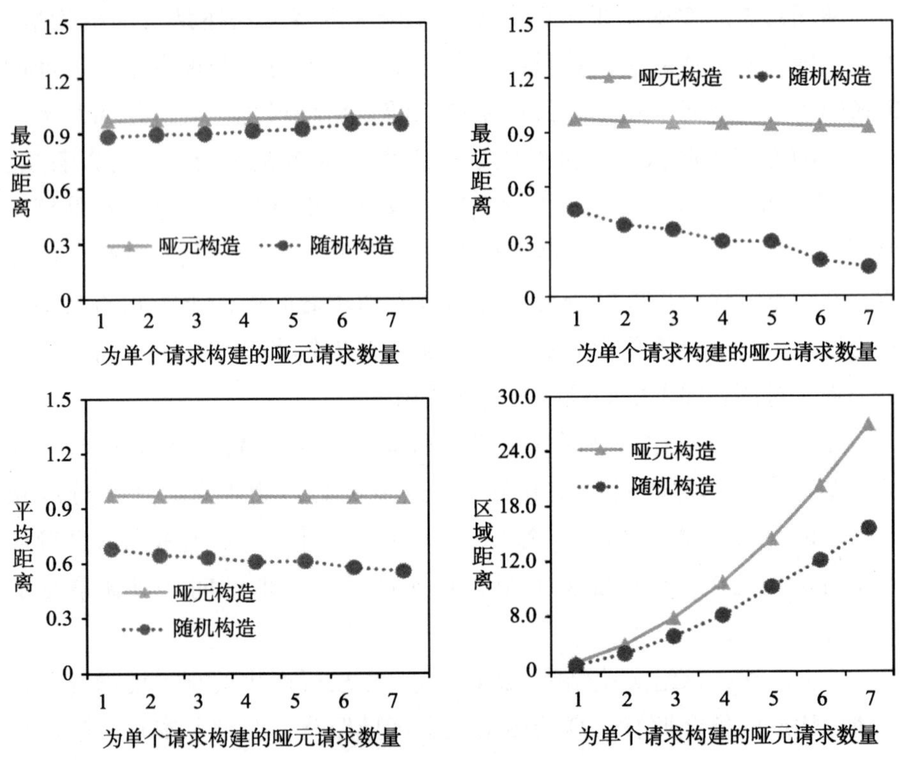

图 6.4　哑元请求对读者位置偏好的掩盖效果评估

生较大变化，从而确保了每个哑元对读者位置偏好较好的掩盖效果。综上，该组实验验证了本章方法所产生的哑元请求对读者位置偏好拥有良好的掩盖保护效果。

第五节　分析评价

第二章描述了移动图书信息服务平台下的读者服务隐私保护框架，并形式化描述了相应的读者服务隐私保护需求（定义 2.5 至定义 2.8），为读者服务隐私策略的构建提供了参考和依据。第五章研究构建了基于区域扩展的读者位置隐私保护策略，但它仅针对位置隐私，并不能在真正意义上满足策略可用性约束（定义 2.8）。为此，本章针对全体移动图书信息服务，研究构建了基于哑元构造的读者服务隐私保护策略，以更好适应移动图书信息服务平台的实际应用需求。本小节将结合第二章的读者服务隐私保护需求，对比第五章的区域扩展策略，分析评价本章策略的有效性。

观察 6.1： 本章研究构建的面向移动图书信息服务平台的基于哑元构造的读者服务隐私保护策略，能很好地满足服务准确性约束（定义 2.5）和服务高效性约束（定义 2.6），能很好地满足三个层次策略可用性约束（定义 2.7），也能很好地满足三个层次的服务隐私安全性约束（定义 2.8）。

说明： 关于服务准确性约束（定义 2.5）、服务高效性约束（定义 2.6）和三个层次的策略可用性约束（定义 2.7），根据前文第二节给出的基于哑元构造的读者服务隐私保护基本框架，可以很容易地证明（小节 2.1 也对此做了较为详细的陈述），这里不再赘述。接下来，我们主要分四种情况分析策略安全性约束（定义 2.8）。

情况一：如果攻击者仅仅获取了客户端针对读者一次移动图书信息服务所提交的一组服务请求集合$\mathbb{P}=\{p_0, p_1, p_2, \cdots, p_n\}$，攻击者能否从中成功猜测出读者真实请求 p_0 呢？此时，攻击者缺乏关于读者的历史移动图书服务请求信息，所能凭借的仅是其掌握的图书背景知识和位置背景知识。为此，攻击者只能据此来分析集合$\mathbb{P}$中各服务请求的有效性，以排除无效服务请求。然而，在本章方法中，每个哑元请求中的图书信息均挑选自移动图书信息服务平台中真实存在的有效图书，位置信息均挑选自真实存在的物理位置，而读者标识、服务类型和时间信息均与读者真实请求保持一致，即它们都是真实有效的。为此，攻击者无法通过请求有效性分析排除哑元请求，即攻击者成功猜测出读者请求的概率为理想的 $1/(n+1)$。

情况二：如果攻击者已经掌握特定读者的全部历史服务请求记录（包括读者请求和相应的哑元请求），攻击者能否从请求集合 $\mathbb{P}=\{p_0, p_1, \cdots, p_n\}$ 中成功猜测出读者真实请求 p_0 呢？此时，攻击者可根据先验知识“读者的历史移动图书请求富有规律（图书分布规律、位置分布规律和图书位置规律）”来计算排除掉集合 $\mathbb{P}$ 中被读者请求概率较低的服务请求（它们很可能就是哑元）。然而，由于本章方法构造生成的哑元请求与读者请求具有高度一致的请求概率值（具体包括图书请求概率、位置请求概率和图书位置请求概率），所以，攻击者无法根据读者真实请求拥有较高请求概率的先验知识，区分出读者请求和哑元请求（第四节的实验评估也验证了这点），即攻击者成功猜测出读者请求的概率仍为理想的 $1/(n+1)$。

情况三：如果攻击者进一步获得了运行在客户端的隐私算法副本，攻击者能否从请求集合 $\mathbb{P}=\{p_0, p_1, \cdots, p_n\}$ 中成功猜测出读者真实请求 p_0 呢？此时，攻击者可将集合 $\mathbb{P}$ 中的各个请求 p_k 逐个输入隐私算法中，然后观测它能否输出其余请求 $\mathbb{P}-\{p_k\}$。如果尝试成功，则表明 p_k 是读者请求（其余为哑元请求）。然而，这样的尝试不会成功，因为在隐私算法中，每个哑元请求均从一个较大的候选集合（其大小为 $4n$）概率性地选取（见算法 6.1 的语句 9 和语句 10），使得即使输入相同的数据，两次运行也很可能会输出不同的结果。此外，在算法 6.1 的语句 4、语句 5 和语句 6 中，我们引入了一个随机操作，这进一步增加了隐私算法所构建生成的哑元请求集合的不确定性，从而使得上述尝试并不会成功。

情况四：在没有找出集合 $\mathbb{P}=\{p_0, p_1, \cdots, p_n\}$ 中读者真实请求 p_0 的前提下，攻击者能否直接根据其掌握的读者请求序列猜测出读者真实图书偏好或真实位置偏好呢？根据先验知识“读者在某段时间内通常会偏好于请求某几类图书，或偏好于在某些位置区域发起信息请求”，此时，攻击者可基于图书语义距离度量和位置语义距离度量，通过聚类等方法找出其掌握的请求序列背后所蕴含的显著图书类别（并视其为读者图书偏好），通过聚类等方法找出其掌握的请求序列背后蕴含的显著区域位置（并视其为读者位置偏好）。然而，一方面，本章方法所产生的哑元请求与读者偏好图书和读者偏好位置均拥有非常远的语义距离，哑元请求并不会增强读者图书偏好或位置偏好的显著性。另一方面，这些哑元请求与读者请求之间拥有高度一致的图书请求概率和位置请求概率，且哑元图书请求彼此间也拥有非常远的语义距离（哑元位置请求彼此间拥有非常远的语义距离），这使得使用聚类方法所确定的显著图书类别（或显著位置区域）绝大部分来自哑元请求（其数量通常为读者偏好数量的 n 倍）。为此，攻击者难以直接猜测出读者图书偏好或位置偏好。

在上述案例分析中，情况一、情况二和情况三表明哑元请求能有效地混淆读者请求，拥有良好的“真假难辨”效果；情况四表明哑元请求能有效地掩盖读者图书偏好和位置偏好，拥有良好的“以假乱真”效果。为此，攻击者虽然掌握着丰富的背景知识，但还是难以从移动图书信息服务平台服务器端所记录的历史移动图书信息服务请求记录中，分析识别出读者真实请求或读者真实偏好。并且更重要的是，本章研究工作并不针对某种具体类型的移动图书信息服务，其构建的隐私策略适用于移动图书信息服务平台读者服务隐私保护的全体场景。因而，基于哑元构造的读者服务隐私保护策略能很好地满足三个层次的安全性约束。综上所述，本章工作有效改进了第五章所构建的位置区域扩展策略，其构建的哑元构造策略在移动图书信息服务平台读者服务隐私保护中具有很好的整体性和普适性，对构建新兴移动网络时代下读者服务隐私安全的移动图书信息服务平台具有重要意义。

最后，图6.5 给出了三个具体的基于哑元构造的读者信息服务隐私保护实例（算法6.1 的输入输出），其中图上方是客户端发布提交的由同一个读者“张三”在某段时间内发布的三条移动图书信息服务请求记录（它们关联的位置信息和图书信息已经高亮标注）；图下方为客户端为它们生成的6 个相应哑元移动图书信息服务请求（最终，提交给服务器端的将是9 个移动图书信息服务请求）。可看出，最终提交给云端服务器的移动图书信息服务请求被混淆在一系列哑元信息服务请求中，通过“真假难辨”，实现“以假乱真”，使得云端攻击者无法据此分析识别出读者真实请求或读者真实偏好，从而实现对读者服务隐私的有效保护。

客户端发布的移动图书信息服务请求（来自同一读者）

	读者标识	服务类型	关联时间	关联位置	关联图书
①	张三	检索服务	2021-05-03 12:25:11	108:309	C程序设计
②	张三	检索服务	2021-05-03 12:35:38	113:320	JAVA编程
③	张三	检索服务	2021-05-03 12:41:23	114:318	数据库原理

哑元构造

客户端生成的哑元图书信息服务请求（哑元数量设定为二）

	读者标识	服务类型	关联时间	关联位置	关联图书
①	张三	检索服务	2021-05-03 12:25:11	135:283	线性代数
②	张三	检索服务	2021-05-03 12:35:38	137:278	离散数学
③	张三	检索服务	2021-05-03 12:41:23	139:282	高等数学
①	张三	检索服务	2021-05-03 12:25:11	129:348	三国演义
②	张三	检索服务	2021-05-03 12:35:38	129:348	雍正王朝
③	张三	检索服务	2021-05-03 12:41:23	129:348	儒林外史

图 6.5 基于哑元构造的读者服务隐私保护实例

第六节 本章小结

第五章的研究工作仅关注读者位置隐私保护问题，其构建的方法难以应用于保护移动图书信息服务平台其他类型的读者服务隐私安全。而移动图书信息服务平台为读者提供的移动图书信息服务形式多种多样（例如，移动图书阅读服务、移动图书检索服务等）。本章不以某种具体的移动图书信息服务为研究对象，而是以移动图书信息服务背后蕴含的读者位置偏好隐私数据和读者图书偏好隐私数据为研究对象，构建了面向移动图书信息服务读者隐私保护的统一模型策略。

首先，面向移动图书信息服务平台，基于客户端体系结构，给出了基于哑元构造策略的读者偏好隐私保护基本框架。其基本思路是，通过在移动图书信息服务平台可信客户端为读者移动图书信息服务请求构造一组“真假难辨”的哑元请求，连同读者真实请求，一起提交给移动图书信息服务平台的不可信服务器端，“以假乱真”掩盖保护读者偏好隐私（包括图书偏好隐私和位置偏好隐私）。其次，定义了基于哑元构造的读者偏好隐私保护模型。它通过引入图书信息熵、位置信息熵、位置图书信息熵等概念，以度量哑元请求对读者请求的混淆效果；通过引入图书区域距离和位置区域距离等概念，以度量哑元请求对读者图书偏好隐私和位置偏好隐私的模糊掩盖效果。最后，给出读者偏好隐私模型的具体实现算法，为读者请求生成一组满足模型约束的理想哑元请求。

理论分析和实验评估验证了方法有效性，即相比于其他已有的各类隐私保护技术，它能在不损害移动图书信息服务可用性的基本前提下，有效改善读者图书偏好隐私和位置偏好隐私在移动图书信息服务平台不可信服务器端的安全性，能更好地适应移动图书信息服务平台的实际应用需求。本章工作是针对移动图书信息服务读者偏好隐私保护问题的一次重要研究尝试，其提出的基本思想对构建安全有效的移动图书信息服务平台具有积极意义。

第七章　基于哑元构造的图书推荐隐私保护

图书推荐服务不同于移动图书信息服务平台提供的一般性移动图书信息服务，它具有较强的特殊性。作为第六章的补充，本章基于哑元构造策略，以基于内容的个性化推荐算法作为切入点，试图构建面向图书推荐服务的读者隐私保护模型和策略。具体地，第一节简要回顾讨论了个性化图书推荐服务的系统架构，并提出了本章的研究对象和研究问题。第二节给出了基于哑元构造的图书推荐隐私保护的基本框架，明确了该框架模型下哑元请求构建时应考虑的若干关键问题。基于该基本框架，第三节定义了基于哑元构造的图书推荐隐私保护模型，形式化描述了哑元配置文件应满足的要求，即与读者真实配置文件特征相似，但与读者敏感图书主题语义无关，并借助图书主题分类知识库，提出了图书推荐隐私模型的具体实现算法。第四节通过实验评估和理论分析，评估了图书推荐隐私模型及其实现算法有效性。第五节深入分析本章构建的基于哑元构造的图书推荐隐私保护方法的有效性。第六节总结了本章的研究工作。此外，本章的主要相关内容，已正式发表于信息服务领域的国际权威期刊 *IEEE Transactions on Services Computing*（SCI 一区）①，并成功授权国家发明专利 1 项；本章的一部分相关内容，正式发表于信息系统领域中文核心期刊《小型微型计算机系统》②。

---

① Zongda Wu, Guiling Li, Qi Liu, et al., "Covering the Sensitive Subjects to Protect Personal Privacy in Personalized Recommendation", *IEEE Transactions on Services Computing*, Vol. 11, No. 3, 2018.

② 吴宗大、赵又霖、王瑞琴等：《图书推荐服务用户隐私保护方法研究》，《小型微型计算机系统》2020 年第 10 期。

第一节 问题引入

随着数字图书馆范畴的不断延伸，网上可供读者选择的图书资源持续爆炸式的增长，引发了图书信息超载问题，使得读者获取目标图书资源反而变得困难。① 图书推荐服务通过分析读者兴趣偏好，引导读者发现其真正感兴趣的目标图书，被认为是解决图书信息超载问题最有效的工具之一，因而已成为现代数字图书馆平台的重要组成部分。② 通常，一个完整的图书推荐服务由三个部分组成③——读者行为记录模块、读者偏好分析模块以及图书推荐算法模块，其中，推荐算法模块是图书推荐服务的核心部件，它能实时地从图书资料库中，筛选出符合读者兴趣偏好的目标图书，并排序推荐。典型推荐算法有协同过滤推荐④、基于内容推荐⑤、基于产品二部图推荐⑥等。为确保推荐结果的准确性，推荐算法需要掌握大量读者偏好信息。然而，随着云计算等新兴网络技术的迅速发展，数字图书馆服务器端正变得越来越“不可信”，其对读者偏好信息的大量收集势必会对读者隐私安全构成严重威胁，从而给图书推荐服务带来许多负面的影响。⑦ 一方面，降低了读者对图书推荐服务的使用意愿；另一方面，降低了读者向系统提供真实个人信息的意愿，从而影

---

① 梁劳慧：《信息焦虑与信息超载下的图书馆作用分析》，《图书馆学研究》2011 年第 1 期；沈敏、杨新涯、王楷：《基于机器学习的高校图书馆用户偏好检索系统研究》，《图书情报工作》2015 年第 11 期。

② 黎雪微、应时、周寅：《基于用户兴趣迁移的网络图书推荐模型研究》，《图书馆学研究》2019 年第 22 期。

③ 王海艳、陆金祥：《面向群组推荐的个性化隐私保护方法》，《通信学报》2019 年第 9 期。

④ 王瑞琴、吴宗大、蒋云良：《一种基于两阶段深度学习的集成推荐模型》，《计算机研究与发展》2019 年第 8 期。

⑤ Jesus Bobadilla, Fernando Ortega, A. Hernando, et al., “Recommender Systems Survey”, *Knowledge - Based Systems*, Vol. 46, 2013.

⑥ Fidel Cacheda, Victor Carneiro, Diego Fernández, et al., “Comparison of Collaborative Filtering Algorithms: Limitations of Current Techniques and Proposals for Scalable, High - Performance Recommender Systems”, *ACM Transactions on the Web*, Vol. 5, No. 1, 2011.

⑦ 周俊、董晓蕾、曹珍富：《推荐系统的隐私保护研究进展》，《计算机研究与发展》2019 年第 10 期；Zongda Wu, Guiling Li, Qi Liu, et al., “Covering the Sensitive Subjects to Protect Personal Privacy in Personalized Recommendation”, *IEEE Transactions on Services Computing*, Vol. 11, No. 3, 2018.

响读者图书推荐的准确性。如果不能有效地加强读者隐私保护，图书推荐服务将失去读者的信任和支持。

当前，读者隐私安全问题已成为限制图书推荐技术在数字图书馆平台中进一步发展与应用的主要障碍。① 已有隐私保护技术并不是针对数字图书馆中的图书推荐服务而提出，在实用性、准确性、安全性等方面仍无法满足图书推荐的实际应用需求。第六章研究构建了针对全体移动图书信息服务的基于哑元构造的读者服务隐私保护策略，能在不损害移动图书信息服务可用性的基本前提下，有效改善读者图书偏好隐私和位置偏好隐私在移动图书信息服务平台不可信服务器端的安全性，能很好地满足移动图书信息服务平台的实际应用需求。然而，该工作仅针对一般性移动图书信息服务（如图书借阅服务、图书浏览服务、图书检索服务、图书阅读服务等)。它一般化地假定，读者发布的一条移动图书信息服务请求背后对应一本具体读者目标图书和一个读者当前位置。然而，不同于一般化的移动图书信息服务，图书推荐算法模块的输入是读者图书配置文件（它详细描述了读者对所有图书的偏好程度)，即图书推荐服务请求格式不同于一般性图书信息服务请求格式，具有较强的特殊性。因此，第六章构建的读者服务隐私保护策略难以直接应用于读者推荐隐私，需对其拓展。

为此，本章针对移动图书信息服务平台，深化扩展了第六章的研究工作，研究构建了基于哑元构造的读者图书推荐服务隐私保护模型和策略。它建立在基于内容推荐算法的基础上，其基本思想是：首先基于客户端的体系结构，为读者配置文件精心构造一系列哑元配置文件；其次，逐个提交给移动图书信息服务平台服务器端的推荐算法，分别获取相应图书推荐结果；最后，移动图书信息服务平台客户端过滤排除掉后台服务器端返回的哑元配置文件对应的图书推荐结果。本章研究工作主要包括以下几个方面。

第一，研究构建读者隐私安全的图书推荐框架。基于客户端体系结构，将读者行为收集和读者偏好分析模块转移到移动图书信息服务平台

---

① Zongda Wu, Shigen Shen, Xinze Lian, et al. , “A Dummy – Based User Privacy Protection Approach for Text Information Retrieval”, *Knowledge – Based Systems*, Vol. 195, 2020; Zongda Wu, Dongdong Zou, Shigen Shen, et al. , “An Effective Approach for the Protection of User Commodity Viewing Privacy in Ecommerce Website”, *Knowledge – Based Systems*, Vol. 220, 2021; 吴宗大:《数字图书馆用户的行为偏好隐私保护方法研究》, 电子工业出版社 2021 年版，第 11—54 页。

的客户端，由客户端生成读者配置文件。客户端精心构造生成一组哑元配置文件，连同读者配置文件，以随机次序，逐个提交给移动图书信息服务平台服务器端进行图书推荐，从而使得服务器端返回的推荐结果不再准确（因为包含哑元文件的推荐结果），使得攻击者无法根据推荐结果倒推出读者敏感偏好。最后，客户端再从中过滤出对应读者配置文件的推荐结果，以确保读者最终能得到准确的图书推荐结果。

第二，研究构建基于哑元构造的读者推荐隐私保护模型。它形式化定义了客户端构造的哑元配置文件应满足的条件约束，即与读者配置文件特征相似（包括关键词特征相似、主题特征相似等），但与读者敏感偏好主题无关。特征相似使得服务器端的攻击者即使截获了客户端提交的所有配置文件，也难以从中识别出读者真实配置文件。敏感主题无关使得哑元文件能有效地降低读者敏感偏好在服务器端的暴露程度，从而改善读者偏好主题隐私在不可信移动图书信息服务平台服务器端的安全性。

第三，基于读者隐私保护框架，借助图书分类目录，给出读者推荐隐私保护模型的具体实现算法。它运行在移动图书信息服务平台的可信客户端，能为读者配置文件构造生成一组满足读者推荐隐私保护模型规定条件约束的哑元配置文件，从而改善移动图书信息服务平台读者图书推荐隐私在不可信服务器端的安全性。理论分析和实验评估，验证了本章研究构建的读者图书推荐隐私保护模型及其实现算法的有效性。

为了方便阅读，表 7.1 给出了本章研究构建的读者推荐隐私保护模型涉及的主要数学符号及其含义说明。

表 7.1　　隐私模型的相关符号及含义

符号	具体含义说明
P_0	读者配置文件
k_i	图书关键词
$mark(k_i)$	读者对图书关键词的偏好程度评分
B_0	图书配置文件
u_i	图书主题

续 表

符号	具体含义说明
$SIP(P_0,B_0)$	读者配置文件与图书配置文件之间的相似度
$KF(P_0)$	定义在读者配置文件上的关键词特征向量
$SIK(P_1,P_2)$	配置文件之间的关键词特征相似度
$mark(u)$	读者对图书主题的偏好程度评分
$UF(P_0)$	定义在读者配置文件上的主题特征向量
$SIU(P_1,P_2)$	配置文件之间的主题特征相似度
$EXP(u^*,P_0)$	图书主题关于读者配置文件的暴露度
$EXP(u^*,\mathbb{P})$	图书主题关于读者配置文件集的暴露度
$\mathbb{K}(u)$	图书主题包含的图书关键词集合
$\mathbb{K}$	图书关键词空间
$\mathbb{U}$	图书主题空间
$\mathbb{P}$	配置文件集合

第二节　基于哑元构造的推荐隐私保护框架

一　内容推荐

典型个性化推荐算法有协同过滤推荐、基于内容推荐、基于产品二部图推荐等。其中，基于内容的推荐算法由于处理简单，得到了广泛的应用。本章的读者隐私保护方法就建立在基于内容图书推荐算法的基础上。最初，基于内容推荐是协同过滤算法的延续发展。当前，基于内容推荐系统分别对读者和图书建立配置文件，通过比较读者配置文件与图书配置文件的相似度①，向读者推荐与其配置文件最相似的图书。

在本章方法中，基于内容图书推荐算法运行在移动图书信息服务平台的服务器端，其输入是，来自可信客户端提交的读者配置文件（由一组表征读者兴趣偏好的图书关键词组成），以及来自移动图书信息服务平台服务器端图书资料库的图书配置文件（由一组描述图书内容特征的图书关键词组成）。以下，简要描述读者配置文件的组织和构成，以及读者配置文件间的相似度计算（它是基于内容图书推荐算法推荐排序的依据）。

概念 7.1（读者配置文件）：读者配置文件包括两个部分：（1）一组图书关键词的集合；（2）读者对各图书关键词的偏好程度评分（评分越高表示读者对关键词的偏好程度越高）。让$\mathbb{K}$表示图书关键词空间（全体图书关键词构成的集合），*mark*（k_i）表示读者对图书关键词 $k_i \in \mathbb{K}$的偏好程度评分（关键词 k_i 对读者的重要程度），则读者配置文件可一般化表示为：

$$P_0 = \{k_1, k_2, \cdots, k_n \mid k_i \in \mathbb{K} \wedge mark(k_i) \neq 0 (i = 1, 2, \cdots, n)\}$$

概念 7.2（配置文件间相似度）：让 P_0 表示任意读者配置文件，让 B_0 表示任意图书配置文件（图书配置文件与读者配置文件的构成基本类似），则两个配置文件之间的相似度可通过两者的夹角余弦进行计算：

$$SIP(P_0, B_0) = \frac{\sum_{k' \in B_0, k'' \in P_0, k' = k''} mark(k') \cdot mark(k'')}{\sqrt{\sum_{k' \in P_0} mark(k')^2} \sqrt{\sum_{k}'' \in B_0 mark(k'')^2}}$$

二　系统架构

所谓读者敏感偏好就是读者不希望被攻击者获知的偏好图书主题。在移动图书信息服务平台中，服务器端是不可信的，它汇集了海量读者隐私信息，是攻击者的主要目标。本章构建的读者图书推荐隐私保护方法建立在基于内容推荐算法的基础上。本章所采用的基于哑元构造的读

---

① 潘俊、吴宗大：《知识发现视角下词汇历时语义挖掘与可视化研究》，《情报学报》2021 年第 10 期；潘俊、吴宗大：《词汇分布语义的语言学基础探微》，《浙江社会科学》2019 年第 12 期；潘俊、吴宗大：《词汇表示学习研究进展》，《情报学报》2019 年第 11 期。

者推荐隐私保护体系框架如图 7.1 所示，它由一个不可信服务器端和一组可信客户端组成，其基本数据处理过程如下。

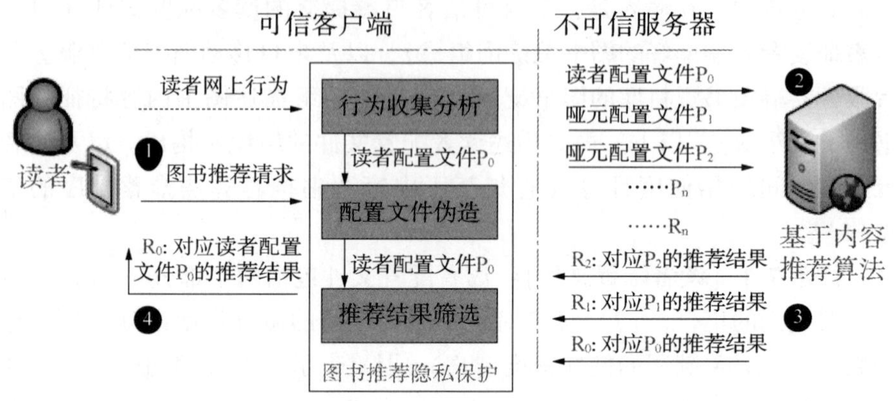

图 7.1　基于哑元构造的读者推荐隐私保护体系框架

采用基于客户端的体系结构，将移动图书信息服务平台的个性化图书推荐服务中的“读者行为收集”和“读者偏好分析”模块转移到移动图书信息服务平台的可信客户端，即由移动图书信息服务平台客户端负责收集和分析读者行为，生成读者配置文件 P_0。

在移动图书信息服务平台客户端新增了“配置文件伪造”模块，它通过分析读者配置文件 P_0，结合读者预设的相关阈值参数，再综合考虑了图书推荐隐私安全性、图书推荐服务准确性、图书推荐服务高效性等多个因素后，构造生成一组哑元配置文件 P_1，P_2，…，P_n，然后，将哑元配置文件连同读者配置文件 P_0，以随机的次序提交给移动图书信息服务平台的服务器端，以获取个性化图书推荐服务。

在移动图书信息服务平台客户端新增了“推荐结果筛选”模块，它从服务器端“基于内容的图书推荐算法”所返回的图书推荐结果 R_0，R_1，R_2，…，R_n（其中 R_i 是推荐算法以 P_i 为输入所输出得到的推荐结果）中，筛选出对应读者配置文件 P_0 的推荐结果 R_0（同时，抛弃其他推荐结果 R_1，R_2，…，R_n），返回给客户端的外部读者。

从图 7.1 给出的基于哑元构造的读者推荐隐私保护体系框架及其基本数据处理流程，我们可以得出如下结论。

一方面，运行在移动图书信息服务平台服务器端的基于内容的图书推荐算法模块所输出的推荐结果不再是读者需要的真实推荐结果（不再是引入图书隐私保护机制之前的推荐结果），它包含了许多对应哑元配置文件的图书推荐服务结果，因而，移动图书信息服务平台服务器端的攻击者难以根据这些推荐结果，倒推出读者敏感偏好的图书主题。

另一方面，图书推荐算法模块返回的推荐结果必然是真实推荐结果的超集，保证了读者能最终得到准确的推荐结果。此外，该系统架构不要求改变服务器端现有的图书推荐算法，因而对服务器端的推荐算法模块和客户端的外部读者均实现透明，具有良好的实际可用性。

三　问题陈述

然而，从图 7.1 给出的基于哑元构造的读者推荐隐私保护体系框架，还可以看出，运行在移动图书信息服务平台客户端的“配置文件伪造”模块所生成的哑元配置文件对整个系统架构非常重要，它们的构造质量是读者图书推荐隐私保护的关键。通常，随机生成的哑元配置文件很容易被攻击者识别出来。因为，读者配置文件所蕴含的读者偏好主题是富有规律性分布特征的（例如，某段时间内，特别偏好某个或某几个图书关键字或图书主题），即其特征分布是富有规律的；而随机生成的配置文件无法体现出这种规律特征，即其特征分布是均匀的。攻击者根据这些特征，能很容易地识别排除随机生成的哑元配置文件。

此外，哑元配置文件还不能与读者敏感偏好图书主题相关。例如，假定读者配置文件中的敏感偏好图书主题为“犯罪心理类”，那么如果生成的哑元配置文件中也涉及“犯罪心理类”或与之高度相关的图书主题，显然是非常不合适的。因为，此时攻击者不用识别出哑元配置文件也能马上得出结论：读者偏好图书主题是“犯罪心理类”。

为此，移动图书信息服务平台客户端的“配置文件伪造”模块所生成的哑元配置文件需要满足以下两个约束条件。

第一，特征分布“真假难辨”，即哑元配置文件应与读者真实配置文件拥有高度相似的特征分布，使得服务器端攻击者难以识别排除哑元配置文件，从而有效地隐藏读者配置文件。

第二，图书主题“以假乱真”，即哑元配置能见能有效地掩盖读者敏感偏好图书主题，或者说，哑元配置文件必须能够有效地降低读者敏感偏好图书主题在移动图书信息服务平台不可信服务器端的暴露度（显著性），从而使得攻击者难以从中分析发现读者敏感偏好图书主题。

四 攻击模型

在本章研究工作中，移动图书信息服务平台的服务器端被认为是最大的内部潜在攻击者，它是不可信的。我们假定攻击者获得了移动图书信息服务平台服务器端的控制权（即假定攻击者是攻破服务器端的黑客，或者是服务器端的管理员），所以，运行在移动图书信息服务平台客户端的读者图书推荐隐私保护方法，需要防止服务器分析识别出读者配置文件中的读者敏感偏好。

从图 7.1 给出的基于哑元构造的读者推荐隐私保护体系框架，我们可以看出，服务器端攻击者不但能够获取图书推荐过程中移动图书信息服务平台客户端提交的所有读者配置文件，也能够获取图书推荐过程所产生的所有图书推荐结果。因此，我们既要阻止攻击者从读者配置文件中识别出读者敏感图书偏好，也要防止攻击者从推荐结果中倒推出读者感兴趣的图书主题，进而识别出读者敏感偏好。

此外，获取了移动图书信息服务平台服务器端权限的攻击者拥有强大的攻击能力，它拥有完整的后台图书库和图书分类库，并负责执行图书推荐算法模块。攻击者的知识能力还不止于此。攻击者还可能知道部署在客户端的读者推荐隐私保护算法的存在，还可能获取了部署在客户端的隐私保护算法副本。因此，可将自己掌握的读者配置文件输入隐私保护算法，并观察输出结果，以猜测读者敏感偏好。

从图 7.1 给出的基于哑元构造的读者推荐隐私保护体系框架，还可以看出，读者隐私保护模块是通过将读者真实配置文件混淆在一组哑元配置文件中，以保护读者敏感图书偏好。因此，哑元配置文件必须像是真实的（“真假难辨”），并且难以被熟悉其具体构造过程的攻击者识别筛除。此外，哑元配置文件还必须与读者敏感偏好图书主题语义无关，以有效地降低读者敏感偏好在移动图书信息服务平台不可信服务器端的显著性。

第三节 基于哑元构造的推荐隐私保护策略

一 推荐隐私保护模型

基于图 7.1 的读者推荐隐私保护系统架构，本节给出一个面向图书推荐服务的读者推荐隐私保护模型。根据第二节的分析可知：理想哑元配置文件应“真假难辨”（与读者配置文件特征分布相似），能“以假乱真”掩盖读者敏感偏好图书主题（有效降低敏感图书主题在移动图书信息服务平台不可信服务器端的暴露度）。

为此，模型首先定义读者配置文件的关键词特征向量（定义7.1）和主题特征向量（定义7.4），以捕获读者配置文件背后所蕴含的富有规律性的分布特征，据此定义关键词特征相似度（定义7.2）和主题特征相似度（定义7.5），以形式化度量哑元配置文件关于读者配置文件的相似程度（“真假难辨”效果）；定义读者图书主题关于配置文件的暴露度（定义7.6和定义7.7），以形式化度量哑元配置文件对读者敏感图书主题的掩盖效果（“以假乱真”效果）。最后，基于上述两类度量，进一步形式化定义移动图书馆客户端所生成的哑元配置文件应满足的条件约束（定义7.8）。

定义7.1（关键词特征向量）：定义在读者配置文件 P_0 上的关键词特征向量，由各个图书关键词的读者偏好评分值，按从大到小顺序排列后组成，可一般化表示如下：

$$KF(P_0)=(mark(k_1),\ mark(k_2),\ \cdots,\ mark(k_n)\ |\ k_i\in P_0\wedge mark(k_i)\geqslant mark(k_{i+1}))$$

定义7.2（关键词特征相似度）：对于给定的读者配置文件 P_1 和 P_2，记它们的关键词特征向量分别为 $KF(P_1)$ 和 $KF(P_2)$，则 P_1 和 P_2 之间的关键词特征相似性可通过 $KF(P_1)$ 和 $KF(P_2)$ 之间的夹角余弦进行度量，即可计算如下：

$$SIK(P_1,\ P_2)=\angle KF(P_1),\ KF(P_2)=\frac{KF(P_1)\cdot KF(P_2)}{\|KF(P_1)\|\cdot\|KF(P_2)\|}$$

移动图书信息服务平台后台服务器端的图书资料库通常会使用一个分类树结构（如中图法的图书分类目录）来组织图书，它采用逻辑方法将所有学科的图书按其学科内容分成几大类，每个大类下分许多小类，每个小类下再细分子小类。我们选择在图书分类目录中处于次顶层的209个图书类别（如B0哲学理论、B1世界哲学等），组建图书主题空间。为此，基于图书分类目录知识结构，根据读者对图书关键词的偏好程度评分值，可进一步计算出读者对各个图书主题的偏好程度评分值。

定义 7.3（主题偏好评分）：让$\mathbb{U}$表示图书主题空间，让$\mathbb{K}(u)$表示属于主题 u 的图书关键词集合。读者对任意图书主题 $u \in \mathbb{U}$的偏好程度（或主题$\mathbb{U}$对读者的重要程度）可定义为：

$$mark(u) = \sum_{k_i \in \mathbb{K}(u)} mark(k_i)$$

除了规律性关键字特征，读者配置文件也常常会表现出规律性的主题分布特征（例如，读者偏好某几类固定主题）。据此，定义读者配置文件的主题特征向量（以捕获读者配置文件的主题分布特征），并定义配置文件间的主题特征相似度。

定义 7.4（主题特征向量）：记读者配置文件 P_0 背后蕴含的读者偏好图书主题集为 U_0，即 $U_0 = \{u_1, u_2, \cdots, u_n \mid u_i \in \mathbb{U} \wedge mark(u_i) > 0\}$，则定义在读者配置文件 P_0 上的主题特征向量由 P_0 背后蕴含的各个图书主题的读者偏好评分值，按从大到小的顺序排列后组成，可一般化表示为：

$$UF(P_0) = (mark(u_1), mark(u_2), \cdots, mark(u_n) \mid u_i \in U_0 \wedge mark(u_i) \geqslant mark(u_{i+1}))$$

定义 7.5（主题特征相似度）：对于给定的读者配置文件 P_1 和 P_2，记它们的主题特征向量分别为 $UF(P_1)$ 和 $UF(P_2)$，则 P_1 和 P_2 之间的主题特征相似性可通过 $UF(P_1)$ 和 $UF(P_2)$ 之间的夹角余弦进行度量，即可计算如下：

$$SIU(P_1, P_2) = \angle UF(P_1), UF(P_2) = \frac{UF(P_1) \cdot UF(P_2)}{\|UF(P_1)\| \cdot \|UF(P_2)\|}$$

所谓读者敏感图书偏好就是读者不希望被攻击者获知的偏好图书主题（比如，读者偏好图书主题“犯罪心理学”，但不希望被攻击者获知）。读者需要预先设定自己的敏感主题集合$\mathbb{U}^*$（显然有$\mathbb{U}^* \subseteq \mathbb{U}$）。给定读者配置文件，由定义 7.3（主题偏好评分），可计算出读者对任意图书主题的偏好值。以此作为中间参考，可进一步计算出读者敏感主题关于配置文件的暴露程度，或关于若干个配置文件的暴露程度。

定义 7.6（主题关于配置文件的暴露度）：对于给定的读者配置文件 P_0，以及给定的任意图书主题 $u^* \in \mathbb{U}$，则图书主题 u^* 关于读者配置文件 P_0 的暴露度可定义为：

$$EXP(u^*,P_0) = mark(u^*) \cdot (\sum_{k_i \in P_0} mark(k_i))^{-1}$$

定义 7.7（主题关于配置文件集的暴露度）：对于给定的任意图书主题 $u^* \in \mathbb{U}$，以及若干个配置文件$\mathbb{P} = \{P_1, P_2, \cdots, P_n\}$，则图书主题 u^* 关于配置文件集的暴露度可定义为：

$$EXP(u^*,\mathbb{P}) = mark(u^*) \cdot (\sum_{P \in \mathbb{P}} \sum_{k_i \in P} mark(k_i))^{-1}$$

读者敏感图书主题是读者图书推荐隐私保护的关键。根据图 7.1 的体系架构可知，当攻击者无法提前区分出读者配置文件 P_0 时，他只能通过分析移动图书信息服务平台客户端提交的配置文件集 P_0，P_1，⋯，P_n，猜测可能的读者敏感图书主题。所以，敏感主题关于配置文件集的暴露度越高，则攻击者猜测出敏感主题的可能性就越大；反之，读者敏感主题的暴露度越低，则读者图书推荐隐私泄露的风险就越小。为此，可以用敏感图书主题暴露度，来度量读者敏感图书主题泄露风险。至此，基于定义 7.2 和定义 7.5（特征相似度），以及定义 7.7（主题暴露度），可进一步形式化定义运行在移动图书信息服务平台客户端的配置文件伪造模块所生成的哑元配置文件应满足的条件约束，以避免移动图书信息服务平台不可信服务器端的攻击者，分析推测出读者敏感图书主题。

定义 7.8（图书主题隐私模型）：给定读者配置文件 P_0 和读者敏感图书主题集$\mathbb{U}^* \subseteq \mathbb{U}$，以及若干个哑元配置文件$\mathbb{P} = \{P_1, P_2, \cdots, P_n\}$，在图 7.1 的基本体系架构下，如果哑元配置文件满足以下两个条件约束，则称它们能有效地改善读者敏感图书主题$\mathbb{U}^*$在移动图书信息服务平台不可信服务器端的安全性。

第一，满足特征分布相似性，即哑元配置文件应与读者配置文件特征分布高度相似，以提高哑元配置文件的伪装性，从而实现“真假难辨”效果，即：

$$\min_{P_i \in} \mathrm{SIK}(P_0, P_i) \cdot \mathrm{SIU}(P_0, P_i) \geqslant \varphi$$

其中，φ（$1 \geqslant \varphi \geqslant 0$）为预先设定的特征相似性阈值参数。该公式表示，集合$\mathbb{P}$中的每个哑元配置文件 P_i 与读者配置文件 P_0 之间的特征分布相似性（综合考虑关键词特征相似度和主题特征相似度）应大于给定的相似性阈值。该条件确保了哑元配置文件与读者真实配置文件之间的特征分布相似性，使得服务器端攻击者难以根据特征排除掉哑元配置文件。

第二，满足敏感图书主题安全性，即哑元配置文件应能有效地降低读者敏感图书主题在移动图书信息服务平台不可信服务器端的暴露程度，从而实现“以假乱真”效果，即：

$$\min_{u^* \in \mathbb{U}^*} \frac{\mathrm{EXP}(u^*,\ P_0)}{\mathrm{EXP}(u^*,\ \{P_0\} \cup \mathbb{P})} \geqslant \omega$$

其中，ω（$\omega \geqslant 1$）为预先设定的隐私安全性阈值。该公式表示，集合$\mathbb{U}^*$中的每个读者敏感图书主题关于配置文件集的暴露程度均应大于给定的安全性阈值。该条件使得攻击者在没有排除哑元配置文件的前提下，难以获知读者敏感图书主题，确保了哑元配置文件对读者图书偏好隐私的掩盖效果。

二　推荐隐私保护算法

本节讨论读者图书推荐隐私保护模型的实现方案。结合图7.1给出的基于哑元构造的读者推荐隐私保护体系框架，可以看出，读者行为收集分析模块通过分析读者网上行为，计算出读者对各个图书关键词的偏好评分值，构造输出读者配置文件。配置文件伪造模块根据读者对图书关键词的偏好评分值，借助一个中文图书分类目录作为中间参考，进一步计算出读者对各个图书主题的偏好评分值（定义7.3），从而为后续计算读者敏感主题暴露度（定义7.7）和主题特征相似度（定义7.5）奠定了基础。所以，在本章方法中，图书分类目录是一个重要的数据结构。

在算法实现中，我们预先挑选了图书分类目录中处于次顶层的209个图书目录（例如，B0哲学理论、B1世界哲学等），组建图书主题空间$\mathbb{U}$。然后，我们预先向学校图书馆索取了收藏图书涉及的标题信息（也可以通过网络爬虫自动爬取），组建图书标题空间。我们还利用中文分词技术对各个图书标题进行分词，共获得127536个图书关键词，组建图书关键词空间$\mathbb{K}$。由于图书数据库中的每本图书都拥有“中图法分类号”属性，它根据图书所属的各级别图书分类目录自动生成。因此，借助于该属性数据，可将图书标题空间中的每个图书标题，准确地映射为图书主题空间中的一个图书主题（获取图书标题所属的主题）。进而，以图书标题空间为中介，获取各个图书关键词所属的可能图书主题集合，也就获取了每个图书主题 $u \in \mathbb{U}$所包含的图书关键词，即$\mathbb{K}$（u）。算法 7.1 给出了我们采用的具体方案。

在算法 7.1 中，每次 WHILE 循环均会生成一个哑元配置文件 P_i，通过多次循环，构造输出一组哑元配置文件$\mathbb{P}$，以确保读者敏感主题的安全性（见步骤 3 的 WHILE 循环条件）。在步骤 10 中，算法为各个读者关键词随机挑选了对应的哑元关键词，并将每个哑元关键词的偏好评分值设置为与其对应的读者关键词评分值相等，以确保关键词特征分布的相似性。在步骤 5 至步骤 6 中，算法为各个读者图书主题随机挑选了对应的哑元图书主题，以尽可能地确保哑元配置文件与读者配置文件具有一致的主题特征分布相似性。最终，算法很好地保证了各个哑元配置文件 P_i 与读者配置文件 P_0 之间良好的整体特征相似性。

算法 7.1　哑元配置文件构造算法

输入：

（1）读者图书偏好配置文件 P_0

（2）读者敏感偏好图书主题$\mathbb{U}^*$

（3）安全性阈值 ω 和相似性阈值 φ

输出： 哑元配置文件 P_1，P_2，…，P_n

01　获取读者配置文件 P_0 背后蕴含的读者偏好主题集，记作U_0；

02　设置$\mathbb{P} \leftarrow \varnothing$；/ * $\mathbb{P}$用于存储哑元配置文件 P_1，P_2，…，P_n * /

03　WHILE（$\exists u^* \in \mathbb{U}^* \rightarrow EXP(u^*, P_0)/EXP(u^*, \{P_0\} \cup \mathbb{P}) < \omega$）DO

04　设置哑元配置文件 $P_i \leftarrow \varnothing$；/ * $\mathbb{U}$为主题空间 * /

05　随机生成哑元主题集U_i，要求：$U_i \subseteq \mathbb{U} - \mathbb{U}^* \wedge |U_0| = |U_i|$；

06　随机配对U_i 和U_0 中的图书主题；/ * 下文假定 $u'' \in U_i$ 与 $u' \in U_0$ 配对 * /

07　FOREACH（$u' \in U_0$）DO

08　　记$\mathbb{K}$（u'）和$\mathbb{K}$（u''）为分别属于主题 u'和主题 u''的图书关键词集合；

09　　FOREACH（$k' \in \mathbb{K}(u')$）DO

10　　　从$\mathbb{K}$（u''）随机挑选哑元关键词 k''，设置 $mark(k'') \leftarrow mark(k')$；

11　　　设置 $P_i \leftarrow P_i + k''$；/ * 将哑元关键词 k''放入哑元配置文件 P_i * /

12　　END FOREACH

13　END FOREACH

14 设置$\mathbb{P} \leftarrow \mathbb{P} + P_i$；／＊生成一个哑元配置文件 P_i ＊／

15 END WHILE

16 RETURN $\mathbb{P}$；／＊返回哑元配置文件集合＊／

在算法 7.1 中，虽然嵌套了多层循环，但实际上，在每次最外层 WHILE 循环执行过程中（一次哑元配置文件的构造过程），最内层的 FOREACH循环体（步骤 9 到步骤 12）被执行的次数刚好等于读者配置文件的大小，即等于$|P_0|$。因为哑元主题从$\mathbb{U} - \mathbb{U}^*$中选取（见步骤 5），即哑元配置文件不包含任何读者敏感主题，所以，在最外层 WHILE 循环执行完后（WHILE 循环条件不再满足时），WHILE 循环体的执行次数近似等于 ω（差不多刚好产生 ω 个哑元配置文件，后文的实验评估也验证了这点）。因而，算法 7.1 的时间复杂度等于 $O(|P_0| \cdot \omega)$。这是一个较为理想的线性时间复杂度，它对移动图书信息服务平台图书推荐服务效率的影响十分有限。

第四节 实验评估

一 实验设置

根据图 7.1 给出的基于哑元构造的读者推荐隐私保护体系框架，结合第三节给出的读者图书隐私保护模型和算法，我们可以看出，本章方案对读者敏感偏好主题的保护效果依赖于哑元配置文件的有效性，即依赖于哑元配置文件是否能有效地降低读者敏感图书偏好主题的显著性，以及是否具有与读者真实配置文件高度相似的特征分布（以有效地隐藏读者配置文件）。本节将通过实验，评估哑元配置文件的有效性。首先简要描述实验设置。

第一，参考数据集。我们预先挑选了图书分类目录中处于次顶层的 209 个图书目录（如 B0 哲学理论、B1 世界哲学等），组建图书主题空间$\mathbb{U}$。然后，我们预先向学校图书馆索取了收藏图书涉及的标题信息，组建图书标题空间。利用中文分词技术对各个图书标题进行分词，共获得 127536 个图书关键词，组建图书关键词空间$\mathbb{K}$。

第二，读者配置文件。读者配置文件基于图书关键词空间和图书主题空间按照正太分布构建（读者对各类图书主题的偏好程度并不均匀，它呈现出正太分布）。此外，读者配置文件包含的关键词数量和主题数量，以及读者敏感主题数量均为可动态调整的实验参数。

第三，参考算法。将本章的哑元构造方法（下文称作本章方法）将与随机方法（下文称作随机方法）进行比较（在随机方法中，哑元配置文件包含的关键词从关键词空间中随机选取，关键词评分值也随机设置，但关键词数量与读者配置文件保持一致）。

二　实验结果

第一组实验评估本章方法构建的哑元配置文件与读者配置文件间的特征相似性。这里使用标准“特征相似性”（根据定义 7.5 构建），以度量读者配置文件 P_0 关于哑元配置文件 P_1，P_2，…，P_n 的特征分布相似性。显然，度量值越大，意味着哑元配置文件与读者配置文件之间的特征分布越相似（从而攻击者越难以排除）。在实验中，读者配置文件的关键词数量（P_0 大小）被设定为 100 到 400。实验评估结果如图 7.2 所示，其中，子图标题指示实验采用的特征相似性度量标准如下：

（1）子图 1 表示关键词特征相似性，即 $\min\limits_{P_i} SIK(P_0, P_i)$；

（2）子图 2 表示主题特征相似性，即 $\min\limits_{P_i} SIU(P_0, P_i)$；

（3）子图 3 表示整体特征相似性，即 $\min\limits_{P_i} SIK(P_0, P_i) SIU(P_0, P_i)$。

如图 7.2 所示，每个点数据来自十次运行结果的平均值，X 轴指示读者配置文件包含的关键词数量；Y 轴指示哑元配置文件与读者配置文件间的特征相似性；“本章方法［N］”或“随机方法［N］”中的“N”表示，该组实验为一个读者配置文件生成的哑元配置文件数量。

根据图 7.2 描述的实验评估结果，我们有以下观察。

（1）相比随机方法，本章方法所构建的哑元配置文件表现出更好的特征分布相似性。具体地，本章方法构建的哑元配置文件与读者配置文件的特征相似度量值接近于 1.0（二者具有高度相似的特征分布）；并且即使在哑元文件数量、哑元文件包含的图书关键词数量或图书主题数量发生变化的情况下，这种良好的特征分布一致性也几乎毫无变化。

（2）随机方法生成的哑元配置文件与读者配置文件之间的整体特征

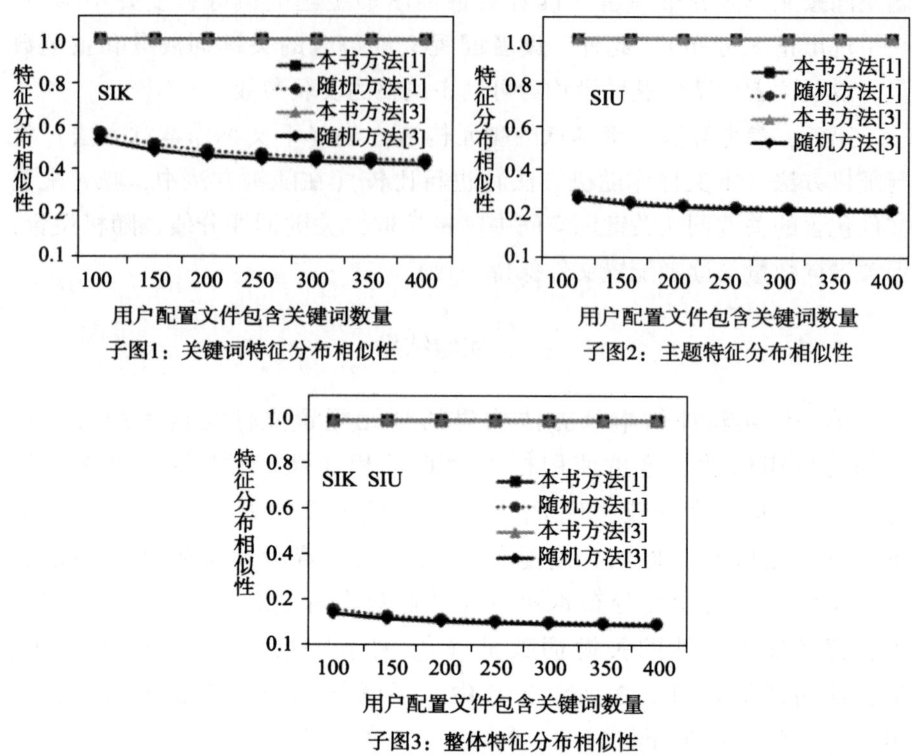

子图1：关键词特征分布相似性

子图2：主题特征分布相似性

子图3：整体特征分布相似性

图 7.2　哑元文件特征相似评估结果

分布相似度量值仅在0.2左右，明显低于本章方法，并且随着哑元配置文件数量的增加，以及哑元文件包含图书关键词数量的增加，特征相似度量值还会随之进一步降低。

综上所述，本章方法产生的哑元配置文件与读者配置文件之间具有高度一致的特征相似性，从而使得攻击者难以根据特征分析来排除掉这些哑元配置文件，即本章方法能有效地隐藏读者配置文件，实现“真假难辨”效果。

第二组实验评估本章方法产生的哑元配置文件对读者敏感图书主题的掩盖效果。这里使用度量标准 $\max\limits_{u^* \in \mathbb{U}^*} EXP\ (u^*,\ \{P_0, P_1, \cdots, P_n\})/EXP\ (u^*, P_0)$，即“敏感主题暴露度”。显然，该度量值越小，意味着哑元配置文件对读者敏感图书主题掩盖效果越好。实验结果如图 7.3 所示，其中，每个子图标题指示该组实验中读者配置文件包含的关键词数量（分别取值 100、200、300），X 轴指示为一个读者配置文件生成的哑元配置文件数量，Y 轴指示敏感图书主题暴露程度的度量值。此外，“本章方法［N］”或“随机方法［N］”中的“N”表示该组实验中读者敏感图书主题的数量。

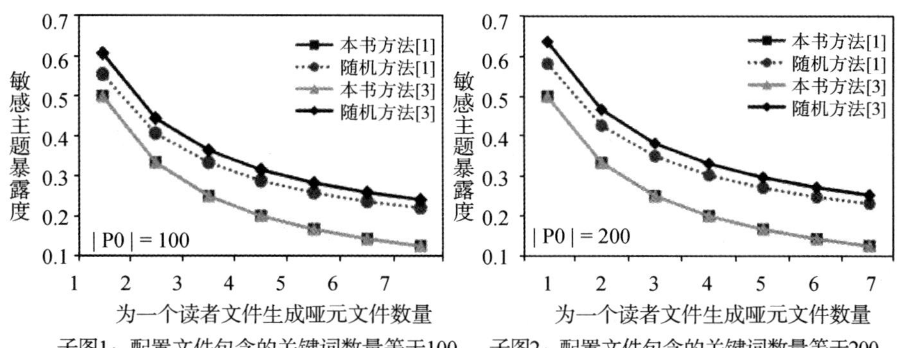

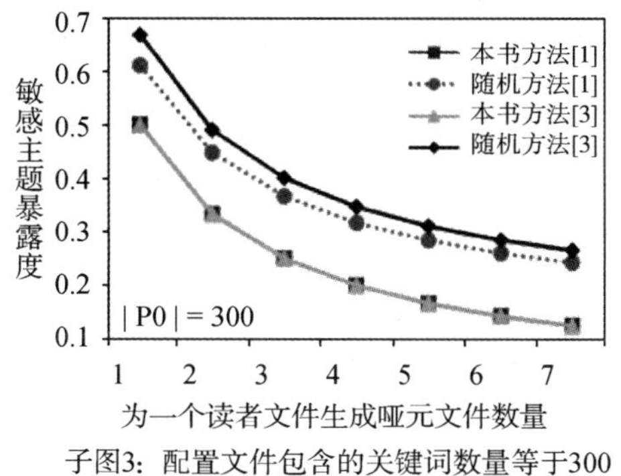

图 7.3　读者敏感图书主题暴露程度评估结果

从图 7.3 的实验评估结果，我们有以下观察。

（1）本章方法生成的哑元配置文件能有效地降低读者敏感图书主题的暴露度，且改善效果基本与哑元配置文件的数量正相关，不会随着读者配置文件包含的关键词数量或者读者敏感主题的数量改变而发生明显改变。

（2）相比于本章方法，随机方法构建的哑元配置文件虽然也能降低读者敏感主题的暴露度，但它的稳定性较差。最重要的是，第一组实验结果已经表明，随机方法构建的哑元文件与读者文件的特征相似性很差，使得它们容易被攻击者排除，从而失去对读者敏感偏好的掩盖效果。

综上所述，本章方法产生的哑元配置文件能有效地降低读者敏感主题的暴露度，从而使得攻击者在没有确定读者配置文件的前提下，难以直接猜测出读者敏感主题，实现“以假乱真”效果。

第五节 分析评价

移动图书推荐服务不同于移动图书信息服务平台为读者提供的一般性移动图书信息服务，它具有较强的特殊性，其隐私保护问题难以用第六章构建的策略加以解决。本章工作将哑元构造策略推广到了特殊的图书推荐服务，有效扩展和补充了第六章所构建的读者服务隐私保护策略。本小节基于第二章定义的读者服务隐私保护需求（定义 2.5 至定义 2.8），分析评价本章研究构建的基于哑元构造的读者图书推荐服务隐私保护策略的有效性。

观察 7.1：本章研究构建的面向移动图书信息服务平台的基于哑元构造的读者图书推荐服务隐私保护策略，能很好满足服务准确性约束（定义 2.5）和服务高效性约束（定义 2.6），能很好地满足策略可用性约束（定义 2.7），能很好地满足三个层次的图书推荐隐私策略安全性约束（定义 2.8）。

说明：根据前文第二节给出的基于哑元构造的读者推荐隐私保护基本框架可以看出，本章策略能很好地满足服务准确性约束和策略可用性约束。从实验结果可以看出，一次图书推荐过程，可信客户端要提交约 ω 个配置文件，服务器端要返回约 ω 个推荐结果（ω 为预先设定的隐私安全性阈值参数）。如果忽略隐私策略本身的执行时间，则引入隐私保护机制后，一次图书推荐服务所需的执行时间将增加到原来的 ω 倍。而阈值 ω 用来控制读者敏感主题的暴露度，其值越大，则读者隐私暴露的风险就越低。所以，隐私策略导致的图书推荐性能下降程度，与读者隐私保护强度线性正相关，即隐私策略不会对图书推荐性能构成显著性影响，能很好地满足服务高效性约束。以下主要分三种情况分析策略安全性约束。假定服务器端的攻击者，已经掌握了图书分类目录，并且获取了运行在客户端的读者推荐隐私保护算法的副本，他能否根据配置文件集 $\mathbb{P}=\{P_0, P_1, \cdots, P_n\}$ 猜测出任意读者敏感主题 $u^* \in \mathbb{U}^*$ 呢？

情况一：在没有找出 $\mathbb{P}$ 中读者配置文件的前提下，能否直接猜测出读

者敏感主题 u^* 呢？此时，攻击者只能首先获取$\mathbb{P}$中各个配置文件相关的所有主题，然后，再逐个去猜测这些主题哪个才是读者敏感主题。由于读者敏感主题 u^* 关于$\mathbb{P}$的暴露程度已经明显降低（见前文实验评估），所以它被成功猜测出来的可能性也变得极低（等于 $1/\omega$）。

情况二：能否直接排除掉$\mathbb{P}$中的哑元配置文件，从而确定读者配置文件 P_0 呢？此时，攻击者只能根据配置文件所表现出来的特征分布，猜测区分读者配置文件。由于隐私策略产生的哑元配置文件与读者配置文件具有几乎相同的关键词特征和主题特征（见前文实验评估），所以，攻击者难以根据特征分析区分出读者配置文件。

情况三：获得读者隐私保护算法的副本后，能否猜测出读者配置文件呢？此时，攻击者可以逐个输入$\mathbb{P}$中配置文件 P_i，然后观测算法能否输出其余配置文件。如果成功，则表明 P_i 是读者配置文件。然而，这样的尝试并不会成功，因为在哑元主题和哑元关键词的选取过程中，算法加入了随机操作（见算法 7.1 的步骤 5、步骤 6 和步骤 10），使得相同输入数据在不同运行时会输出不同结果。

综上所述，移动图书信息服务平台服务器端的攻击者难以从客户端所提交的配置文件中分析识别出读者敏感主题。同样道理，虽然服务器端的推荐算法所输出的推荐结果，包含了对应读者敏感主题的图书信息，但攻击者无法从推荐结果里，猜测出哪些才是对应读者真实配置文件的推荐结果，所以也难以从推荐结果倒推出读者敏感主题。所以，本章研究构建的读者推荐隐私保护策略，能有效地保证读者敏感主题在不可信服务器端的安全性，攻击者既难以从推荐算法的输入（配置文件）中识别出读者敏感主题，也难以根据推荐算法的输出（推荐结果）倒推出读者敏感主题，因而具有良好的安全性。总之，本章工作将哑元构造策略推广到了特殊的图书推荐服务，有效扩展和补充了第六章所构建的读者服务隐私保护策略。

第六节　本章小结

随着网上可供读者选择的图书信息资源持续爆炸式增长，引发了图书信息超载问题。图书推荐服务通过分析读者兴趣偏好，引导读者发现其真正感兴趣的目标图书信息，被认为是解决图书信息超载问题最有效的工具之一，已成为现代移动图书信息服务平台的重要组成部分。然而，移动图书推荐服务不同于移动图书信息服务平台为读者提供的一般性移动图书信息服务，它具有较强的特殊性，其隐私保护问题难以用前面第六章节提出的策略加以解决。本章基于哑元构造策略，以基于内容的个性化图书推荐算法作为切入点，构建面向图书推荐服务的读者隐私保护模型策略。

本章构建的基于哑元构造的图书推荐隐私保护策略的基本思想是，在移动图书信息服务平台可信客户端为读者配置文件构造一系列哑元配置文件，逐个提交给不可信服务器端的推荐算法，分别获取图书推荐结果，最后，在客户端过滤掉哑元配置文件对应的推荐结果。首先，本章定义了一个基于哑元构造的图书推荐隐私保护模型，它形式化描述了客户端生成的哑元配置文件应满足的约束条件，即与读者真实配置文件特征相似，但与读者敏感图书主题语义无关。其次，借助外部图书分类目录，给出读者隐私模型的具体实现方案。最后，理论分析和实验评估验证了本章方法的有效性，即能在不损害移动图书信息服务平台已有图书信息服务实用性和图书信息推荐结果准确性的前提下，有效改善读者敏感图书主题偏好隐私在不可信服务器端的安全性。本章工作将哑元构造策略推广到了较为特殊的图书推荐服务，有效地扩展和补充了第六章研究构建的读者服务隐私保护策略。

第八章　隐私安全的移动图书信息平台设计

前面有五个章节针对移动图书信息服务平台的读者服务隐私保护问题和读者资料隐私保护问题，构建了一系列的理论模型和实施策略，它们能有效地改善读者隐私数据在不可信服务器端的安全性。本章将结合这些研究工作和研究成果，研究探讨新兴网络环境下读者隐私安全的移动图书信息服务平台原型系统的设计实现方案，包括系统设计原则、系统设计目标、系统基本框架、系统模块设计、系统模块实现等，作为全书研究构建的读者隐私保护策略的统一评估平台，以综合评估比较全书各项研究成果的实际效用，从而为全书研究成果的实用化奠定了一定的前期基础。

第一节　问题引入

本书的第一章和第二章，回顾评价了国内外研究现状，定义了移动图书信息服务平台下的读者资料隐私保护需求和读者服务隐私保护需求，明确了全书研究内容和研究目标，从而为全书后续的研究工作提供了参考依据。本书在随后的第三章至第七章，针对不可信网络下的读者资料隐私保护问题和读者服务隐私保护问题，构建了一系列的读者隐私保护理论模型和实施策略。具体包括基于标识替换的读者隐私保护策略（第三章）、基于标识加密的读者借阅隐私保护策略（见第四章）、基于区域扩展的读者位置隐私保护策略（第五章）、基于哑元构造的读者服务和图书推荐隐私保护策略（第六章和第七章）。这些读者隐私保护策略，既层层递进又互为补充，共同构成一套系统完整的移动图书信息服务平台读者隐私保护理论模型和实施方案，它们能有效地改善读者隐私在不可信服务器端的安全性，从而为搭建起隐私安全的移动图书信息服务平台提供一定理论技术基础。

本章将结合本书前面章节的研究成果，进一步探讨新兴网络环境下读者隐私安全的移动图书信息服务平台原型系统的设计实现方案，包括原型系统设计原则、原型系统设计目标、原型系统基本框架、原型系统模块设计、原型系统功能实现等。本章目标可概括为：以原型系统作为读者隐私保护策略的统一评估平台，评估全书各项读者隐私保护理论和方法在整体移动图书信息服务平台中的实际效用，以评估验证全书各项读者隐私保护策略的可行性和有效性；为读者隐私安全的移动图书信息服务平台研究提供统一的实验平台，平台具有良好的可扩充性，平台允许对各种读者隐私保护策略进行进一步扩充和比较；最终，为构建读者隐私安全的移动图书信息服务平台提供基本框架和范例，从而为全书成果的实用化奠定前期基础。

第二节　设计目标

一　系统目标

（1）基于本书前面章节构建的基于客户端体系架构的读者资料隐私保护模型和读者服务隐私保护模型，设计相应的实施策略，并结合当前先进的系统实现技术，为搭建起网络服务器端不可信环境下读者隐私资料安全和读者服务隐私安全的移动图书信息服务平台提供基本原型框架。

（2）原型系统尽可能独立于原有移动图书信息服务平台所提供的客户端环境，包括网络环境（不限定客户端接入平台的网络类型、网络服务提供商等）、硬件平台（不限定客户端硬件平台，可以是移动手机、平板电脑、桌面电脑等）、操作系统（不限定用户界面所运行的操作系统）等。

（3）原型系统尽可能独立于原有移动图书信息服务平台所部署的服务器端环境，包括网络环境（不限定网络服务器平台运行的网络类型、网络服务提供商等)、硬件平台（不限定服务器硬件平台)、操作系统(不限定平台所运行的操作系统）等。

（4）原型系统应采用模块化设计，各个功能模块之间应具有“高内聚低耦合”的特点。原型系统应具有良好的可扩充性，方便增加新的功能模块。例如当原型系统需要增加一个新的读者资料隐私保护模块（或读者服务隐私保护模块）时，只要该模块同样采用基于客户端的体系架构，则基本不用修改系统原有的基本框架和原有的功能模块。

（5）原型系统应建立在现有的移动图书信息服务平台架构基础之上，应尽可能不改变现有服务平台的可用性（不改变服务器端后台运行的现有移动图书信息服务、不改变现有移动图书信息服务平台架构、不改变移动图书信息服务的高效性、不改变移动图书信息服务的准确性等)。

（6）原型系统应较为接近移动图书信息服务平台的实际使用需求，对原有移动图书信息服务平台不做额外的性能要求，从而为实际可应用的读者隐私安全的移动图书信息服务平台实现提供帮助。

二　设计原则

（1）用户界面友好。友好的用户界面便于用户使用。因此，读者隐私保护原型系统应作为服务器端移动图书信息服务和客户端用户界面之间的一层中间件。它通过网络并使用移动图书信息服务平台原有通信协议和报文格式，与服务器端连接，从而实现对服务器端的透明操作。它通过重写接口，为移动图书信息服务平台客户端提供与原来一致的编程接口，使得客户端用户界面程序无须二次开发，使得客户端外部读者也无须改变原来的平台使用习惯，从而实现对客户端的透明操作。

（2）可扩充。读者隐私保护原型系统应具有良好的可扩充性。原型系统应方便增加新的读者隐私保护策略功能模块，即当增加新的读者隐私保护功能模块时，不用修改（或基本不用修改）原型系统原来架构和功能模块。

（3）性能高。原型系统作为服务器端移动图书信息服务和客户端用户界面之间的一层中间件，本身的执行性能应尽可能高效，并且对运行环境不做过多限制（可运行在性能一般的客户端平台上)。

（4）开放性。给感兴趣的研究者提供二次开发机会，而不必重新开发所有功能模块，它也是可扩充设计原则的充分体现。

第三节 系统框架

一 系统整体架构

读者隐私安全的移动图书信息服务平台原型系统，建立在现有的移动图书信息服务平台基础之上，其整体架构如图 8.1 所示。可以看出，整个系统主要由三部分组成。第一，运行在网络服务端的移动图书信息服务模块（沿用已有移动图书信息服务平台）；第二，运行在客户端的移动图书信息服务用户界面（沿用已有移动图书信息服务平台）；第三，以中间件形式，运行在移动图书信息服务模块和移动图书信息服务用户界面之间的读者隐私保护模块（依据本书提出的读者隐私保护策略而构建）。为此，这里主要讨论以中间件形式运行的读者隐私保护模块，图 8.1 同样给出了其主要子模块。

可以看出，读者隐私保护模块主要包括三大组件。第一，连接移动图书信息服务界面的用户编程接口集；第二，根据前文提出的读者隐私保护策略，构建的读者资料隐私保护算法集和读者服务隐私保护算法集；第三，读者隐私保护策略元数据管理模块。其中，读者隐私保护算法集是核心组件，它又可以分为两大类子功能组件。第一类是读者资料隐私保护算法集，包括基于标识替换的读者数据隐私保护算法、基于标识加密的读者数据隐私保护算法等。第二类是读者服务隐私保护算法集，包括基于标识替换的读者服务隐私保护算法、基于区域扩展的读者位置隐私保护算法、基于哑元构造的图书推荐隐私保护算法、基于哑元构造的读者服务隐私保护算法等。

二 系统模块组成

如图 8.1 所示，读者隐私保护系统主要包括三大组件——面向用户界面的编程接口集、读者隐私保护算法集和读者隐私保护元数据管理模块。这里简要介绍这三大组件的主要功能。

（一）读者隐私保护算法集

读者隐私保护算法集是整个读者隐私保护系统的核心组件，它由一

图 8.1　读者隐私安全的移动图书信息服务平台原型系统架构

系列读者隐私保护具体算法组成，这些隐私算法均根据前文提出的读者隐私保护策略而设计构建。具体包括基于标识替换的读者数据隐私保护算法、基于标识加密的读者数据隐私保护算法、基于标识替换的读者服务隐私保护算法、基于区域扩展的读者位置隐私保护算法、基于哑元构造的图书推荐隐私保护算法、基于哑元构造的读者服务隐私保护算法等。以下简要介绍这些具体算法模块的主要功能。

基于标识替换的读者数据隐私保护算法。该算法主要由读者标识正替换模块、读者标识逆替换模块、读者标识查询转换模块等部件组成。一是读者标识正替换模块，负责为读者资料记录构造生成虚假记录（其中的读者标识被虚假标识替换），然后以虚假记录代替读者资料记录，提交给云端数据库进行存储。二是读者标识查询转换模块，负责将定义在读者资料数据上查询语句，转换成可在虚假记录上正确执行的新查询语句（再提交给云端数据库执行），以确保读者数据查询的有效性。三是读者标识逆替换模块，负责将云端返回的中间虚假记录集中的虚假标识替换还原为相应的读者标识，再将精确查询结果返回给客户端外部读者，以最终确保读者数据查询的准确性。

基于标识加密的读者数据隐私保护算法。该算法主要包括读者标识数据加密模块、读者特征数据生成模块、读者数据查询转换模块、读者数据解密筛选模块等。一是读者标识数据加密模块，负责使用传统数据加密算法严格加密读者资料记录中的读者标识数据。二是读者特征数据生成模块，负责为读者标识数据构造生成特征数据，并要求构造生成的特征数据不仅具有良好的安全性（攻击者无法根据特征数据推测出读者标识），并且具有良好的有效性（使得大部分读者数据查询过程可在云端服务器进行，以确保查询高效性和查询准确性）。三是读者数据查询转换模块，负责将定义在读者原始数据记录上的各类数据库查询语句转换成定义在服务器端特征数据上的新查询语句，并通过客户端和服务器端之间的相互协作，在确保数据查询准确性的同时，有效改善数据查询的执行效率。四是读者数据解密筛选模块，负责将服务器端返回的中间记录集所关联的密文标识解密为明文数据（恢复为原来的读者标识数据），并进一步过滤筛选后，将精确数据查询结果返回给客户端外部读者，以确保读者数据查询的准确性。

基于标识替换的读者服务隐私保护算法。该算法通过引入可信的第三方中间服务器，将客户端外部读者发布的移动图书信息服务请求关联的读者标识，以来自其他读者的虚假标识替换，打破外部读者与其移动图书服务请求之间的天然联系，从而实现对读者服务隐私的有效保护。该算法主要包括读者标识替换模块、读者服务重定向模块等。一是读者标识替换模块，为外部读者提供了四种虚假标识匹配策略（随机策略、隐私策略、代价策略和隐私平衡策略），负责将外部读者发布的移动图书信息服务请求所关联的读者标识替换为虚假标识。二是读者服务重定向模块，根据虚假标识和读者真实标识之间的映射关系，负责将服务器端所返回的移动图书信息服务结果重定向后，精确返回给客户端的相应读者。

基于区域扩展的读者位置隐私保护算法。该模块仅针对读者位置服务隐私保护，它运行在移动图书信息服务平台的客户端，主要由位置区域扩展和位置服务结果筛选两大模块组成。一是位置区域扩展模块，为外部读者提供了三种位置区域扩展策略（安全性优先策略、高效性优先策略和均衡性优先策略）。它通过分析客户端读者发布的移动图书信息服务请求，将其关联的位置信息经过位置区域扩展之后，生成一个新的移动图书信息服务请求（其中，读者感兴趣的查询区域被新构造的扩展区域所替代），再将新请求提交给服务器端，并获取相应的移动图书信息服务。二是位置服务结果筛选模块，负责从移动图书信息服务平台服务器端所返回的粗糙移动图书信息服务结果集中，筛选出精确服务结果，并返回给客户端外部读者。

基于哑元构造的图书推荐隐私保护算法。该模块主要针对图书推荐服务隐私保护，并建立在基于内容图书推荐算法基础之上，它运行在移动图书信息服务平台的客户端，主要由读者配置文件伪造模块和图书推荐结果再筛选两大功能模块组成。一是读者配置文件伪造模块，负责为客户端提交的读者配置文件构造生成一组哑元配置文件（综合考虑图书推荐隐私安全性、图书推荐服务准确性、图书推荐服务高效性等因素）。然后，将哑元配置文件连同读者配置文件，以随机的次序提交给移动图书信息服务平台的服务器端，分别获取相应的个性化图书推荐服务。二是图书推荐结果再筛选模块，负责从服务器端基于内容的图书推荐算法所返回的图书推荐结果列表中，筛选出对应读者配置文件的推荐结果（同时抛弃其他对应哑元文件的推荐结果），并返回给客户端的外部读者。

基于哑元构造的读者服务隐私保护算法。该模块针对图书推荐服务之外的其他移动图书信息服务，它主要由读者哑元请求构造模块和读者服务结果再筛选模块组成。一是读者哑元请求构造模块，负责为外部读者通过移动图书信息服务平台客户端发布的移动图书信息服务请求，构造生成一组与读者请求特征分布高度相似的哑元请求（每个哑元请求与读者请求拥有相同的读者标识信息、服务类型信息和时间信息，但拥有不同的位置信息和图书信息），以混淆保护读者服务请求背后蕴含的位置偏好隐私和图书偏好隐私。然后，该模块将这些哑元请求连同读者真实请求，以随机的次序逐个提交给移动图书信息服务平台服务器端，并分别获取相应的移动图书信息服务。二是读者服务结果再筛选模块，负责从移动图书信息服务平台服务器端所返回的中间服务结果中筛选出对应读者真实请求的图书服务结果（同时抛弃其他多余中间结果），并返回给客户端的外部读者。

（二）元数据管理模块

读者隐私保护系统各个读者隐私保护算法的成功运行，其背后都需要元数据的支持，如标识替换算法需要读者标识表和标识映射表的支持；标识加密算法需要加密密钥参数、特征映射参数等相关元数据的支持；其他的区域扩展算法和哑元构造算法等都需要历史请求序列、相关设置参数等元数据支持。为此，原型系统设置元数据管理模块负责对所有元数据进行集中管理，它主要包括以下几个子功能模块。

序列化元数据模块。它负责保存原型系统中的所有元数据。它按照固定的 XML 数据文件格式，保存元数据管理模块关联的所有元数据（系统中各个读者隐私保护算法所关联的元数据）。

初始化元数据模块。它是序列化的逆过程，负责读取 XML 文件所保存的元数据、解析文件格式、读取文件内容，并初始化数据管理模块关联的元数据，为原型系统各个读者隐私保护算法提供参数设置支持。

标识替换元数据管理模块。它负责维持读者标识替换过程所需的读者标识表和标识映射表，包括标识记录的增加、修改、查询等操作。此外，该模块还为这些标识记录建立了相关索引，以提高数据操作效率。

标识加密元数据管理模块。它负责维持读者标识加密过程所需的密钥数据。这些密钥数据也是读者数据解密筛选过程的重要参数（读者标识数据解密的密钥)。此外，该模块还负责维持读者标识特征映射过程所设置的各类参数，这些参数是读者数据查询转换过程的重要依据。

区域扩展元数据管理模块。它负责维持区域扩展过程所产生的历史扩展位置区域请求序列，以及相应的历史读者区域请求序列。这些历史数据是每次区域扩展的重要输入。该模块还为这些历史序列构建了合适索引，以提高匹配效率。此外，该模块还维持地图数据、设置参数等相关元数据。

哑元服务元数据管理模块。它负责维持哑元构造过程所产生的历史哑元请求序列，以及相应的历史读者请求序列。此外，该模块还维持了一个高效的内部知识空间（包括地图分类数据和图书类别数据等），并为其构建了高效的索引。这些历史数据和知识空间是每次读者服务请求哑元构造的重要输入。

哑元推荐元数据管理模块。它负责维持读者配置文件构造过程所需的内部知识空间（图书分类数据等)，以及其他需要的相关参数。

（三）面向用户界面的编程接口集

读者隐私保护系统作为一层中间件，它运行在服务器端信息服务和客户端用户界面之间，并使用用户界面原有的通信协议与服务器端连接，从而实现对服务器端的透明操作。移动图书信息服务平台客户端的用户界面形式主要包括三类（移动界面、窗口界面和网页界面)，并通过网络与服务器端连接。为此，将读者隐私保护系统嵌入现有的移动图书信息服务平台，主要有两种方式。第一是重写编程接口，以为用户界面提供与原来一致的编程接口。第二是请求重新定向，即读者通过用户界面提交的服务请求，不直接提交给服务器端，而是先提交给读者隐私保护系统。

应用编程接口重写。无论是哪种用户界面形式，移动图书信息服务客户端对服务器端的数据请求，可以直接或间接地通过系统提供的应用编程访问接口来完成（如 JDBC 等)。因此，通过重载这些编程接口，将构建开发的读者隐私保护算法嵌入其中，并提供与原来编程接口完全一致的函数调用，使得建立在这些编程接口之上的用户界面程序，无须进行二次开发，就能实现与已有系统的集成。这种方式主要针对读者数据隐私保护算法（基于标识替换的数据隐私保护和基于标识加密的数据隐私保护)。

服务请求重新定向。客户端为了获取服务器端的移动图书信息服务请求，一般需要按照约定的通信协议和报文格式构建生成服务请求报文，并通过网络发送给服务器端。为此，另一个方式是，用户界面不直接向服务器端提交报文，而是提交给读者隐私保护算法（由其代为提交给服务器端）。这种方式不需要重新编写移动图书信息服务用户界面程序，也无须重新编译用户界面程序，就能实现与已有系统的有效集成，因此具有良好的可用性。然而，在这种方式下，读者隐私保护系统作为独立的程序单位运行（独立在已有移动图书信息服务平台之外）。为此，这种方式主要针对读者服务隐私保护算法（基于标识替换的服务隐私保护、基于区域扩展的服务隐私保护和基于哑元构造的服务隐私保护）。

三　系统处理流程

前文简要说明了读者隐私安全的移动图书信息服务平台原型系统的各个组成部分的主要功能，下面将简要说明原型系统的处理流程。系统启动后，将根据外部读者通过移动图书信息服务平台用户界面所发布的请求数据类型，以及系统预先选定的读者隐私保护策略，进行相应的具体操作和数据处理，如图 8.2 所示。全书构建的读者隐私保护策略主要包括六类，下面简要描述它们的处理流程。

第一，基于标识替换的读者数据隐私保护过程。对于读者数据存储请求，读者标识正替换模块为读者资料记录构造生成虚假记录，并提交给云端存储（图中流程 1）。对于读者资料查询请求，读者标识查询转换模块将其转换成可在虚假记录上正确执行的新查询语句，再提交给云端数据库执行；对于云端返回的中间虚假记录集，读者标识逆替换模块将其中的虚假标识替换为相应的读者标识，再将精确查询结果返回给客户端的外部读者（流程 2）。

第二，基于标识加密的读者数据隐私保护过程。对于读者数据存储请求，读者标识数据加密模块和特征数据构造模块，为其中的读者标识数据构造密文数据和特征数据，并提交给云端存储（流程 3）。对于读者资料查询请求，读者数据查询转换模块将其转换成定义在特征数据上的新查询，再提交给云端数据库执行；对于云端返回的中间记录集，读者数据解密筛选模块将其中的密文标识解密恢复为原来的读者标识数据，过滤筛选后再将精确结果返回给客户端的外部读者（流程 4）。

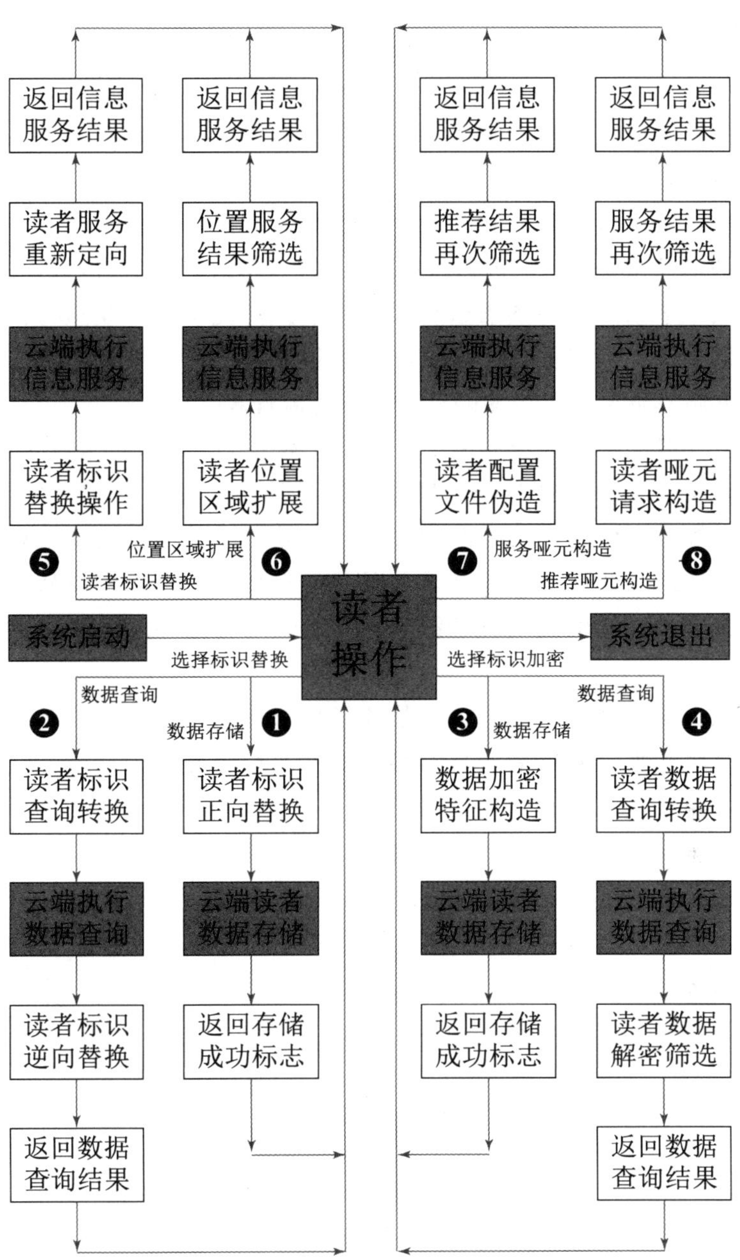

图 8.2　原型系统数据处理流程

第三，基于标识替换的读者服务隐私保护过程。对于读者发布的移动图书信息服务请求，读者标识替换模块将其关联的读者标识替换为虚假标识，并提交给云端执行；对于云端所返回的移动图书信息服务结果，读者服务重定向模块根据虚假标识和真实标识之间的映射关系，将结果返回给客户端相应的外部读者（流程5）。

第四，基于区域扩展的读者位置隐私保护过程。对于读者发布的位置服务请求，位置区域扩展模块将其关联的位置信息经过区域扩展之后，构造生成一个新的移动图书信息服务请求，并提交给云端执行；对于云端所返回的粗糙位置服务结果，位置服务结果筛选模块从中筛选出精确结果，并将其返回给客户端的外部读者（流程6）。

第五，基于哑元构造的图书推荐隐私保护过程。对于客户端提交的读者配置文件，读者配置文件伪造模块为其构造生成一组哑元配置文件，并将哑元配置文件连同读者配置文件，一并提交给服务器端执行；对于服务器端所返回的图书推荐结果，图书推荐结果再筛选模块从中筛选出对应读者配置文件的真实推荐结果，并返回给客户端的外部读者（流程7）。

第六，基于哑元构造的读者服务隐私保护过程。对于读者通过移动图书信息服务平台客户端发布的移动图书信息服务请求，读者哑元请求构造模块为其构造生成一组与读者请求特征分布高度相似的哑元请求，并将这些哑元请求连同读者真实请求，以随机的次序提交给服务器端执行；对于服务器端返回的结果，读者服务结果再筛选模块再从中筛选出对应读者真实请求的移动图书信息服务结果，并返回给客户端的外部读者（流程8）。

第四节　系统设计

一　读者隐私保护算法模块设计

读者隐私保护算法集是整个读者隐私保护系统的核心，它由一系列算法模块组成。根据前文可知，本书主要构建了6种读者隐私保护算法，其中2种为读者数据隐私保护算法，其余4种为读者服务隐私保护算法。

为了节省叙述篇幅，下面简要说明这些算法的主要设计。读者隐私保护算法的总体类图（其中深色部分将在后文进一步叙述）如图 8.3 所示。

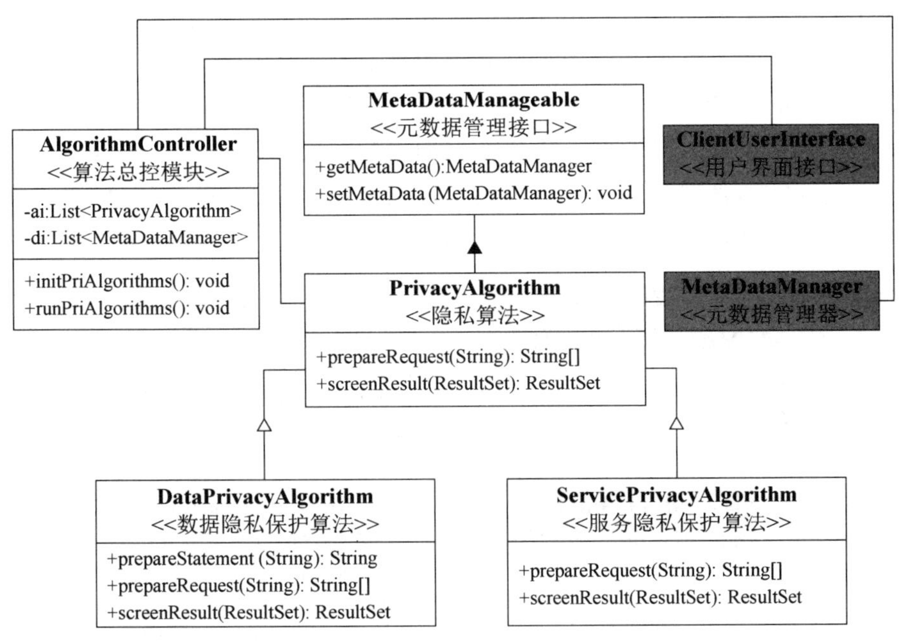

图 8.3　读者隐私保护算法总体类图

从图 8.3 可看出，隐私算法是所有读者隐私保护算法的共同父类，它有两个直接子类，即数据隐私保护算法和服务隐私保护算法。前者是所有读者数据隐私保护算法的共同父类，后者是所有读者服务隐私保护算法的共同父类。隐私算法拥有一个元数据管理器，借此实现元数据管理接口读取元数据和存储元数据的抽象方法。算法总控模块由一系列的读者隐私保护算法和相应的元数据管理器组成，由其运行所有的读者隐私保护算法，提供读者隐私保护服务。算法总控模块还包含一个用户界面接口。算法总控模块通过使用它，获取客户端发布的读者信息服务请求、读者数据存储请求以及服务器端返回的服务结果集等。

从图 8.3 还可以看出，服务隐私保护算法拥有两个主要行为，即重写服务请求行为（按照某种策略为读者移动图书信息服务请求，构造生成一个或多个新的服务请求）和结果过滤行为（过滤筛选服务器端返回的移动图书信息服务结果，以获取准确结果）。数据隐私保护算法在其基础上增加了一个行为，即重写读者数据存储行为（按照某种策略为读者数据存储请求构造生成一个新的请求，以实现读者数据隐私保护的目的）。

在图8.3的基础上，如图8.4所示，进一步给出了读者数据隐私保护算法模块的类图。可以看出，数据隐私保护算法有两个直接子类，即标识替换数据隐私算法和标识加密数据隐私算法，它们均重写了数据隐私保护算法的三个主要行为，以实现各自不同的读者数据隐私保护策略。此外，标识替换数据隐私算法和标识加密数据隐私算法均各自含有一个相应的元数据管理器，即标识替换元数据管理器和标识加密元数据管理器，以分别维护管理各自的算法元数据。

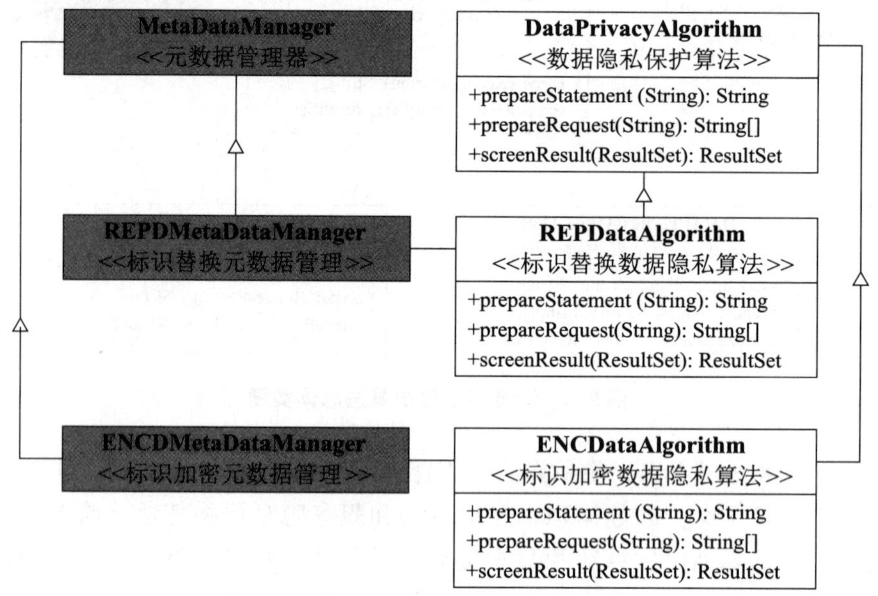

图8.4 读者数据隐私保护模块类图

在图8.3的基础上，如图8.5所示，进一步给出了读者服务隐私保护算法模块的类图。可以看出，服务隐私保护算法有四个直接子类，即标识替换服务隐私保护算法、区域扩展服务隐私保护算法、哑元构造服务隐私保护算法和哑元构造推荐隐私保护算法，它们均重写了服务隐私保护算法的两个主要行为（服务重写行为和结果筛选行为），以实现各自不同的读者服务隐私保护策略。此外，四个读者隐私保护算法均各自含有一个相应的元数据管理器，以分别维护管理各自的元数据。这些元数据管理器拥有共同的父类，即可被图8.3算法总控模块统一管理。

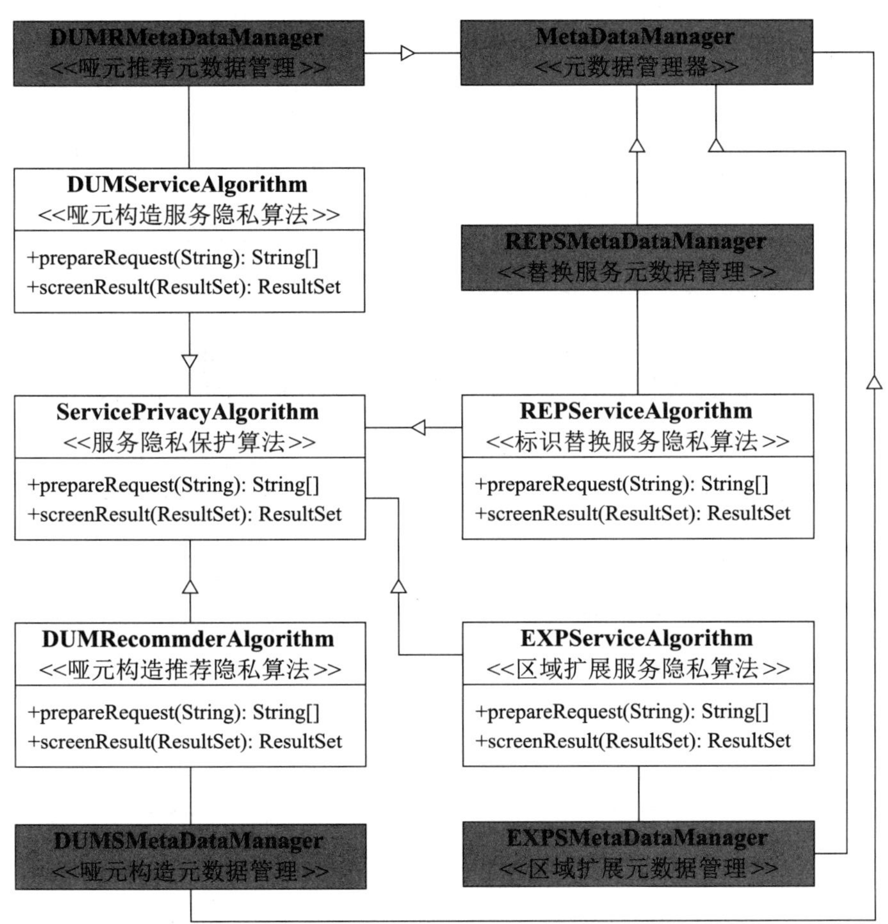

图 8.5　读者服务隐私保护模块类图

二　元数据管理模块设计

读者隐私保护系统各个读者隐私保护算法的成功运行，其背后都需要元数据的支持。为此，原型系统设置元数据管理模块负责对所有元数据进行集中管理。给出了元数据管理模块的总体类图如图 8.6 所示。从图 8.6 可以看出，元数据管理器是所有具体管理器的共同父类，它主要包含四个行为，即初始化算法元数据（读取 XML 文件）、序列化算法元数据（存储 XML 文件）、修改元数据和读取元数据。

从图 8.6 还可以看出，对应每个具体读者隐私保护算法，构建了相应的元数据管理器派生类，它们均重写了父类的四个主要行为，以支持各自不同的读者数据隐私保护算法。这些元数据管理器会根据其支持读者隐私保护算法的特点和要求，设计实现高效的内部数据组织结构，以方便对应读者隐私算法的实现。如标识替换元数据管理器维持了高效的读者标识表和标识映射表，针对读者服务隐私保护的四个元数据管理器均维持了高效的历史服务请求序列。因此，各个元数据管理器虽然对外提供了一致的行为接口，但其内部数据的组织格式却存在较大区别且各不相同。

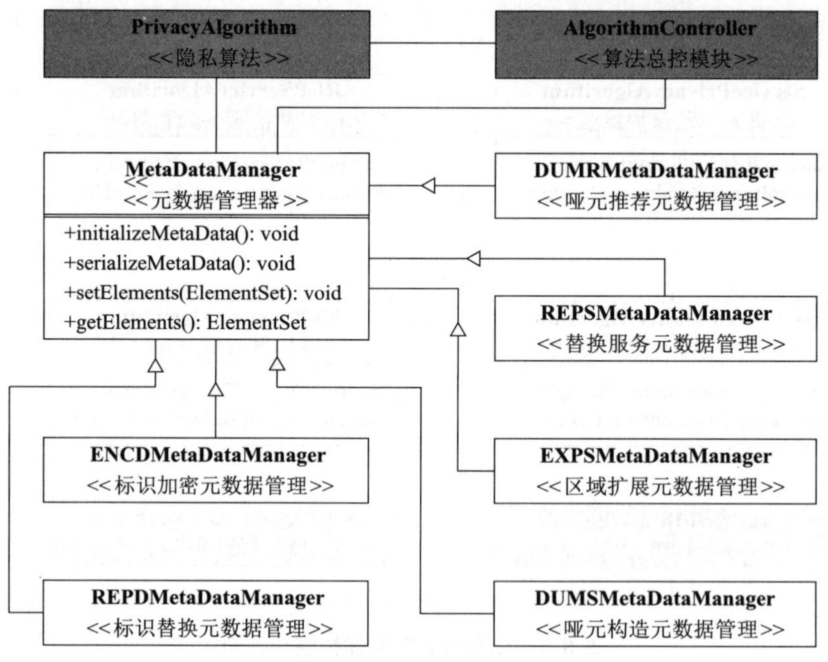

图 8.6 元数据管理模块类图

三 用户界面编程接口模块设计

移动图书信息服务平台客户端的用户界面形式多样。用户界面编程接口从用户界面获取读者隐私保护算法所需的输入数据，并将移动图书信息服务结果返回给用户界面。用户界面编程接口的总体类图如图 8.7 所示。可以看出，用户界面接口主要包含四大行为从客户端用户界面程序获取外部读者所提交的服务请求数据（同时也是读者隐私保护算法所需的输入数据）；获取服务器端所返回的移动图书信息服务结果（同时也是读者隐私保护算法结果筛选模块所需的输入数据)；向服务器端发送请求数据报文；向用户界面发送服务结果。这四类行为的实现方式有两种，因此用户界面接口有两个派生类，即重写用户编程接口和重新定向用户接口，它们均重写了用户界面接口的四类算法行为。

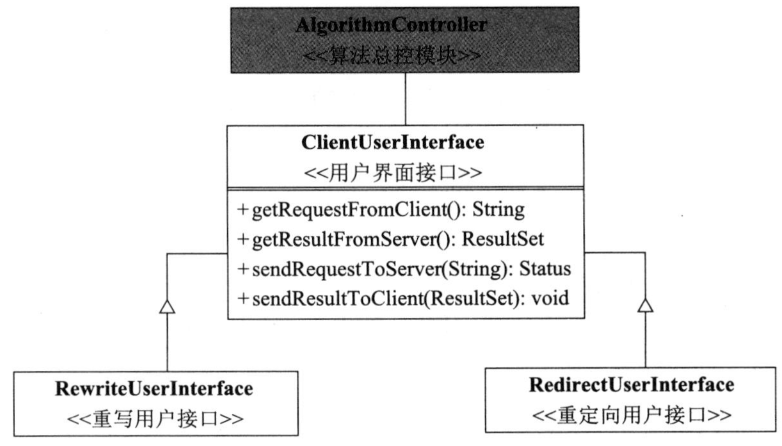

图 8.7　用户界面编程接口类图

第五节　系统实现

前述小节通过类图的形式，简要描述了读者隐私保护算法模块的主要功能设计，而读者隐私保护算法的具体设计已在本书的前面各个章节做了较为详细的描述。对于前述小节给出的各个算法模块所包含的主要功能行为，本节结合本书前面各个章节所描述的算法理论和算法设计，简要说明它们的实现过程。标识替换读者数据隐私算法主要依据第三章的读者标识替换策略而设计构建，其三个主要算法功能行为（重写读者数据存储行为、重写读者服务请求行为和读者服务结果过滤行为）的具体实现过程简要描述如下。

StringREPDataAlgorithm :: prepareStatement（String SQL）{//改写读者数据资料记录（依据第三章）

FOR（语句 SQL 中的每个读者标识）{//将 SQL 中的每个读者标识替换

```
  为虚假标识
    按照预设的标识正替换策略，从读者标识元数据表中选取虚假标识；
    替换读者标识为虚假标识；
    保存虚假标识与读者标识之间的映射关系到相应元数据表（通过元
    数据管理器）；
  }
  RETURN 更新后的 SQL；//原来语句中的每个读者标识被替换为虚假标
  识（其余信息不变）
}
String [ ] REPDataAlgorithm::prepareRequest (String SQL) {//改写读者数
据查询语句（依据第三章）
  FOR（语句 SQL 中的每个 WHERE 条件项）{//将每个条件项转换为虚
  假标识上的新条件项
    IF（查询条件项与读者标识相关）{
    在读者标识数据表上执行原始条件项（通过元数据管理器），获取满
    足条件的所有读者标识；
    结合虚假标识和读者标识的映射元数据表，将这些读者标识映射为
    虚假标识集；
    改写原始查询条件项（借助 IN 运算符将条件值改写为虚假标识集）；
  }}
  RETURN 改写后的 SQL；//原来语句中的读者标识条件项均替换为虚假
  标识相关的新条件项
}
ResultSet REPDataAlgorithm :: screenResult (ResultSet RS) {//读者标识
逆替换（依据第三章）
  FOR（结果集 RS 中的每个虚假标识）{//将云端返回的虚假标识还原
  为读者标识
    从虚假标识和读者标识的映射元数据表中获取虚假标识对应的读者
    标识（通过元数据管理器）；
    替换虚假标识为读者标识；
  }
  RETURN 更新后的 RS；//中间记录集中的虚假标识均被替换还原为对
```

应的读者标识
}

标识加密读者数据隐私算法主要依据第四章的读者标识加密策略而设计构建，该算法的实现通过需要服务器端后台读者资料数据库做出变更（即需要服务器端数据库一定程度的配合），以便存储密文数据和特征数据。该过程在算法运行之前，已经预先完成。为此，标识加密读者数据隐私算法的三个主要行为的具体实现过程可简要描述如下。

```
String ENCDataAlgorithm :: prepareStatement（String SQL）{//改写读者数据资料记录（依据第四章）
  FOR（语句 SQL 中的每个读者标识）{//将 SQL 中的每个读者标识替换为虚假标识
    调用传统加密算法对读者标识进行严格加密，生成密文数据；
    按照预设的特征构造参数（通过元数据管理器），为读者标识构造生成特征数据；
    更新 SQL，将读者标识数据替换为密文数据和特征数据；
  }
  RETURN 更新后的 SQL；//每个读者标识被替换为密文数据和特征数据（其余信息不变）
}
String [ ] ENCDataAlgorithm:: prepareRequest（String SQL）{//改写读者数据查询语句（依据第四章）
  FOR（语句 SQL 中的每个 WHERE 条件项）{//将每个条件项转换为特征数据上的新条件项
    IF（查询条件项与读者标识相关）{
    按照预设的特征参数，结合第四章策略，为原始条件项生成新条件项（定义在特征数据上）；
    更新查询语句 SQL，将原始条件项替换为定义在特征数据上的新条件项；
  }}
  RETURN 改写后的 SQL；//原来语句中的每个条件项替换为定义在特征数据上的新条件项 */
}
```

```
ResultSet ENCDataAlgorithm :: screenResult (ResultSet RS) {//数据解密筛选过程(依据第四章)
  FOR (结果集 RS 中的每个加密记录) {//将云端返回的加密数据还原为读者标识
    结合元数据,将加密记录中的密文数据解密为明文数据,恢复为读者标识数据;
    IF (解密后的当前读者数据记录不满足原始 SQL 查询语句) 从 RS 中移除当前记录;
  }
  RETURN 更新后的 RS; //中间记录集中的密文数据均被还原为读者标识,且进一步筛选
}
```

不同于读者数据隐私算法,读者服务隐私算法只包含两类主要行为(改写读者请求和服务结果筛选)。全书共构建了 4 种读者服务隐私保护算法(标识替换算法、区域扩展算法和哑元构造算法等),但它们的算法框架有较大的不同。为了方便彼此之间的相互比较,我们不再以隐私算法为单位,而是以算法行为为单位,分别描述两类算法行为的具体实现过程。为此,四种读者服务隐私算法的读者服务请求改写行为的具体实现过程简要描述如下。

```
String [ ] REPServiceAlgorithm:: prepareRequest (String Request) {//改写读者请求(标识替换)
  按照预设的标识替换策略,调用算法 3.1 将读者请求关联的读者标识替换为虚假标识;
  保存虚假标识与读者标识之间的映射关系到相应元数据表;
  保存读者请求和虚假请求到历史序列元数据;
  RETURN 改写后的 Request; //原来请求中的读者标识已被替换为虚假标识
}
String [ ] EXPServiceAlgorithm:: prepareRequest (String Request) {//改写读者位置请求(区域扩展)
  按照预设的区域扩展策略,调用算法 5.1 将读者请求关联的位置区域替
```

```
  换为扩展区域;
  保存读者请求和虚假请求到历史序列元数据;
  RETURN 改写后的 Request; //原来请求中的位置区域已被替换为扩展区域
}
String [ ] DUMServiceAlgorithm:: prepareRequest (String Request){//构造哑元请求集
  按照预设参数,调用算法 6.1 为读者请求 Request 构造一组哑元请求 DRequests;
  保存读者请求和相应的哑元请求到历史序列元数据;
  RETURN Request + DRequests; //读者请求和相应哑元请求构造的集合
}
String [ ] DUMRecommderAlgorithm:: prepareRequest (String Request){//构造哑元推荐请求集
  按照预设参数,调用算法 7.1 为读者配置文件 Request 构造一组哑元哑元配置文件 DRequests;
  保存读者配置文件和相应的哑元配置文件到历史序列元数据;
  RETURN Request + DRequests; //读者配置文件和相应哑元配置文件构造的集合
}
```

四种算法的读者移动图书信息服务请求改写行为的实现过程各不相同,并且行为输出的移动图书信息服务请求数据格式也存在不同。标识替换行为和区域扩展行为的输出数据格式为字符串型(改写后的读者移动图书信息服务请求),但哑元构造行为的输出数据格式为字符串数组型(包括读者真实请求以及算法构造生产成相应的哑元请求)。因此,在算法的具体实现中,我们将四个行为的输出格式均统一为字符串数组型,以保持行为对外提供一致的接口。四种读者服务隐私算法的服务结果筛选行为(screenResult)的具体实现过程简要描述如下。

```
ResultSet REPServiceAlgorithm :: screenResult (ResultSet RS) {//读者标识替换策略(第三章)
  从虚假标识和读者标识的映射元数据表中获取 RS 关联虚假标识所对应
```

```
  的读者标识;
  将数据集 RS 关联的虚假标识更改为读者标识;
  RETURN 改写后的 RS; //其关联的虚假标识已经替换为对应的读者
  标识
}
ResultSet EXPServiceAlgorithm :: screenResult (ResultSet RS) {//位置区
域扩展策略(第五章)
  获取历史序列元数据中 RS 对应的原始位置请求;
  FOR (结果集 RS 中的每个位置记录) {//移除落在精确位置区域外的
  位置服务记录
    IF (当前读者位置记录落在原始位置区域之外) 从 RS 中移除当前
    记录;
  }
  RETURN 更新后的 RS; /* 中间记录集中落在精确位置区域外的位置服
  务记录均被移除
}
ResultSet DUMServiceAlgorithm :: screenResult (ResultSet RS) {//哑元请
求构造策略(第六章)
  FOR (结果集 RS 中的每个服务结果记录) {//移除哑元请求对应的服
  务结果记录
    获取历史序列元数据中当前结果记录对应的服务请求;
    IF (当前服务请求为哑元请求) 从 RS 中移除当前记录;
  }
  RETURN 更新后的 RS; //中间记录集中哑元请求对应的服务结果记录
  均被移除
}
ResultSet DUMRecommderAlgorithm :: screenResult (ResultSet RS) {//哑元
推荐构造策略(第七章)
  FOR (结果集 RS 中的每个服务结果记录) {//移除哑元请求对应的服务
  结果记录
    获取历史序列元数据中当前结果记录对应的读者配置文件;
    IF (当前读者配置文件为哑元文件) 从 RS 中移除当前记录;
```

```
    }
    RETURN 更新后的 RS; //中间记录集中哑元文件对应的服务结果记录均被移除
}
```

算法总控模块负责运行系统中所有的读者隐私保护算法，为外部读者提供读者隐私保护服务。因此，算法总控模块由一系列的读者隐私保护算法和相应的元数据管理器组成，并包含一个用户编程接口，通过它来获取客户端发布的读者信息服务请求，以及服务器端返回的服务结果集等。算法总控模块主要包括两个行为，即初始化隐私算法行为和运行隐私算法行为。其中运行算法行为主要负责接收外部读者发布的信息服务请求（包括数据存储请求），并调用相应的读者隐私保护算法进行保护处理后，提交给服务器端执行；对于服务器端所返回的移动图书信息服务结果，进行筛选处理后，返回给相应的外部读者。为此，这里简要描述运行隐私算法行为的具体实现过程。

```
Void AlgorithmController :: runPriAlgorithms ( ) {
  FOR（各个元数据管理器 metaDataManager） metaDataManager. initializeMetaData ( )
  //执行一系列的初始化操作（包括其他操作）
  WHILE（用户不选择退出系统）{
  String request = interface. getRequestFromClient ( ) //调用用户编程接口，获取读者服务请求报文
  IF（request 为数据存储请求）{//交由数据隐私算法 prepareStatement 处理（共有两种可能方法）
    request = dataPriAlgorithm. prepareStatement （request） //根据设定策略，调用相应存储服务
    Status r = interface. sendRequestToServer （request） //调用编程接口，发送数据存储请求报文
    interface. sendResultToClient （r） //将数据存储结果信息（如成功与否）返回给用户界面
  } ELSE {//交由读者隐私算法的 prepareRequest 方法进行处理（共有六种可能方法）
    String [ ] reqs = priAlgorithm. prepareRequest （request） //根据设定
```

```
    策略，调用相应信息服务
    FOR（request：reqs）interface.sendRequestToServer（request）//发送读者信息服务请求报文
    ResultSet result = interface.getResultFromServer（）//异步等待
    result =priAlgorithm.screenResult（result）//根据设定策略，调用相应结果过滤方法
    interface.sendResultToClient（result）//将读者信息服务结果返回给用户界面
  }
  FOR（各个元数据管理器 metaDataManager）metaDataManager.serializeMetaData（）
  //执行一系列的序列化操作（包括其他操作）
}}
```

算法总控模块通过成员变量 dataPriAlgorithm 引用当前活跃的读者数据隐私保护算法（包含两种可能算法），通过成员变量 priAlgorithm 引用当前活跃的读者隐私保护算法（包含六种可能算法），简化了读者隐私保护系统的设计与实现。从前述小节给出的系统设计可以看出，读者隐私保护系统中还存在许多其他功能模块（如元数据管理和用户编程接口等）。然而，由于它们的实现过程相对琐碎，所以这里不再展开叙述。

第六节　本章小结

本书第三章至第七章针对移动图书信息服务平台的读者服务隐私保护问题和读者资料隐私保护问题，构建了一系列的理论模型和实施策略，它们既层层递进又互为补充，共同构成一套系统完整的移动图书信息服务平台读者隐私保护理论模型和实施方案。本章结合这些研究工作和研究成果，进一步研究探讨了新兴网络环境下读者隐私安全的移动图书信息服务原型系统的设计实现方案，具体包括系统设计原则、系统设计目标、系统基本框架、系统模块设计、系统功能实现等，为全书研究成果的实用化奠定了一定的基础。

第九章　结语

本书第一章和第二章分析了新兴网络环境下移动图书信息服务平台下的读者隐私保护需求。以此为依据，本书第三章至第八章构建了一套完整的读者隐私保护理论模型和实施策略，并通过理论分析结合实验评估，定性定量地评价了这些模型策略的可行性和有效性。在本章中，第一节重述了全书研究工作的背景和意义。第二节总结性回顾了全书的主要研究工作和研究贡献。第三节对照第二章的需求分析，总结性评价了全书研究工作在移动图书信息服务读者隐私保护中的综合表现性能。第四节分析了全书研究工作的创新特色。第五节展望了移动图书信息服务平台读者隐私保护的后续研究工作。

第一节　背景重述

移动图书信息服务平台使得读者摆脱了时间、地点和 IP 地址的限制，可以随时随地通过智能手机、平板电脑等移动终端设备享受到图书馆提供的图书信息服务，并且它还能根据读者的个人兴趣偏好和地理位置，为读者提供满足其个性化需求的移动图书信息服务。因其便携性和易用性，随着智能移动设备的广泛普及，移动图书信息服务平台已成为人们获取信息知识的重要渠道，成为人们日常生活的重要组成部分，并已成为国家信息基础建设的核心内容和重要工程。然而，随着云计算等新兴网络技术的迅速发展，网络服务器正变得越来越“不可信”，已成为引发用户隐私泄露的主要根源。读者通过移动图书信息服务平台发布的图书信息服务请求背后蕴含着大量的敏感隐私信息（个人资料、个人喜好、个人行踪、社会关系等）。这些极富社会经济价值的隐私数据，被移动图书信息服务平台不可信服务器端大量收集，势必对读者隐私安全构成严重威胁。随着人们隐私保护意识的不断增强，读者隐私安全问题已成为制约移动图书信息服务平台在新兴网络环境下持续健康发展的主要障碍。现代图书信息服务平台下的读者隐私问题已成为图书情报学科亟待解决的前沿科学问题，引起广泛关注。

由于其强约束力，法律法规被视为保障公民权利的有力手段。社会科学领域学者更多从法律法规角度对用户隐私保护问题进行研究，并积极推动国家政府立法机构出台更加完善的用户隐私权相关法律法规。当前，各国政府均在不同层次上出台了公民隐私权保护相关的法律法规，并取得了积极的成效。然而，法律法规虽然能有效地缓解网络用户隐私问题，但并不能从根本上解决该问题。因为，法律法规的有效性建立在网络服务器及其管理员能恪守法律法规的基础之上（建立在服务器端高度可信的基础之上）。然而，层出不穷的用户隐私泄露事件已经反复证明，服务器端并不可信。针对用户隐私保护问题，信息科学领域学者给出了许多行之有效的方法，包括用户数据安全策略（如身份认证、访问控制、安全审计等）和用户隐私保护方法（如加密法、泛化法、模糊法、匿名法等）。然而，这些方法策略并不是针对移动图书信息服务平台而提出，它们在实用性、准确性、高效性、安全性等多个方面仍无法满足移动图书信息服务平台的实际应用需求，即新兴网络环境下移动图书信息服务平台的读者隐私安全问题无法通过直接使用已有技术方法加以简单解决，它仍有待进一步的深入研究。

读者隐私权系图书馆的核心价值之一，对其加以有效保护已成为图书馆界的基本共识。党的十八届三中全会发布了《中共中央关于全面深化改革若干重大问题的决定》，决定设立国家安全委员会，将网络信息安全作为国家安全战略的重要组成部分，从而将网络信息安全提升至国家战略层面。在这样的大时代背景下，如何在云计算等不可信新兴网络环境中，确保移动图书信息服务平台读者隐私信息安全，已成为当前图书馆学和情报学研究亟待解决的新课题，具有十分重要的现实意义和研究价值。本书研究工作既是数字图书馆学理论与用户隐私保护理论相融合的一种交叉性综合研究，也是用户隐私保护技术应用于移动图书信息服务平台的一种创新性探索研究。

相比于已有研究，本书研究工作独到的学术价值和应用价值在于：

针对移动图书信息服务平台移动图书信息服务，构建了一套全新的读者资料隐私保护模型策略和读者服务隐私保护模型策略，它们能有效突破已有用户隐私保护方法在新兴网络环境下移动图书信息服务平台中的应用局限，能在“不改变”现有移动图书信息服务平台架构、“不改变”客户端外部读者的使用习惯、“不改变”现有移动图书信息服务算法、“不改变”移动图书信息服务准确性、“不改变”移动图书信息服务高效性的基本前提下，有效“改善”读者资料隐私和读者服务隐私在移动图书信息服务平台不可信服务器端的安全性，从而为搭建起安全有效的移动图书信息服务平台奠定理论和技术基础，进而推动移动图书信息服务平台在新兴网络时代的可持续健康发展。还需指出的是，本书的研究对象虽然针对移动图书信息服务平台这一特定类型的网络信息系统，但本书的研究成果对有效改善新兴网络环境下移动网络信息系统的用户隐私安全问题，同样具有积极的参考借鉴价值。

第二节　工作回顾

在研究过程中，我们采用了定性分析和定量分析相结合的研究手段，理论分析和实验模拟相结合的研究方法，在模型理论的定性研究基础上，结合理论分析和实验评估的定量研究，分析评价构建的相关模型和相关算法的可行性和有效性，以实现设定的预期研究目标，取得了良好成效。由于移动图书信息服务平台读者隐私主要包括两个方面——读者服务隐私（移动图书信息服务请求所蕴含的读者偏好隐私）和读者资料隐私（读者背景资料数据背后所蕴含的读者数据隐私），所以，本书的研究工作，主要围绕如何确保移动图书信息服务平台的这两类读者隐私的安全性而展开。具体地，本书主要开展了以下几个方面的研究工作。

第三章研究构建了基于标识替换的读者隐私保护策略。其基本思路是，通过引入中间服务器，以其他虚假读者标识替换移动图书信息服务请求关联的读者标识，打破读者与其请求之间的天然联系，以保护读者服务隐私。首先，给出基于标识替换的读者服务隐私保护框架。其次，定义基于标识替换的读者服务隐私保护模型，它形式化描述了中间服务器读者标识替换过程应满足的隐私约束和代价约束，并给出隐私模型实现算法。理论分析和实验评估验证了方法的有效性，它能在不牺牲移动图书信息服务平台图书信息服务实用性的前提下，有效改善读者服务隐私在不可信服务器端的安全性。该工作虽然是针对读者服务隐私保护而提出，但它对读者资料隐私保护同样具有一定的适用性。然而，该项工作所构建的读者标识替换策略建立在第三方中间服务器上，容易导致隐私瓶颈和性能瓶颈，限制它在现代移动图书信息服务平台中的实际可用性。

第四章研究构建了基于标识加密的读者借阅隐私保护策略。以移动图书信息服务平台图书借阅服务为切入点，构建了基于标识加密的读者借阅隐私保护策略。其思路是，在移动图书信息服务平台可信客户端将每条图书借阅记录中的读者标识严格加密后，再提交给不可信服务器端数据库进行存储，使得攻击者难以获知图书借阅记录关联的具体读者，从而确保读者图书借阅隐私的安全性。此外，还设计实现了借阅记录查询方案，以确保定义在读者标识密文数据上的各类数据库查询的有效性和高效性。理论分析和实验评估验证了方法有效性，能在确保读者借阅隐私在不可信服务器端的安全性的基本前提下，确保读者借阅记录相关查询操作的有效性和高效性。该项工作所提出的读者标识加密查询策略，对解决移动图书信息服务平台中其他类型的读者资料隐私保护问题同样高度适用，可推广到读者资料隐私保护的全体场景。

第五章研究构建了基于区域扩展的读者位置隐私保护策略。位置服务是读者移动图书信息服务的重要基础支撑。该项工作通过构造“扩展区域”，以掩盖保护读者服务请求蕴含的真实位置区域，从而有效改善读者位置隐私的安全性。首先，给出基于区域扩展的读者位置隐私保护基本框架。其次，定义基于区域扩展的读者位置隐私保护模型，形式化描述客户端为读者位置区域构造生成的扩展位置区域应满足的高效性约束和安全性约束，并给出隐私模型的具体实现算法。最后，理论分析和实验评估，验证了读者位置隐私保护策略的有效性。然而，位置区域扩展策略难以应用于其他类型的读者图书信息服务请求数据，即难以应用于保护其他类型的读者服务隐私（如图书检索隐私），限制了位置区域扩展策略在移动图书信息服务平台读者服务隐私保护全体场景中的普适性。

第六章研究构建了基于哑元构造的读者服务隐私保护策略。该项工作不以某种具体类型的移动图书信息服务为研究对象，而是构建了基于哑元构造的读者隐私保护的统一模型和策略。首先，给出基于哑元构造的读者服务隐私保护基本框架，其基本思路是，在可信客户端为读者请求构造一组“真假难辨”的哑元请求，“以假乱真”混淆保护读者服务隐私（包括图书偏好隐私和位置偏好隐私）。其次，定义基于哑元构造的读者服务隐私保护模型，通过引入图书信息熵和位置信息熵等概念，以度量哑元请求对读者请求的混淆效果；通过引入图书距离和位置距离等概念，以度量哑元请求对图书偏好隐私和位置偏好隐私的模糊效果。最后，给出隐私模型的具体实现算法，并通过理论分析和实验评估验证了方法的有效性，即能很好地适应移动图书信息服务平台的实际应用需求。

第七章研究构建了基于哑元构造的图书推荐隐私保护策略。基于哑元构造策略，以基于内容的推荐算法作为切入点，构建面向图书推荐服务的读者隐私保护策略。其基本思路是，在可信客户端为读者配置文件构造一组哑元配置文件，再逐个提交给服务器端推荐算法，分别获取相应的推荐结果，最后在客户端过滤掉哑元对应的推荐结果。首先，定义基于哑元构造的图书推荐隐私保护模型，形式化描述客户端生成的哑元配置文件应满足的约束条件（与读者配置文件特征相似，但与读者敏感图书主题语义无关）。其次，借助图书分类目录知识结构，提出了隐私模型的具体实现算法。最后，理论分析和实验评估验证了方法的有效性，即能在不损害图书推荐服务实用性和准确性的前提下，有效改善读者偏好隐私在不可信服务器端的安全性。

此外，本书第一章回顾了研究背景和相关研究成果。第二章深入分析了新兴网络环境下移动图书信息服务平台下的读者资料隐私保护需求和读者服务隐私保护需求，并据此分析评价了现有技术方法在移动图书信息服务平台读者隐私保护中的应用局限，从而确立了本书的预期研究目标，为后续章节的研究工作提供了参照依据。本书第八章基于前面章节研究工作，探讨了读者隐私安全的移动图书信息服务平台设计方案，以便据此综合评估、比较、分析全书各项研究成果的实际效用，从而为本书成果的实用化奠定了前期基础。第九章总结、评价、展望了全书工作。

综上所述，本书研究构建的数据加密策略（第四章）仅可用于读者资料隐私保护，本书研究构建的区域扩展策略（第五章）和哑元构造策略（第六章和第七章）仅可用于读者服务隐私保护，而研究构建的标识替换策略（第三章）可同时用于读者资料隐私保护和读者服务隐私保护，这些隐私策略层层递进又互为补充，共同构成一套系统完整的面向新兴网络环境下移动图书信息服务平台读者隐私保护理论模型和实施方案。第一章的图1.2和第二章的图2.3通过描述本书各个章节之间的逻辑组织关系，展示了这些读者隐私保护策略之间的内在逻辑关系。

第三节　工作评价

一　读者资料隐私策略评价

本小节分析评价标识替换策略（第三章）和数据加密策略（第四章）的有效性。第二章的第二节形式化描述了新兴网络环境下（服务器端不可信）移动图书信息服务平台的读者资料隐私保护需求，即理想读者资料隐私保护策略应同时满足查询准确性约束（定义2.1）、查询高效性约束（定义2.2）、策略可用性约束（定义2.3）和策略安全性约束（定义2.4）。据此，第二章的第四节分析评价了现有方法策略（数据安全策略、加密法、匿名法、模糊法、泛化法等）在读者资料隐私保护中的应用局限。结果表明，现有方法策略在准确性、高效性、可用性、安全性等多个方面仍无法满足移动图书信息服务平台的读者资料隐私保护需求（见表2.1）。

为此，第三章和第四章分别研究构建了基于标识替换的读者资料隐私保护策略和基于数据加密的读者资料隐私保护策略，并且在这两章的第五节“分析评价”部分，对照第二章第二节给出的读者资料隐私保护需求，通过理论分析结合实验评估，分析评价了两种读者隐私保护策略有效性。概括来说，两种读者隐私保护策略的有效性分析结果可简要表述如下。

第一，基于标识替换的读者资料隐私保护策略。其基本思路是，通过引入可信的第三方服务器，将客户端读者发布的读者资料记录所关联的读者标识，以来自其他虚假读者的虚假标识替换，打破读者与其资料记录间的天然联系，从而实现对读者资料隐私的有效保护。该策略能很好地满足查询准确性约束（定义2.1）和查询高效性约束（定义2.2）。该策略能很好地满足第二层和第三层策略可用性约束，但是由于需要引入第三方服务器，该策略并不能满足第一层策略可用性约束（定义2.3）。此外，该策略由于并没有更改读者敏感数据本身，因而仅能在较低层次上满足策略安全性约束（定义2.4）。

第二，基于数据加密的读者资料隐私保护策略。其基本思路是，在可信客户端将每条读者资料记录中的读者标识字段严格加密后，再提交给不可信服务器端后台数据库进行存储，使得服务器端攻击者难以获知每条读者资料记录对应的具体读者，从而保护读者资料隐私。为了确保查询高效性和查询准确性，该策略还设计了标识加密查询方案。该策略不仅能很好满足查询准确性约束（定义2.1）和查询高效性约束（定义2.2），还能很好地满足策略安全性约束（定义2.4），并且还能很好地在三个层次上满足策略可用性约束（定义2.3）。相比于前面的标识替换策略，以及现有的方法策略（第一章所给出的数据安全策略、加密法、匿名法、模糊法、泛化法等），数据加密策略表现出更好的综合性能，能有效满足移动图书信息服务平台的读者资料隐私保护需求。

表9.1　　读者资料隐私保护有效性概览

方法	准确性	高效性	安全性	可用性Ⅰ	可用性Ⅱ	可用性Ⅲ
安全策略	√	√	○	√	√	√
加密法	√	○	√	√	√	√
匿名法	√	√	○	○	√	○
模糊法	//	//	//	//	//	//
泛化法	//	//	//	//	//	//
标识替换	√	√	○	○	√	√
数据加密	√	√	√	√	√	√

对照第二章第二节给出的读者资料隐私保护需求，表9.1是在第二章给出的表2.1的基础之上，通过对比现有的数据安全策略和隐私保护方法，进一步总结性地概括了第三章和第四章研究构建的基于标识替换的读者资料隐私保护策略和基于数据加密的读者资料隐私保护策略，在移动图书信息服务平台读者资料隐私保护应用中的实际效用，即它们在准确性约束、高效性约束、安全性约束、可用性约束上的综合表现性能。

二 读者服务隐私策略评价

本小节分析评价面向读者服务隐私保护的标识替换策略（第三章）、区域扩展策略（第五章）和哑元构造策略（第六章和第七章）的有效性。前文中，第二章的第三节首先形式化描述了新兴网络环境下（服务器端不可信）移动图书信息服务平台的读者服务隐私保护需求，即理想的读者服务隐私保护策略应同时满足服务准确性约束（定义2.5）、服务高效性约束（定义2.6）、三个层次的策略可用性约束（定义2.7）和三个层次的策略安全性约束（定义2.8）。

为此，第三章、第五章、第六章联合第七章分别研究构建了三种读者服务隐私保护策略，即基于标识替换的读者服务隐私保护策略、基于区域扩展的读者服务隐私保护策略和基于哑元构造的读者服务隐私保护策略，并且在这些章节的第五节“分析评价”部分，对照第二章第三节形式化给出的读者服务隐私保护需求，通过理论分析结合实验评估，分析评价了这三种读者服务隐私保护策略实际效用。概括来说，这三种读者服务隐私保护策略的有效性分析结果可简要表述如下。

基于标识替换的读者服务隐私保护策略。其基本思路是，通过引入可信的第三方服务器，将客户端读者发布的移动图书信息服务请求所关联的读者标识信息，以来自其他虚假读者的虚假标识替换，打破读者与其信息服务请求之间的天然联系，从而实现对读者服务隐私的有效保护。该策略能很好地满足服务准确性约束（定义2.5）和服务高效性约束（定义2.6）。该策略能很好地满足第二层策略可用性约束（不改变客户端外部读者的使用习惯）和第三层策略可用性约束（不改变服务器端已有的信息服务算法），但是由于需要引入第三方服务器，它并不满足第一层策略可用性约束（定义2.7）。此外，该策略并没有更改读者服务请求涉及的数据本身，因而仅能在较低层次上满足策略安全性约束（定义2.8）。

基于区域扩展的读者服务隐私保护策略。其基本思路是，基于可信客户端，通过为读者提交的位置服务请求构造生成一个新的位置服务请求（其中的读者位置区域被一个精心设计的“扩展位置区域”所替代），使得不可信服务器端难以获知读者的具体位置，从而实现对读者位置隐私的有效保护。该策略仅针对读者位置服务隐私保护，能很好地满足服务准确性约束（定义2.5）和服务高效性约束（定义2.6）。该策略还能很好地满足三个层次的策略可用性约束（不改变客户端读者的使用习惯、不改变已有的位置服务算法、不该变已有的平台系统结构）。此外，该策略还能很好地满足三个层次的位置隐私安全性约束，但仅针对位置隐私（而不能扩展到全体读者服务隐私）。

基于哑元构造的读者服务隐私保护策略。其基本思路是，通过在移动图书信息服务平台可信客户端构造生成一组“真假难辨”的移动图书服务哑元请求，连同读者真实请求，一起提交给移动图书信息服务平台的不可信服务器端，“以假乱真”混淆保护移动图书信息服务请求背后的读者图书偏好隐私和读者位置偏好隐私。该策略不仅能很好地满足服务准确性约束（定义 2.5）和服务高效性约束（定义 2.6），还能很好地在三个层次上满足策略可用性约束（定义 2.7），并且还能很好地在三个层次上满足策略安全性约束（定义 2.8）。相比于前面的标识替换策略和区域扩展策略，以及现有的方法策略（第一章所给出的数据安全策略、加密法、匿名法、模糊法、泛化法等），哑元构造策略表现出更好的有效性和普适性，能有效满足移动图书信息服务平台的读者服务隐私保护需求。

对照第二章第三节给出的读者服务隐私保护需求，表 9.2 在第二章给出的表 2.2 的基础之上，通过对比现有的数据安全策略和隐私保护方法，进一步总结性地概括了基于标识替换的读者服务隐私保护策略、基于区域扩展的读者服务隐私保护策略和基于哑元构造的读者服务隐私保护策略，在移动图书信息服务平台读者服务隐私保护应用中的实际效用，即它们在准确性约束、高效性约束、安全性约束、可用性约束上的综合表现性能。

表 9.2　　读者服务隐私保护有效性概览

方法	准确性	高效性	可用性	安全性Ⅰ	安全性Ⅱ	安全性Ⅲ
安全策略	√	√	√	○	○	○
加密法	√	√	○	√	√	√
匿名法	√	√	○	√	○	○
模糊法	○	√	√	√	○	○

续表

方法	准确性	高效性	可用性	安全性Ⅰ	安全性Ⅱ	安全性Ⅲ
泛化法	○	√	√	√	○	○
标识替换	√	√	○	√	○	○
区域扩展	√	√	√	√	○	○
哑元构造	√	√	√	√	√	√

综合“读者资料隐私策略评价”和“读者服务隐私策略评价”可得出如下结论。本书的研究工作以移动图书信息服务平台服务器端存储的读者资料隐私数据和读者服务隐私数据为研究对象，结合移动图书信息服务平台图书信息服务的形式特点和数据特点，研究构建了一整套面向移动图书信息服务平台的读者隐私保护模型和策略，能够在“不改变”现有移动图书信息服务平台架构、“不改变”客户端外部读者使用习惯、“不改变”现有移动图书信息服务算法、“不改变”移动图书信息服务准确性、“不改变”移动图书信息服务高效性的基本前提下，有效“改善”读者资料隐私和读者服务隐私在移动图书信息服务平台不可信服务器端的安全性，能有效地满足移动图书信息服务平台读者隐私保护的实际应用需求，为搭建起安全有效的移动图书信息服务平台奠定了一定的理论和技术基础。

第四节　工作特色

全书研究工作的特色和创新之处可概括为：聚焦前沿，研究对象新颖；独辟蹊径，路线方法独特；对焦需求，方法策略实用性好；交叉融合，扩展交叉学科前沿。

第一，聚焦前沿，研究对象新颖。读者隐私权系图书馆的核心价值之一，对其加以有效保护已成为图书馆界的基本共识。随着数字图书信息服务平台的迅速发展，以及云计算等新兴网络技术的迅速普及，读者隐私权受到了严重的威胁和挑战，读者隐私问题已成为制约现代图书信息服务持续健康发展的主要障碍，已成为图书情报学科迫切需要解决的前沿热点问题，引起学界和业界广泛关注。虽然从法律法规角度，社会科学领域学者已经进行了一系列研究，但从技术方法角度，已有研究还十分单薄，缺乏系统，仍无法满足现代图书信息服务读者隐私保护的实际应用需求。因而，全书研究工作“聚焦前沿”，针对移动图书信息服务平台的读者隐私保护问题，从技术角度构建一套完整的理论模型和实现策略，突破现有技术方法的应用局限，为促进现代移动图书信息服务健康持续发展提供了新的思路和方法。这是一项新颖而重要的研究尝试，对构建安全有效的移动图书信息服务平台具有重要积极的意义，对有效改善网络信息系统用户隐私安全问题具有积极的参考借鉴价值。

第二，独辟蹊径，路线方法独特。针对网络用户隐私保护问题，虽然已经拥有了一些富有成效的方法策略，但它们还不能满足移动图书信息服务平台的读者隐私保护需求。对于读者资料隐私，现有数据安全策略“对外不对内”，无法满足安全性约束。对于读者服务隐私，现有隐私保护方法通常针对单一类型的用户服务隐私数据，难以直接应用到现代移动图书信息服务平台的读者隐私保护场景。不同于已有的数据安全策略（如身份认证、访问控制等）和隐私保护方法（如数据加密、数据泛化等），本书研究采用的路线方法“独辟蹊径”，不以某种具体类型的移动图书信息服务为研究对象，而是以移动图书信息服务平台服务器端存储的读者资料隐私数据和读者服务隐私数据为研究对象，结合移动图书信息服务平台图书信息服务的形式特点和数据特点，构建一套完整系统的面向移动图书信息服务平台的读者隐私保护模型和实施策略，实现对移动图书信息服务读者隐私的整体性保护，切断读者隐私泄露的主要通道，能有效改善读者资料隐私和服务隐私的安全性。

第三，对焦需求，方法策略实用性好。现有的用户隐私保护方法并不是针对移动图书信息服务平台读者隐私保护问题而提出，在实用性、准确性、安全性等方面，无法满足移动图书信息服务平台读者隐私保护的实际应用需求。本书深入分析了读者资料隐私保护框架和读者服务隐私保护框架，形式化定义了相应的读者隐私保护需求，为全书的研究工作提供了参照依据。据此研究构建的移动图书信息服务读者隐私保护策略能同时满足以下应用目标，即能在“不改变”移动图书信息服务的现有平台架构，“不改变”客户端外部读者的使用习惯，“不改变”现有移动图书信息服务算法，“不改变”移动图书信息服务准确性，“不改变”

移动图书信息服务高效性的基本前提下，有效“改善”读者资料隐私和读者服务隐私在移动图书信息服务平台不可信服务器端的安全性，从而为搭建起安全有效的移动图书信息服务平台奠定理论和技术基础。为此，本书的研究工作紧密“对焦需求”，构建的读者隐私保护策略拥有良好的实际可用性。

第四，交叉融合，扩展交叉学科前沿。本书的研究工作既是图书情报理论与用户隐私保护方法相融合的一种交叉综合研究，也是用户隐私保护技术应用于移动图书信息服务平台的一种创新性探索研究。党的十八大以来，以习近平同志为核心的党中央高度重视网络安全工作，并将其提升至国家战略层面。在这样的大时代背景下，如何确保云计算和大数据等不可信新兴网络环境下图书馆读者隐私权不受侵害，系图书情报、信息管理、信息系统等多学科亟待解决的交叉共性前沿问题，具有十分重要的学术价值和现实意义。因而，本书的研究工作通过相关学科领域的交叉融合研究，将促进相关学科的知识融通发展，拓展交叉学科前沿研究。

第五节　工作展望

移动互联网时代的到来促使图书馆业界的主动变革。移动图书信息服务平台使得读者可以随时随地享受到图书馆的各类图书信息服务，因而，在手机等移动智能终端设备上使用移动图书信息服务平台信息服务是图书馆发展的大势所趋，移动图书馆信息服务平台已成为人们获取信息资源的重要途径。然而，随着云计算和大数据等新兴网络技术的迅速发展与普及，全面上云使得移动图书信息服务平台的服务器端正变得越来越“不可信”，已成为引发读者隐私泄露的主要根源和威胁。随着人们隐私维权意识的不断增强，读者隐私安全问题已成为制约现代移动图书信息服务在新兴网络环境中持续健康发展的主要障碍。移动图书信息服务平台的读者隐私问题已经成为图书情报学科亟待解决的前沿科学问题，已经成为学界和业界共同关注的重要问题。

本书的研究工作仅触及移动读者隐私安全问题的冰山一角，在数字化信息化时代，移动读者隐私数据日趋多样化和复杂化，其安全问题是一项非常艰巨的任务，任重而道远，仍有待社会科学领域学者和自然科学领域学者进行大量深入的交叉研究。作为后续研究计划，我们在本书基础上对以下几个方面问题做展望。

第一，进一步加强理论模型结合真实场景的实践研究。本书研究对象面向移动图书信息服务平台。然而，移动互联网与云计算等新兴网络信息技术发展迅速，据此衍生的移动图书馆平台的内涵和外延仍有待学术界的进一步梳理和确定。为此，本书所研究的面向移动图书信息服务平台的读者隐私保护模型与策略，具有较强的前沿性和理论性，从而使得本书所呈现的研究内容难免较为“学院派”，其理论成果与数字时代下移动图书信息服务平台的真实场景仍具有一定的距离。为此，如何将本书所构建的移动读者隐私保护模型，更好地与当前大型图书馆平台的真实业务场景结合，还需进一步深入开展相关实践研究。

第二，进一步推进移动信息服务原型系统的开发实现。第八章综合全书研究成果，探讨了新兴网络环境下读者隐私安全的移动图书信息服务平台原型系统的设计方案，具体包括系统设计原则、系统设计目标、系统基本框架、系统模块设计、系统功能实现等，从而为全书理论研究成果的实用化奠定了一定的前期基础。然而，想开发实现一个真实可用的读者隐私安全的移动图书信息服务原型系统并非易事，这需要大量的人力财力投入。为此，后续将继续申请科技计划项目的经费支持，以进一步推进移动信息服务原型系统的开发实现。

第三，积极开展理论研究成果的应用研究。虽然本书所构建的移动读者隐私保护策略较为理论化，且富有前瞻性，在本书研究成果的基础之上，我们将继续积极与图书馆单位建立协作关系，努力将研究成果应用服务于移动图书信息服务平台建设，提高网络读者对移动图书信息服务平台的信任度和黏着力，以促进现代移动图书信息服务平台在新兴网络环境下的持续健康发展和应用，还将积极对接相关信息企业，积极开展面向产业化的应用研究，争取研究成果的产业化。

第四，拓展完善理论研究成果的应用领域。本书的研究对象虽然针对移动图书信息服务平台这一特定的网络信息系统，但其研究成果对有效改善新兴网络环境下移动网络信息系统的用户隐私安全问题同样具有积极的借鉴价值。为此，未来将在本书研究成果的基础之上，继续深入开展网络信息系统用户隐私保护策略研究，“由点带面”将本书理论研究成果拓展到更宽领域的“数字化背景下的信息管理与隐私保护”问题。

参考文献

一　中文专著

何玉洁：《数据库系统教程》第二版，人民邮电出版社 2022 年版。

马峥：《基于信息熵的科技学术期刊评价方法研究》，科学技术文献出版社 2022 年版。

秦志光、张凤荔：《计算机病毒原理与防范》，人民邮电出版社 2016 年版。

石淑华、池瑞楠：《计算机网络安全技术》，人民邮电出版社 2016 年版。

吴宗大：《数字图书馆用户的行为偏好隐私保护方法研究》，电子工业出版社 2021 年版。

徐芳：《数字图书馆用户体验研究》，社会科学文献出版社 2021 年版。

闫晶：《数字图书馆资源聚合质量评价及优化策略研究》，人民出版社 2020 年版。

易斌：《网络环境下图书馆读者隐私权保护研究》，中国社会科学出版社 2013 年版。

二　中文期刊

白美程、阳广元：《近五年我国数字图书馆用户隐私保护研究进展》，《图书馆理论与实践》2019 年第 8 期。

陈春雷：《大数据时代美国图书馆隐私管理规范研究》，《图书馆建设》2020 年第 3 期。

胡洁、滕静静：《公共图书馆立法应明确保护读者隐私权》，《图书馆》2010 年第 1 期。

胡婧：《美国公共图书馆隐私管理规范研究》，《图书与情报》2021 年第 4 期。

胡煜家、白光伟、沈航等：《移动群智感知中基于深度强化学习的位置隐私保护策略》，《小型微型计算机系统》2019 年第 2 期。

黄国彬、郑霞、王婷：《云服务协议引发的信息安全风险及图情机构的应对措施》，《图书情报工作》2020 年第 12 期。

贾俊杰、陈菲：《数字图书馆用户身份匿名化研究》，《计算机工程》2016 年第 12 期。

姜盼盼：《图书馆隐私政策合规性的依据与标准》，《图书馆建设》2019 年第 4 期。

居迎春：《移动阅读环境下公共图书馆的服务转型与升级策略》，《情报科学》2020 年第 1 期。

黎雪微、应时、周寅：《基于用户兴趣迁移的网络图书推荐模型研究》，《图书馆学研究》2019 年第 22 期。

李宁、李卫东：《移动阅读 APP 用户个人信息安全研究——基于 10 款移动阅读 APP 的调查分析》，《图书馆学研究》2019 年第 21 期。

李颖：《基于传播学视角的移动图书信息服务平台发展趋向探析》，《图书馆工作与研究》2020 年第 3 期。

李玉海、金喆、李佳会：《我国智慧图书馆建设面临的五大问题》，《中国图书馆学报》2020 年第 2 期。

梁劳慧：《信息焦虑与信息超载下的图书馆作用分析》，《图书馆学研究》2011 年第 1 期。

梁少博、吴丹：《数字图书馆信息服务的融合与创新——基于 2019 年 JCDL 年会论文的综述》，《图书情报知识》2020 年第 3 期。

刘俊旭、孟小峰：《机器学习的隐私保护研究综述》，《计算机研究与发展》2020 年第 2 期。

刘可静、孙铮：《美国图书馆数字资源长期保存利用中的隐私政策与实施措施及启示》，《图书馆》2011 年第 6 期。

刘阳、王荣坤：《美国研究型大学图书馆读者隐私政策调查及启示》，《图书情报工作》2014 年第 22 期。

陆红如、陈雅：《新技术驱动下数字图书馆的发展策略分析》，《图书馆学研究》2019 年第 13 期。

陆康：《网络信息环境下读者隐私保护策略研究》，《现代情报》2016 年第 6 期。

路宏琳、王利明:《面向用户的支持用户掉线的联邦学习数据隐私保护方法》,《信息网络安全》2021 年第 3 期。

马海群:《〈中华人民共和国公共图书馆法〉的安全观》,《图书馆建设》2018 年第 1 期。

马晓亭、陈臣:《基于大数据生命周期理论的读者隐私风险管理与保护框架构建》,《图书馆》2016 年第 3 期。

马晓亭:《大数据环境下图书馆敏感数据的识别与保护》,《图书馆论坛》2017 年第 4 期。

马晓亭:《大数据时代基于服务等级协议的图书馆读者隐私感知与保护研究》,《情报理论与实践》2014 年第 4 期。

马晓亭:《大数据时代图书馆个性化服务读者隐私保护研究》,《图书馆论坛》2014 年第 2 期。

麦范金:《云图书馆中移动用户隐私五维保护模型的构建》,《情报理论与实践》2014 年第 4 期。

潘俊、吴宗大:《词汇表示学习研究进展》,《情报学报》2019 年第 11 期。

潘俊、吴宗大:《词汇分布语义的语言学基础探微》,《浙江社会科学》2019 年第 12 期。

潘俊、吴宗大:《知识发现视角下词汇历时语义挖掘与可视化研究》,《情报学报》2021 年第 10 期。

彭华杰:《大数据时代图书馆读者的隐私危机与隐私保护》,《图书馆工作与研究》2014 年第 1 期。

邵志毅、杨波、梁启凡:《云计算中数字图书馆外包数据的完整性检测》,《图书馆论坛》2014 年第 12 期。

沈凯旋、高胜、朱建明:《LibRSM:基于联盟链的数字图书馆信息资源安全共享模型》,《国家图书馆学刊》2019 年第 2 期。

沈敏、杨新涯、王楷:《基于机器学习的高校图书馆用户偏好检索系统研究》,《图书情报工作》2015 年第 11 期。

时诚:《数字时代读者个人信息、借阅信息与隐私信息的关系——以〈公共图书馆法〉第 43 条为研究对象》,《图书馆建设》2021 年第 6 期。

石慧:《中美图书馆知识自由政策比较》,《图书馆学研究》2011 年第 8 期。

石剑兰、刘倩雯：《中英芬全国性公共图书馆法比较研究》，《图书馆学研究》2020年第4期。

时明涛：《论大数据时代读者个人信息权的法律保护》，《图书馆工作与研究》2020年第6期。

宋文秀：《数字时代图书馆读者个人隐私保护现状与策略探析》，《图书馆工作与研究》2019年第3期。

苏新宁：《新时代图书馆使命与未来图书馆学教育之思考》，《中国图书馆学报》2020年第1期。

田秀霞、王晓玲、高明：《数据库服务——安全与隐私保护》，《软件学报》2010年第5期。

童云峰：《证立与提倡：读者个人信息的民法分类分级保护》，《现代情报》2021年第12期。

宛玲、霍艳花、马守军：《英国大学图书馆网站个人信息保护政策文本分析及启示》，《图书情报工作》2018年第12期。

万映红、张泸月、万莉：《基于大数据应用的智慧图书馆个人数据保护研究》，《图书馆学研究》2018年第3期。

王碧琴、任洁、冯彦平：《数字图书馆用户信息隐私的安全威胁分析》，《图书馆学研究》2015年第10期。

王海艳、陆金祥：《面向群组推荐的个性化隐私保护方法》，《通信学报》2019年第9期。

王皓、宋祥福、柯俊明：《数字货币中的区块链及其隐私保护机制》，《信息网络安全》2017年第7期。

王家玲：《智慧图书馆模式下读者隐私技术保护研究》，《图书馆杂志》2017年第9期。

王黎明、夏清国、张永峰：《基于个性化移动位置服务中自适应地图的研究》，《计算机工程与科学》2009年第2期。

王瑞芬：《泛在信息时代图书馆服务转型发展的新方向》，《大学图书馆学报》2020年第6期。

王瑞琴、吴宗大、蒋云良：《一种基于两阶段深度学习的集成推荐模型》，《计算机研究与发展》2019年第8期。

王圣元、陈万明、陆康：《高校智慧图书馆4.0：基于工业4.0和Web 4.0的未来图书馆研究》，《图书馆理论与实践》2021年第1期。

王肃之：《读者个人信息保护的层次化与规范化——基于〈中华人民共和国公共图书馆法〉与〈信息安全技术 个人信息安全规范〉分析》，《图书馆工作与研究》2018 年第 6 期。

王志红：《移动互联视域下图书馆泛在化阅读推广服务模式研究》，《河南图书馆学刊》2021 年第 4 期。

魏大威、谢强：《国家数字图书馆的建设与展望》，《国家图书馆学刊》2019 年第 5 期。

吴宗大、刘曦洋、赵又霖：《数字图书馆用户行为隐私保护研究综述》，《国家图书馆学刊》2020 年第 1 期。

吴宗大、谢坚、郑城仁：《数字图书馆读者的行为偏好隐私保护框架》，《中国图书馆学报》2018 年第 2 期。

伍平：《云计算环境下图书馆读者隐私保护研究》，《农业图书情报学刊》2018 年第 8 期。

相丽玲、陈梦婕：《试析中外信息安全保障体系的演化路径》，《中国图书馆学报》2018 年第 2 期。

谢珍、陆溯：《智慧图书馆视域下用户数据应用与隐私保护平衡研究》，《国家图书馆学刊》2020 年第 2 期。

徐磊、郭旭：《大数据时代读者个人信息保护的实践逻辑与规范路径——以图书类 APP 隐私政策文本为视角》，《图书馆建设》2021 年第 1 期。

旭荣花、郝喜凤：《移动图书信息服务平台场景化服务模式及其应用》，《图书馆》2021 年第 1 期。

薛卫双、钟欢：《“技术 + 人文”：基于 FOLIO 平台的高校图书馆智慧服务平台研究》，《图书馆学研究》2021 年第 6 期。

闫洁：《云存储中基于属性层次权限变更的访问控制方案研究》，《科技通报》2019 年第 11 期。

严炜炜、刘倩：《移动信息服务用户个人信息安全保障行为意愿影响因素研究》，《图书馆学研究》2020 年第 4 期。

杨晨、郑明辉、谭杰：《一种云服务器位置定位及安全性验证方案》，《山东大学学报》（理学版）2020 年第 3 期。

杨嘉骆：《以制度保障公共图书馆阅读推广中读者权益的思考》，《图书馆建设》2020 年第 5 期。

杨强：《AI 与数据隐私保护：联邦学习的破解之道》，《信息安全研究》

2019 年第 11 期。
易斌、郭华、刘颖：《我国读者隐私权的行业自律保护研究》，《情报理论与实践》2015 年第 1 期。
易斌、刘颖、袁小斌：《公共场所视域下图书馆读者隐私权保护研究》，《图书馆》2014 年第 3 期。
易红、任竞：《图书馆大数据服务环境下用户隐私泄露容忍度的实证研究》，《图书馆论坛》2016 年第 4 期。
曾菊儒、陈红、彭辉：《参与式感知隐私保护技术》，《计算机学报》2016 年第 3 期。
曾子明、秦思琪：《嵌入 PbD 理论的云图书馆隐私管理架构》，《图书馆论坛》2017 年第 1 期。
张奥、白晓颖：《区块链隐私保护研究与实践综述》，《软件学报》2020 年第 31 期。
张靖、肖鹏：《美国“图书馆权利法案”的制定与修订过程》，《图书情报工作》2015 年第 4 期。
张坤、查先进：《我国智慧图书馆的发展沿革及构建策略研究》，《国家图书馆学刊》2021 年第 2 期。
张维宁：《美国图书馆隐私权保护运动的特征及其经验借鉴》，《图书馆工作与研究》2014 年第 6 期。
张晓林：《颠覆数字图书馆的大趋势》，《中国图书馆学报》2011 年第 5 期。
张学军、桂小林、伍忠东：《位置服务隐私保护研究综述》，《软件学报》2015 年第 9 期。
张玥、余姝、朱庆华：《基于移动视觉搜索的图书馆文旅融合发展策略研究》，《图书与情报》2021 年第 2 期。
赵培云：《从数字图书馆建设中读者隐私权问题看个人信息保护立法》，《图书馆理论与实践》2009 年第 3 期。
赵文军、刘耀、李超良：《高校图书馆移动阅读服务需求分类及满意度提升研究》，《图书情报工作》2019 年第 24 期。
周杰英、贺鹏飞、邱荣发等：《融合随机森林和梯度提升树的入侵检测研究》，《软件学报》2021 年第 10 期。
周俊、董晓蕾、曹珍富：《推荐系统的隐私保护研究进展》，《计算机研究与发展》2019 年第 10 期。

朱光：《图书馆情境服务环境下的多主体隐私博弈分析》，《情报科学》2018 年第 6 期。

朱友好：《人工智能时代读者个人信息保护模式的选择》，《图书馆学研究》2020 年第 22 期。

三 学位论文

陈菲：《数字图书馆信息服务平台的匿名发布研究》，博士学位论文，西北师范大学，2017 年。

李仁超：《面向图书搜索服务的用户敏感主题保护方法》，硕士学位论文，温州大学，2020 年。

于其洪：《基于多因素认证的安全移动支付技术研究》，硕士学位论文，南京航空大学，2018 年。

四 外文期刊

Abhilasha Bhargav – Spantzel, Anna Cinzia Squicciarini, Rui Xue, et al., "Multifactor Identity Verification Using Aggregated Proof of Knowledge", *IEEE Transactions on Systems Man and Cybernetics Part C*, Vol. 40, No. 4, 2010.

Avi Arampatzis, George Drosatos, Pavlos S. Efraimidis, "Versatile Query Scrambling for Private Web Search", *Information Retrieval Journal*, Vol. 18, No. 4, 2015.

Baumeler Ämin, Broadbent Anne, "Quantum Private Information Retrieval has Linear Communication Complexity", *Journal of Cryptology*, Vol. 28, No. 1, 2014.

BerkerAgir, Thanasis G. Papaioannou, Rammohan Narendula, et al., "User – side Adaptive Protection of Location Privacy in Participatory Sensing", GeoInformatica, Vol. 18, 2014.

Chenglang Lu, Zongda Wu, Mingyong Liu, et al., "A Patient Privacy Protection Scheme for Medical Information System", *Journal of Medical Systems*, Vol. 37, 2013.

Da Cao, Xiangnan He, Liqiang Nie, et al., "Cross – Platform App Recommendation by Jointly Modeling Ratings and Texts", *ACM Transactions on Information Systems*, Vol. 35, No. 4, 2017.

David Power, MarkSlaymaker and Andrew Simpson, "On Formalizing and Normalizing Role - Based Access Control Systems", *The Computer Journal*, Vol. 52, 2018.

Ding Wang, Haibo Cheng, Debiao He, et al., "On the Challenges in Designing Identity - Based Privacy - Preserving Au - Thentication Schemes for Mobile Devices", *IEEE Systems Journal*, Vol. 12, No. 1, 2018.

Dželila Mehanović, Dino Kečo, Jasmin Kevrić, et al., "Feature Selection Using Cloud - Based Parallel Genetic Algorithm for Intrusion Detection Data Classification", *Neural Computing and Applications*, Vol. 11, 2021.

Fabiola M. Villalobos - Castaldi, Ernesto Suaste - Gomez, "A New Spontaneous Pupillary Oscillation - Based Verification System", *Expert Systems with Applications*, Vol. 40, No. 13, 2013.

Fidel Cacheda, Victor Carneiro, Diego Fernández, et al., "Comparison of Collaborative Filtering Algorithms: Limitations of Current Techniques and Proposals for Scalable, High - Performance Recommender Systems", *ACM Transactions on the Web*, Vol. 5, No. 1, 2011.

Giuseppe Ateniese, Alfredo D. Santis, Anna Lisa Ferrara, et al., "Provably - Secure Time - Bound Hierarchical Key As - Signment Schemes", *Journal of Cryptology*, Vol. 25, 2012.

Hanene Guesmi, Hanene Trichili, Adel M. Alimi, et al., "Fingerprint Verification System Based on Curvelet Transform and Possibility Theory", *Multimedia Tools and Applications*, Vol. 74, No. 9, 2013.

Haoran Xie, Xiaodong Li, Tao Wang, et al., "Personalized Search for Social Media via Dominating Verbal Contex", *Neurocomputing*, Vol. 172, 2017.

Hwee Hwa Pang, Xuhua Ding, Xiaokui Xiao, "Embellishing Text Search Queries to Protect User Privacy", *Proc. VLDB Endow.*, Vo. 3, No. 1 - 2, 2010.

Hweehwa Pang, Jialie Shen, Ramayya Krishnan, et al., "Privacy - Preserving Similarity - Based Text Retrieval", *ACM Transactions on Internet Technology*, Vol. 4, 2010.

James M. Beck, Sir J. Simon, "Constitution of the United States", *Journal of Geophysical Research Oceans*, Vol. 100, 2002.

Jesus Bobadilla, Fernando Ortega, A. Hernando, et al., "Recommender Systems Survey", *Knowledge – Based Systems*, Vol. 46, 2013.

JoãoZamite, Dulce Domingos, Mário J. Silva, et al., "Group – Based Discretionary Access Control for Epidemiological Resources", *Procedia Technology*, Vol. 9, 2013.

Klinefelter Anne, "Reader Privacy in Digital Library Collaborations: Signs of Commitment, Opportunities for Improvement", *A Journal of Law and Policy for the Information Society*, Vol. 13, No. 1, 2019.

Lidan Shou, He Bai, Ke Chen, et al., "Supporting Privacy Protection in Personalized Web Search", *IEEE Transactions on Knowledge and Data Engineering*, Vol. 26, No. 2, 2014.

Mouratidis Kyriakos, Lung Y. Man, "Shortest Path Computation with No Information Leakage", *Proc. VLDB Endow.*, Vol. 5, 2013.

Nicolás E. Bordenabe, Konstantinos Chatzikokolakis, Catuscia Palamidessi, "Optimal geo – Indistinguishable Mechanisms for Location Privacy", *ACM Conference on Computer and Communications Security*, November 13 – 15, 2014.

Nirupama Ravi, Mani C. Krishna, Israel Koren, et al., "Enhancing Vehicular Anonymity in ITS: A New Scheme for Mix – Zones and Their Placement", *IEEE Transactions on Vehicular Technology*, Vol. 68, No. 11, 2019.

RinkuDewri, Ramakrishna Thurimella, "Mobile Local Search with Noisy Locations", *Pervasive and Mobile Computing*, Vol. 32, 2016.

Ruchika Gupta, Udai P. Rao, "An Exploration to Location Based Service and Its Privacy Preserving Techniques: A Survey", *Wireless Personal Communications*, Vol. 96, 2017.

Sheng Gao, Jianfeng Ma, Weisong Shi, et al., "TrPF: A Trajectory Privacy Preserving Framework for Participatory Sensing", *IEEE Transactions on Information Forensics and Security*, Vol. 8, No. 6, 2017.

Simone Bianco, "Large Age – Gap Face Verification by Feature Injection in Deep Networks", *Pattern Recognition Letters*, Vol. 90, 2016.

Waldo R. Florcs, Egil Antonsen, "Information Security Knowledge Sharing in Organizations: Investigating the Effect of Behavioral Information Security Governance and National Culture", *Science Direct*, Vol. 43, 2014.

Wei She, I – Ling Yen, Farokh Bastani, et al., "Role – Based Integrated Access Control and Data Provenance for SOA based Netcentric Systems", *IEEE Transactions on Services Computing*, Vol. 9, No. 6, 2017.

Wei Zhang, Yaping Lin, Sheng Xiao, et al., "Privacy Preserving Ranked Multi – Keyword Search for Multiple Data Owners in Cloud Computing", *IEEE Transactions on Computers*, Vol. 6, 2016.

YangYang, Xianghan Zheng, Wenzhong Guo, et al., "Privacy – Preserving Smart IoT – Based Healthcare Big Data Storage and Self – Adaptive Access Control System", *Information Sciences*, Vol. 479, 2018.

Zhengbiao Han, Shuiqing Huang, Huan Li, et al., "Risk Assessment of Digital Library Information Security: A Case Study", *The Electronic Library*, Vol. 34, No. 3, 2016.

Zhuolin Mei, Hong Zhu, Zongmin Cui, et al., "Executing Multidimensional Range Query Efficiently and Flexibly over Outsourced Ciphertext in the Cloud", *Information Sciences*, Vol. 432, 2018.

Zongda Wu, Chenglang Lu, Youlin Zhao, et al., "The Protection of User Preference Privacy in Personalized Information Retrieval: Challenges and Overviews", *LIBRI: International Journal of Libraries and Information Studies*, Vol. 71, No. 2, 2021.

Zongda Wu, Dongdong Zou, Shigen Shen, et al., "An Effective Approach for the Protection of User Commodity Viewing Privacy in Ecommerce Website", *Knowledge Based Systems*, Vol. 220, 2021.

Zongda Wu, Guandong Xu, Yu Zong, et al., "Executing SQL Queries over Encrypted Character Strings in the Data Base as Service Model", *Knowledge – Based Systems*, Vol. 35, 2012.

Zongda Wu, Guiling Li, Qi Liu, et al., "Covering the Sensitive Subjects to Protect Personal Privacy in Personalized Recommendation", *IEEE Transactions on Services Computing*, Vol. 11, No. 3, 2018.

Zongda Wu, Guiling Li, Shigen Shen, et al., "Constructing Dummy Query

Sequences to Protect Location Privacy and Query Privacy in Location – Based Services", *World Wide Web*, Vol. 24, No. 1, 2021.

Zongda Wu, JianXie, Jun Pan, et al., "An Effective Approach for the Protection of User Privacy in a Digital Library", *LIBRI: International Journal of Libraries and Information Studies*, Vol. 69, No. 4, 2019.

Zongda Wu, JianXie, Xinze Lian, et al., "A Privacy Protection Approach for XML Based Archives Management in a Cloud Environment", *The Electronic Library*, Vol. 37, No. 6, 2019.

Zongda Wu, Jie Shi, Chenglang Lu, et al., "Constructing Plausible Innocuous Pseudo Queries to Protect User Query Intention", *Information Sciences*, Vol. 325, 2015.

Zongda Wu, Ren Chao Li, JianXie, et al., "A User Sensitive Subject Protection Approach for Book Search Service", *Journal of the Association for Information Science and Technology*, Vol. 71, No. 2, 2020.

Zongda Wu, Ruiqing Wang, Qi Li, et al., "A Location Privacy – Preserving System Based on Query Range Cover – Up for Location – Based Services", *IEEE Transactions on Vehicular Technology*, Vol. 69, No. 5, 2020.

Zongda Wu, Shigen Shen, Chenglang Lu, et al., "How to Protect Reader Lending Privacy Under a Cloud Environment: A Technical Method", *Library Hi Tech*, 2021.

Zongda Wu, Shigen Shen, Huxiong Li, et al., "A Comprehensive Study to the Protection of Digital Library Readers Privacy Under an Untrusted Network Environment", *Library Hi Tech*, 2021.

Zongda Wu, Shigen Shen, Xinze Lian, et al., "A Dummy – Based User Privacy Protection Approach for Text Information Retrieval", *Knowledge – Based Systems*, Vol. 195, 2020.

Zongda Xu, Guandong Xu, Chenglang Lu, et al., "An Effective Approach for the Protection of Privacy Text Data in the Cloud DB", *World Wide Web*, Vol. 21, No. 4, 2018.